다시 쓰는 한국 근대사

다시 쓰는 한국 근대사

세계사 속에서 바라본 한국 근대사의 진실

이윤섭 지음

평단

■ 차례

프롤로그 '우물 안 역사 의식'을 벗어나기 위해 • 8

| 제1장 | 세도정치로 요동치는 조선

세도정치가 시작되다 • 12 | 균역법의 빛과 그림자 • 15 | "관서는 재부와 화려함이 나라에서 최고다" • 17 | 가산 다복동에 모이다 • 20
역사 속의 역사 1 세도가의 쌍두마차, 김조순과 조만영 • 25

| 제2장 | 민란과 변란이 일어나다

미곡전 습격사건 • 28 | 삼남에서 민란이 일어나다 • 30 | 상민보다 못한 양반 • 35 | 이필제, 조선을 네 개의 제후국으로 나누려 하다 • 37 | 엽관적인 변란 • 39 | 향리들의 신분 상승 운동 • 41
역사 속의 역사 2 흥선대원군, 서원을 철폐하다 • 44

| 제3장 | 19세기 동아시아의 풍경

"눈과 같이 흰 은이 10만 냥이 쌓인다" • 48 | 아편전쟁, 중국 근대사의 시발점 • 51 | 미국과 러시아의 일본 문호 개방 전쟁 • 54 | 220여 년의 쇄국이 무너지다 • 56
역사 속의 역사 3 미국과 멕시코의 영토 전쟁 • 61

| 제4장 | 조선이 문호를 개방하다

조선을 노린 미국과 일본 • 64 | 러시아의 야심 • 66 | 청과 일본의 동상이몽 • 70 | 조선을 칠 것인가? 말 것인가? • 73 | 유구를 손에 넣고 조선의 문호를 연 일본 • 74 | 《조선책략》을 건네받다 • 78 | 서양 세력과 수교하면 금수의 길로 치닫는다 • 82 | 조선, 열강에 문호를 열다 • 84
역사 속의 역사 4 홍수전, 태평천국을 건설하다 • 88

| 제5장 | 임오년에 군인이 난을 일으키다

쌀값이 폭등하다 • 92 | "일본군이 조선왕을 포로로 잡아 도쿄에 안치할 것입니다"
• 95 | 조선을 만주에 편입시켜라 • 100
역사 속의 역사 5 말단 장교에서 대총통까지, 위안스카이 • 102

| 제6장 | 갑신년에 조선의 근대화를 시도하다

개화파, '신서新書'들을 열독하다 • 106 | 조선, 러시아를 끌어들이다 • 109 | 개화파, 갑신년에 정변을 일으키다 • 110 | "군왕의 의심이 있게 하고 인민의 앙심이 돋게 했다" • 114 | 조선이 몰랐던 텐진조약 • 118
역사 속의 역사 6 시대의 풍운아, 김옥균이 스러지다 • 122

| 제7장 | 갑오년에 농민이 새세상을 꿈꾸다

오쓰大津 사건 • 126 | "뛰어든 여공의 시체로 스와 호수가 얕아졌다" • 129 | 조선의 기마병은 판토마임극의 단역이다 • 132 | 화적이 없는 날이 없고 없는 곳이 없다 • 138 | 동학, 농민전쟁의 기반이 되다 • 141 | 동학교도의 교조신원운동 • 143 | 전봉준이 창의하다 • 145 | 전주화약을 맺다 • 147 | "어떠한 수단도 가리지 말고 개전의 구실을 만들도록 하라" • 153 | 일본이 청에 선전포고하다 • 157 | "문명의 가면을 벗고 야만의 모습을 드러내다" • 162 | 동학농민전쟁, 우금치에서 막을 내리다 • 166
역사 속의 역사 7 전봉준을 사형에 처하노라 • 169

| 제8장 | 청일전쟁의 후폭풍이 불다

일본이 승승장구하다 • 174 | 최초의 시가전이 벌어지다 • 177 | 청이 굴욕적인 강화조약을 맺다 • 179 | 타이완, 아시아 최초의 공화국을 지향하다 • 184
역사 속의 역사 8 빌헬름 2세, 삼국에 선전포고하다 • 186

| 제9장 | 을미사변과 아관파천

미우라가 제시한 3가지 방안 • 190 | 명성왕후를 암살하다 • 193 | 춘생문 사건 • 197 | 아관으로 파천하다 • 201
역사 속의 역사 9 조선을 근대적인 체제로 개혁하다 • 204

제10장 | 대한제국이 수립되다

윤정효의 상소문 • 208 | "서양 신사들은 참으로 짐승 같은 자들이로다" • 211 |
못된 당나귀 같은 이홍장 • 213 | 외국인 호위병에게 보호를 구걸하다 • 216 |
조선군, 러시아식 군사교육을 받다 • 220 | 칭제건원을 상소하다 • 222

역사 속의 역사 10 러시아의 마지막 황제, 니콜라이 2세 • 228

제11장 | 독립협회와 의회 설립 운동

자주독립에 대한 열망 • 232 | "시랑을 사오십 마리 대궐 내에 두는 것보다 위태하다" • 236 | 김홍륙 독다(毒茶) 사건 • 238 | 프랑스혁명 같은 의회 설립 운동 • 240 | '익명서'를 내다 붙이다 • 246 | 국왕의 국민에 대한 배신 • 249 | 수구파와 보부상이 권력과 금력을 독점하다 • 253

역사 속의 역사 11 황국협회와 보부상 • 255

제12장 | 독일의 식민지 전쟁

식민기지를 물색하다 • 258 | 자오저우만을 점령하다 • 261 | 열강, 청의 영토를 조차하다 • 264

역사 속의 역사 12 캉유웨이, 청을 개혁하다 • 268

제13장 | 중국의 의화단 운동과 러시아의 만주 점령

의화단의 반기독교 운동 • 272 | 의화단과 연합군이 다구에서 만나다 • 275 |
만주, '제2의 부하라'가 되다 • 278 | 러시아, 대한제국의 중립화안을 제안하다 • 281

역사 속의 역사 13 보어인들이 영국에 맞서다 • 284

제14장 | 영국, 러시아 그리고 일본

영국과 일본이 손을 잡다 • 288 | '탐학'이 '화적'보다 심하다 • 291 | 조선 문제 해결에 관한 의견서 • 295 | 알렌, 러시아를 지지하다 • 297

역사 속의 역사 14 전쟁 영웅, 시어도어 루스벨트 • 301

| 제15장 | 러시아와 일본의 전쟁

"일본은 사활을 걸고 싸우고 러시아는 저녁식사를 위해 싸운다" • 304 | 일본의 선전포고 • 308 | 한일의정서로 을사조약의 발판을 마련하다 • 310 | 유대인 병사들은 일본군의 총알 세례를 받았다 • 312 | 폴란드 독립운동가, 일본에 접근하다 • 316 | "우리는 인간이 할 수 있는 것은 다했다" • 319 | 일본, 강화 협상을 바라다 • 321 | 러시아 발트 함대의 궤멸 • 324
역사 속의 역사 15   러시아의 무적함대, 발트 함대 • 328

| 제16장 | 러시아와 일본의 뒤바뀐 운명

러시아와 일본, 포츠머스 군항에서 만나다 • 330 | "배상금과 영토를 모두 단념한다" • 333 | "조기弔旗를 들고 맞아들이자" • 336
역사 속의 역사 16   러시아와 일본의 쿠릴열도 분쟁 • 338

| 제17장 | 일본이 대한제국의 주권을 강탈하다

외부인外部印을 탈취하여 조인한 을사조약 • 342 | 공식 기록에는 빠진 수많은 전쟁 • 346
역사 속의 역사 17   일제의 파수꾼, 일진회 • 350

| 제18장 | 비운의 대한제국

"일체의 통치권을 영구히 일본국에 양여한다" • 354 | "문명한 새 정치에 복종하여 행복을 함께 받도록 하라" • 357 | 지배층의 파렴치한 행태 • 360 | "그들이 당신들을 소화하지 못하게 할 수는 있다" • 363 | "주여, 여러 민족의 자유를 위해 큰 전쟁을 내려주소서" • 365 | 폴란드, 독립을 위해 싸우다 • 369 | "우리는 사회주의 열차를 타고 왔지만, 나는 '독립'이라는 역에서 내렸다" • 372 | 윤치호의 조선관朝鮮觀 • 374 | "조선을 망하게 한 것은 조선이었지 일본이 아니다" • 380
역사 속의 역사 18   순종이 일본을 방문하다 • 384

에필로그 한국 근대사의 '진실'을 찾아서 • 386
참고문헌 • 389
찾아보기 • 392

■ 프롤로그

'우물 안 역사 의식'을 벗어나기 위해

'객관적인 역사'와 사람들이 인식하는 역사상歷史象은 차이가 나게 마련이지만, 그 차이가 지나치게 크면 '왜곡된 역사 인식'이 된다. 전문적으로 역사를 연구하는 이들이 구축한 역사상도 오류로 드러나는 일이 흔히 있다. 그 이유는 여러 가지이지만 사학자들도 시대적 편견에서 벗어나기가 쉽지 않은 것이 한 가지 요인이다.

현대 한국인이 지닌 역사적 편견은 상당 부분 500년 가까이 지속되었던 오랜 쇄국에서 비롯되었다. 1876년 개항으로 쇄국의 족쇄는 풀렸지만, '의식의 쇄국' 상태는 아직도 완전히 풀리지 않았다. 이 때문에 한국사 기술은 시대를 불문하고 '일국사—國史'적인 시각에서 벗어나지 못하고 있다.

인접한 국가는 서로 영향을 줄 수밖에 없는데, 주변 국가와 활발히 교류하면서도 치열하게 대립 상쟁한 때가 많았던 한국사가 일국사적 시각으로 기술되는 것은 심각한 형용모순이다. 이러한 문제점은 개항 이후를 다루는 한국 근현대사의 서술에서 더욱 두드러진다.

개항 이후의 한국사는 완전히 세계사의 한 부분이 되었는데, 이때는 제국주의 시대로 전 세계가 열강의 분할 대상이 되어 강대국에 의해 많은 민족의 운명이 자신들의 의지나 희망에 관계없이 결정되던 때였다. 그렇지만 국정 교과서를 비롯하여 한국 근대사를 다룬 역사서들은 놀라울 정도로 세계 정세에 대한 기술 없이 쓰이고 있다. 이 때문에 조선 왕조가 멸망하는 과정마저도 제대로 알 수가 없다. 독립협회의 활동, 광무개혁光武改革(1897~1904년) 등 자강自强에 힘쓰다가 어느 날 갑자기 을사조약이 체결되고 이어 한일합방이 이루어졌다는 식이다.

한국 근대사 기술에서 두 번째 특징은 조선 왕조의 '비자주성'을 은폐하거나 호도하는 것이다. 개인이나 국가나 감추고 싶은 과거가 있기 마련이나 이를 숨기는 것은 올바른 '역사 인식'을 갖는 데 방해가 될 뿐이다.

또 하나 주목할 만한 점은 구한말 선구적인 지식인들이 개탄한 '강대국에 의부依附'하려는 자세가 일반인이나 전문 역사가를 막론하고, 그것도 민족 자주를 열렬히 외치는 이들에게 부지불식간에 스며들었고 이것이 역사 서술에 큰 영향을 주고 있는 현실이다. 이는 제국주의 강대국에 대한 혹독한 도덕적 비난으로 나타나는데, 이러한 모습을 보면 이들은 부도덕한 강자에 대한 비난으로 정의가 세워지지 않는다는 기초적인 현실 인식마저 결여된 것이 아닌가 하는 생각이 든다.

더구나 이른바 '가쓰라-태프트 밀약'을 거론하며(가쓰라-태프트 회담의 합의 사항을 국가간의 조약으로 보기는 어렵다) 일본 제국주의보다 미국을 비난하기도 하는데, 이는 미국을 '만국공법萬國公法을 수호하는 나라'로 인식하며 미국에 기대어 주권을 유지하려 한 구한말 수구 집권층의 자세와 별 다를 바가 없는 것이다. 미국이 '조선 독립 수호의 역사적 사명을 띠고 지구상에 출현

한 국가'가 아니라 자국의 이익을 최우선으로 추구하는 지극히 '정상적인 국가'였음을 인식한다면, 이런 유의 비난이 나올 수 없다.

올바른 역사상을 추구하려는 역사 연구는 일반인이 하기 어려운 실정이므로 대중들은 전문 연구가가 제시한 역사상을 따를 수밖에 없다. 대개 학교에서 이루어지는 역사교육으로 기본적인 역사상을 갖게 되므로 역사 교육의 중요성은 말할 수 없이 크다. 일국사적 시각에서 쓰인 한국 근대사 서술은 '올바른 역사상'과 심각한 괴리를 초래하며, '세계화'가 급속히 진행 중인 현재에도 한국사의 좌표와 지향해야 할 목표를 설정하는 데 커다란 장애가 된다.

이 책은 이러한 문제의식을 갖고 세계사의 틀에서 세도정치가 시작되던 19세기 중엽부터 1910년 한일합방까지의 한국 근대사를 다루었다. 기존의 한국 근대사를 다룬 역사물들이 소홀히 한 다양한 '사실'을 소개하는 데 치중했는데, 이는 나의 주관을 펼치기보다 독자가 스스로 판단하기를 희망했기 때문이다. 이 책이 얼마나 내가 지적한 한국 근대사 서술의 단점을 잘 극복했는지 자신 있게 말할 수는 없으나, '인식의 틀'을 전환하는 데 어느 정도는 도움이 될 것으로 믿어 의심치 않는다.

2009년 4월
이윤섭 올림

제1장

세도정치로
요동치는 조선

세도정치가 시작되다

영조英祖의 뒤를 이은 정조正祖는 탕평책을 유지했으나, 영조의 완론탕평緩論蕩平과 달리 준론峻論을 중심으로 하는 탕평이 필요하다고 보았다. 정조는 외척을 배격하면서 군주권과 중앙집권적 관료제의 강화를 추구했다. 또한 편파적 상황의 타파를 표방하는 탕평의 원칙을 사회에도 확대 적용시키고자 했다. 그리하여 자신을 '만천萬川을 고루 비추는 밝은 달'과 같은 존재로 규정하고, 모든 백성을 군주의 적자赤子로 보는 시각에서 서얼과 노비의 처우를 개선하고자 했다.

그러나 정조의 개혁은 미약한 것으로 그가 죽자 외척에 의한 세도정치가 시작되었다. 19세기에 들어 서울에 근거를 둔 벌족閥族이 중앙의 정치권력을 장악했는데, 이는 이들 가문 출신이 비변사備邊司 당상관堂上官*의 3분의 2 정도를 차지한 것에서도 잘 드러난다. 이것은 부의 비중이 농업에서 상업을 바탕으로 한 유통경제로 옮겨가고 서울이 그 중심지로 되고 있는 것과 연관이 있었다. 서울의 세도 가문들은 경화거족京華巨族이라 불렀다.

세도정치 시기에 외척 권세가의 권력 독점은 국왕권의 약화를 의미하는 것이었다. 그러나 이 시기 국왕의 위상은 적어도 형식적인 면에서는 절대화되고 있었으니 세도 가문들은 정권의 장악과 유지를 국왕과 왕실의 권위에 두었다. 순조의 장인이었던 김조순金祖淳, 헌종의 외조부였던 조만영趙萬永 등은 물론 그 후손들까지도 그들이 국왕의 인척이거나 그 유촉遺囑을 받았다는 것을 이용하여 권력을 유지했다. 그러므로 18세기 영조와 정조에 의한 왕권 강화 노력은 19세기에 이르러 세도가에 의해 변칙적으로 역이용된 것이다.

세도정치 시기에는 그동안 왕권에 전적으로 의지하던 성향을 보이던 남인들이 권력에서 철저히 소외되었다. 한편 세도정권이 지속되면서 남인이나 노론 등으로 묶는 동류의식이나 결집력은 소멸되어갔다. 세도 정권의 핵심 세력은 노론으로 분류될 수 있으나 이미 붕당의 범주를 넘었다. 세도 가문들은 중첩된 혼인 관계를 통해 당색의 차이보다 더욱 강한 동질성을 가졌다. 이 때문에 세도정치는 세도가문들의 연합통치적 성격을 띠었다. 이는 군주권의 강화에 위협을 느낀 사족士族들이 당색의 차이를 떠나 연합하여 그들의 기득권을 지키려고 한 것으로 볼 수 있다.

---

* 품계가 문반의 정3품인 통정대부通政大夫, 무반의 정3품인 절충장군折衝將軍 이상인 관리를 당상관이라 했다. 조정에서 정사를 볼 때 당堂(대청)에 올라가 의자에 앉을 수 있는 자격을 갖춘 관리를 가리키는 데서 나온 용어다. 관직으로는 의정부의 3정승, 육조의 판서, 8도의 관찰사, 대사헌, 대사간, 대제학, 부제학, 대사성, 승정원의 승지 등이 당상관이다. 당상관은 고급 관료로 국가의 중요 정책결정에 참여할 수 있었다. 시대에 따라 당상관 수는 차이가 있었으나 대개 100명을 조금 넘었다.

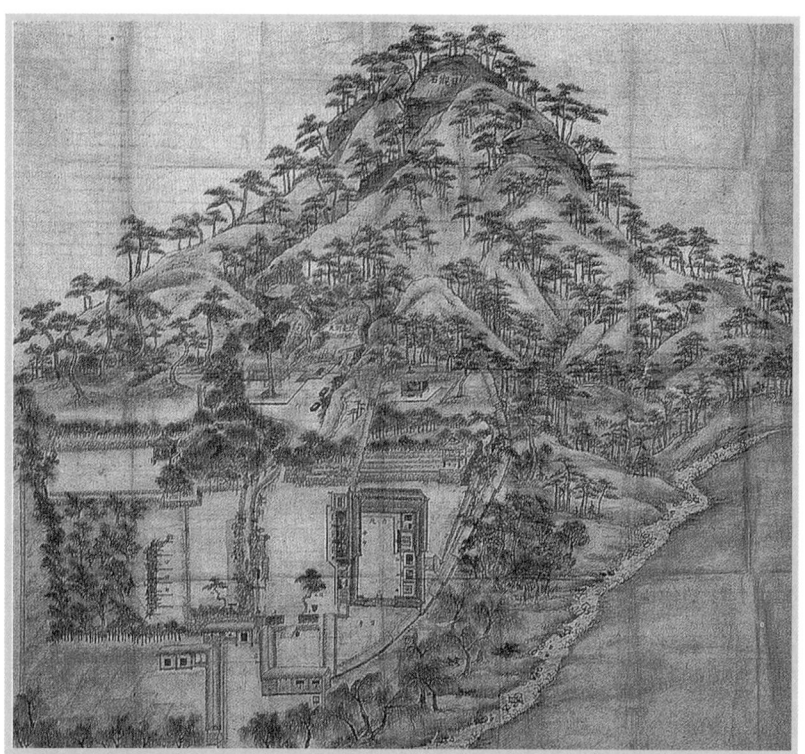

〈옥호정도〉(1815년)
정조가 죽자 세도 가문의 득세는 상상을 초월할 정도로 극심했다. 특히 이들은 국왕의 친인척이거나 그 유촉을 받았다고 해서 권력을 독점했다. 옥호정玉壺亭은 순조의 장인이자 대표적인 세도가인 김조순의 별장이다. (고려대학교 박물관 소장)

중앙정권을 장악하고 국정을 주도한 세도 가문들은 제도 개혁이나 민생 안정에는 관심이 없었다. 민생에 대한 책임은 지방 수령들에게 돌렸고, 백성들의 처지를 개선하려는 개혁을 거부했다. 세도 가문들이 비변사를 장악하여 권력 행사를 독점하자, 비변사는 행정기구가 아니라 중요 정치기구로 변해버렸다.

균역법의 빛과 그림자

북벌론의 유명무실화와 더불어 훈련도감·어영청·총융청·수어청·금위영 등 각 군영軍營은 국방의 필요성보다는 정치의 판도 변화에 따라 변화했다. 당쟁이 격화되면서 중앙 군영을 장악하는 것이 필수적이 되어 새로운 군영이 창설되거나 기존 군영이 약화되기도 했다. 전반적으로 국방력은 약화되어 왕조 수립 이후 견지해오던 쇄국정책을 포기하고 문호를 개방할 무렵에는 전무하다고 할 정도가 되었다.

우선 속오군 제도가 무너졌다. 속오군에 실제 군인으로 복무하는 인원은 점점 줄어들고 군포만을 납부하여 더는 군대 조직이라 하기 어렵게 되었다. 중앙 군영 중에서도 금위영이나 어영청은 군졸을 뽑지 않고 군포를 징수하여 빈 껍데기가 되었다.

군포의 징수는 농민에게는 견디기 어려운 수탈이었다(양반은 군역의 부담이 없었으므로 당연히 군포를 내지 않았다). 부정한 관리들이 정액보다 늘려 군포를 농민들에게 징수하여 부담을 견디지 못해 도망하는 일까지 일어났다. 17세기 후반부터 양반도 군포를 내게 하자는 논의가 있었으나 양반 계층의 거센 반대로 정책으로 채택되지 않았다. 결국 영조 26년(1750)에 16개월에 2필이던 군포 징수를 1필로 줄이는 균역법均役法을 시행하게 되었다. 그러나 관리들이 여러 가지 명목을 내세워 얼마든지 양을 늘릴 수 있었으므로 이는 미봉책에 불과했다. 또한 군포 징수는 조선 후기 빈발한 민란의 주요 원인이 되었다.

이렇게 걷어간 군포가 군사 재정에 쓰이지도 못했다. 18세기 이래 상업과 유통경제가 발달하면서 왕실과 정부의 소비 규모는 커져갔다. 사실상의

영조
제21대 왕인 영조는 탕평책을 시행하여 붕당의 대립을 완화하고 수많은 사치 풍조를 엄단했다. 또한 균역법을 제정하여 군포의 부담을 경감시켰다. 하지만 균역법은 미봉책에 지나지 않았다. (국립고궁박물관 소장)

세금이 된 군포는 지배층의 사치에나 쓰일 뿐이었다. 매관매직 풍조가 번짐에 따라 군의 요직도 돈으로 거래되었고, 이렇게 하여 벼슬을 얻은 군 지휘관들은 민중 수탈에만 열심이었다. 결국 조선은 국방 체계가 완전히 무너진 가운데 문호를 개방하게 되었다.

"관서는 재부와 화려함이 나라에서 최고다"

홍경래洪景來의 난으로 불리는 평안도 농민항쟁은 조선 왕조에서 찾아보기 힘든 대규모 반란이었다. 이때 재위하고 있던 국왕의 묘호가 순조純祖가 된 것은 홍경래의 난 진압 성공에 기인한다. 그만큼 대규모 봉기로 왕조에 충격을 주었다. 이 민란은 당시 서울에 근거를 둔 명문 벌족의 집권, 상업의 발달, 평안도의 특수 사정 등과 관련이 있다.

서북西北지방이라 불린 평안도와 함경도는 사족 계급이 없는 것이 특색이었는데, 이는 중앙 정부의 정치적 차별로 관직 진출이 어려웠던 탓이다. 이중환李重煥은 그의 저서 《택리지擇里志》에서 이 점을 지적하고 있다.

> 태조가 나라를 창건하고는 "서북지방 사람은 높은 벼슬에 임용하지 마라"는 명을 내렸다. 그런 까닭으로 평안·함경 두 도에는 300년 이래로 높은 벼슬을 한 사람이 없다. 혹 과거에 오른 자가 있다 해도 벼슬이 수령 정도였고, 가끔 대간臺諫과 시종 망단자望單子에 오른 자가 있었으나 또한 드물었다. …… 또 나라 습속이 문벌을 중하게 여겨서 서울 사대부는 서북지방 사람과 혼인하거나 벗하지 않았다. 서북 사람도 또한 감히 서울 사대부와 동등으로 여기지 못했다. 그리하여 서북 양도에는 드디어 사대부가 없게 되었다.
>
> (《택리지》〈팔도총론八道總論〉함경도)

사족 계급의 부재는 지배세력의 구성이 사족이 지배하는 삼남지방과는 다르다는 것을 의미했다. 서북지방에서 최고의 지배계급은 부세 운영을 주도하던 향인鄕人 계층이었다. 서북지방은 농업 자체의 이익보다는 상업적

작물이 부의 축적 기반이 되는 등 경제 사정도 다른 지역과 달랐다. 상업도 국내시장보다는 청나라와의 무역이 중심이었다. 《택리지》는 평안도 지역의 대對중국 무역을 다음과 같이 설명했다.

> 밑천이 많은 큰 장사를 말한다면 한 곳에 있으면서 재물을 부려, 남쪽으로 왜와 통하며 북쪽으로 중국의 연경과 통한다. 여러 해로 천하의 물자를 들여서 혹은 수백만 금의 재물을 모은 자도 있다. 이런 자는 서울에 많이 있고, 다음은 개성이며, 또 다음은 평양과 안주이다. 모두 중국의 연경燕京(베이징)과 통하는 길에 있으며 큰 부자로 되는바 이것은 배를 통해 얻는 이익과 비교할 바가 아니며, 삼남에도 이런 또래는 없다.
>
> (《택리지》〈복거총론卜居總論〉생리生利)

18세기 말엽에는 평양의 유상柳商과 의주의 만상灣商과 안주의 상인들은 서울의 경상京商, 개성의 송상松商들과 어깨를 나란히 하여 전국의 상권을 장악하고 있었다. 또한 견직업絹織業 등 수공업 생산도 발전하고 광산 개발도 활발했다. 이러한 상업 활동으로 부를 축적한 세력들은 그들의 경제적 지위에 상응하는 사회적 지위를 얻으려 했다.

19세기를 전후한 시기에 중앙의 정치권에는 경화거족이라 불리는 서울에 근거를 둔 벌족이 대두하여 정치권력을 장악했다. 이는 부의 비중이 농업에서 상업을 바탕으로 한 유통경제로 옮겨가고 서울이 그 중심지로 되고 있는 것과 궤를 같이하는 현상이었다. 반면에 지방에 근거를 둔 정치집단은 현저히 약화되었다. 이에 따라 중앙에서 임명된 감사와 수령 등의 지방관들의 수탈을 현지 사족들이 막아내기 어려워져 지방은 중앙정치집단의 침탈

정약용과 그가 집필한 《경세유표》
조선 후기의 실학자 정약용丁若鏞이 지은 책으로 전남 강진 다산초당에서 유배 중이던 1817년에 집필했다. 이 책에는 토지 제도와 민생 안정에 대한 제도 개혁, 기술 발달과 상공업 부흥에 관한 개혁방안이 구체적으로 적시되어 있다.

에 무방비 상태가 되었다. 지방의 수령은 서울의 권세가와 연결되어 있었고 특히 서북지방이 그 정도가 심했다. 수령은 경화거족의 대리자로 향촌사회에 대한 수탈의 일선에 나서고 있었다.

상업이 발달한 평안도는 세도정권의 경제적 기반이 되었다. 사족과 같은 견제 세력이 취약하여 더욱 수탈하기 좋았다. 《경세유표經世遺表》에 따르면 황주 목사의 연봉이 3만 냥이었던 데 비해 평안 감사의 연봉은 24만 냥이었다. 이는 평안도 지역의 경제적 성장을 잘 보여주는 것이다.

순조 때의 대표적인 세도가이자 순조의 장인인 김조순이 "관서는 대번大

제1장 세도정치로 요동치는 조선

藩이다. 재부財富와 화려함이 나라에서 최고다. 예부터 재상들이 내직을 사양하고 외직에 나가고자 하는 자는 항상 이 자리를 배회한다"라고 평가한데서 드러나듯이 평안 감사는 재상들이 가장 선호하는 자리가 되었다.

특히 중앙의 정치권력에 의해 집중적으로 수탈되고 있었던 평안도 지역에서 사회적 잉여를 창출하던 부민富民 계층의 피해가 컸다. 이 지역에서 조세 징수는 부민 계층을 주요 대상으로 했고 이들의 반발이 거세졌다. 수탈을 자행하는 수령과 이를 제도적으로 보장하고 있던 기존의 향촌 지배질서에 대항하여 부민 계층을 중심으로 서북민은 저항했는데, 결국 홍경래가 주도한 봉기가 일어났다.

가산 다복동에 모이다

홍경래의 난은 10년이 넘는 오랜 기간 동안 준비되었다. 이 기간에 홍경래는 평안도와 황해도를 중심으로 주도자와 중간 지휘부도 널리 포섭했다. 이들 중 가산嘉山의 부호인 이희저李禧著가 중요한 자금원이었다.

순조 9년(1809)과 10년 연거푸 흉년이 들자 홍경래는 봉기 계획을 구체화했다. 가산 대정강大定江 부근에 있는 다복동多福洞은 군사기지였으며 봉기의 본부였다. 홍경래는 1811년 7월 이후 평소 포섭해둔 각지의 장사들과 함께 다복동 우군칙禹君則의 집에 머물렀다. 10월에는 주요 참여자들이 모두 다복동에 모이면서 준비가 더욱 활발해졌다. 봉기군을 공개적이고 광범위하게 모집했으므로 소문을 듣고 자원자가 찾아오는 경우도 있었다. 또한 운산雲山에 금광을 연다는 소문을 내어 농민 군사력을 다복동으로 불러들였다.

이 당시는 계기만 생긴다면 농민항쟁이 일어날 수 있는 분위기였다. 이미 2월에 황해도 곡산에서 농민들이 봉기한 바 있었다. 봉기의 원인도 지방 수령이 부민의 이익을 지나치게 침탈한 것이 원인이었다. 또한 이 해에도 전국적으로 흉년이 들었다. 평안도, 황해도, 함경도에서는 진휼곡賑恤穀이 모자라 더 피해가 컸다. 이에 순조도 위기의식을 느꼈다. 10월 5일 순조가 중신들을 소집하여 의견을 묻자, 좌의정 김재찬金載瓚은 이때의 정세를 다음과 같이 지적했다.

금년에는 다섯 도에서 흉년이 들었다고 보고했으며, 양서兩西와 동북東北에서는 곡부穀簿가 매우 적어 (민생이) 어려운 형편을 구제하는 방안이 아득히 대책이 없어 백성의 근심과 국가의 대계가 참으로 막막하다고 말할 수 있습니다. …… 더구나 요즈음에 와서 전하의 정령政令에 착오가 많고 거조擧措에 일정함이 없어 국사는 아득하게 멈추어 정박할 곳이 없는 듯하며 인심은 점점 무너져 내려 허둥대는 것이 조석朝夕을 보존하지 못할 것 같습니다. 현재의 끊임없는 만사 중 소민小民과 화합하는 것보다 급박한 것은 없으며, 화합하는 것은 오직 전하의 일심一心에 달려 있을 뿐이니, 반드시 정심正心과 정려定慮로 자신을 다스리고 백성을 다스리는 근본을 삼으소서. 그리고 별도로 내린 열 줄의 사륜絲綸(임금의 조칙)은 자세하고 또렷하게 중앙과 지방에 환히 유시하여, 재이災異를 만나 거의 죽게 된 백성들에게 성상聖上이 마음으로 이처럼 보호하는 덕의德義를 모두 알게 한다면, 거의 유지시키고 전접시키는 데 일조가 될 것입니다.

《순조실록》 11년 10월 경술일》

제1장 세도정치로 요동치는 조선　21

봉기는 12월 20일로 계획되었으나 사전에 지방 수령들에게 누설되어 일정을 앞당겨 18일 밤에 일어났다. 1,000명의 봉기군은 가산·박천·안주 방향과 정주·곽산·선천·철산을 거쳐 의주로 향하는 두 방향으로 나누어 각 고을을 공략하기로 계획을 세웠다.

홍경래가 지휘하는 부대는 19일에는 가산을, 20일에는 박천을 점령했다. 그러나 다음 진격로를 놓고 내분이 벌어졌다. 봉기군의 계획은 박천에서 영변을 공략한 후 안주로 진격하려는 것이었다. 그러나 안주 병영의 집사執事인 김대린金大麟과 이인배李仁培가 안주를 먼저 공격해야 승리한다고 주장하다가 자신들의 의견이 받아들여지지 않자 홍경래를 죽이고 조정에 투항하려 했다. 이 사건으로 홍경래는 큰 부상을 입고 몸을 추스르기 위해 다복동으로 돌아갔다.

김사용金士用, 김창시金昌始가 이끄는 부대는 1주일이 안되어 정주, 선천, 태천, 철산, 용천 등지를 무혈 점령하고 의주에 육박했다. 이로써 봉기군은 일단 청천강 이북 지역을 석권했다. 12월 20일 평안 병사 이해우李海愚의 밀계로 중앙 정부는 봉기가 일어났다는 것을 알았다. 정부는 신속히 진압군을 동원했다. 진압군은 박천 송림리松林里로 향했다. 송림리에는 12월 24일 봉기군의 선봉장 홍총각洪總角이 300명을 거느리고 와 진을 쳤고 12월 26일에는 홍경래가 500여 명을 거느리고 합류했다. 이외에 농민군이 합세하여 봉기군은 적어도 1,000명 이상, 많으면 수천의 병력이었다. 관군은 2,000여 명의 병력이었다.

12월 29일 봉기군과 진압군 사이에 결전이 벌어졌다. 봉기군은 패하여 그날 밤 정주성으로 들어갔다. 관군은 가산과 박천을 수복하고 다복동을 불태우고 민가를 습격하여 살인·방화·약탈을 일삼았다. 이를 피해 정주성으

〈홍경래진도〉
1811년 홍경래의 난을 진압하기 위해 평안도 정주성에 파견된 순무영군이 홍경래군과 대치하고 있는 장면을 그린 그림이다. (서울대학교 규장각 소장)

로 들어가는 주민이 많았고, 이들은 정주성에서 격렬하게 저항했다.

김사용 등 다른 주모자들이 지휘하던 부대들도 이듬해 정월 모두 관군에 패하여 관군은 정주성을 제외한 모든 지역을 수복했다. 순조 12년(1812) 정월 5일 관군이 정주성을 1차 공격했으나 패퇴했다. 서울에서 파견된 관군은 10일 정주성에 도달했는데, 11일에 이르러는 진압군은 8,000명에 이르렀다.

관군은 제압한 모든 지역에서 살인·방화·약탈을 자행했으며 무고한 평민의 목을 베어 전과를 올렸다고 보고하는 일이 많았다. 이로 인하여 분노한 주민들이 식량을 날라다 주는 등 여러 가지 방법으로 봉기군을 도왔다. 그러나 정주성 내의 사정은 갈수록 어려워졌다. 식량이 떨어지자 3월 말에는 인구를 줄일 목적으로 노약자와 부녀자 227명을 성 밖으로 내보냈다. 관군은 성을 폭파하여 들어갈 계획으로 4월 3일부터 굴을 팠다.

4월 18일 굴착이 완료되어 19일 새벽 화약 1,800근을 써서 정주성의 북쪽 벽을 무너뜨렸다. 홍경래는 진압군의 총에 맞아 전사하고 그의 목은 서울로 이송되었다. 홍총각·김이대·윤언섭·양시위 등은 사로잡히고, 우군칙·이희저·최이륜 등은 달아났으나 구성에서 체포되었다. 이들은 모두 서울로 압송되어 심문을 받고 처형당했다.

정주성에서 포로가 된 수는 모두 2,983명이었는데 조선 왕조의 처분은 매우 잔혹했다. 10세가 넘는 남자 1,917명을 4월 23일에 모두 참수하고 여자는 모두 노비로 삼았다. 《순조실록》에는 중군中軍(금위영, 총융청, 수어청 등 각 군영의 종2품 또는 정3품 벼슬) 유효원柳孝源이 봉기군을 자의적으로 처형하고 조정에 보고한 것으로 기록되어 있다. 그러나 군 지휘관에게 재량권을 주는 데 극히 인색한 조선 왕조에서 현지의 장수가 이 정도 규모의 포로 처형을 독단적으로 했다고 상상하기는 어렵다. 이는 실록을 편찬하면서 곡필이 있었다고 보아야 한다.

역사 속의 역사 1

세도가의 쌍두마차, 김조순과 조만영

김조순(1765~1832)은 조선 후기 노론 4대신 가운데 한 사람이었던 김창집金昌集의 현손이다. 정조 9년(1785) 문과에 급제했는데, 정조의 신임이 두터웠다. 정조 24년(1800) 6월 28일(음력) 정조가 갑작스레 사망하고 순조가 11세의 나이로 즉위하자 영조의 계비 정순왕후貞純王后가 수렴청정했다.

정순왕후는 정조 사망 다음날 심환지, 이시수, 서용보를 3정승에 임명하는 등 정국을 주도해나갔다. 같은 해 10월 정조의 국장이 끝나자 시파 세력과 남인 등 벽파의 정국 운영에 장애가 되는 인물들을 사도세자를 추숭했다는 죄목으로 축출하기 시작했다. 이러한 와중에 노론 시파인 김조순은 강력한 견제를 받았다. 이에 김조순은 은인자중하면서 정조에게 자신을 보호해달라고 청원했다. 결국 순조 2년(1802) 10월 딸이 정조의 결정대로 순조의 비(순원왕후純元王后)가 되자 영돈녕부사가 되었다. 순조 3년(1803) 12월 정순왕후의 수렴청정이 끝나고 순조의 친정이 시작되자 김조순은 반남 박씨 박준원 가문(순조 생모의 친정), 풍양 조씨 조만영 가문의 협력을 얻어 벽파를 축출하고 정국을 주도해나갔다. 이 과정을 거쳐 김조순은 실권을 장악하고 안동 김씨의 세도정치를 열었다.

순조 27년(1827) 효명세자가 대리청정을 시작하여 김조순 가문을 견제하자 어려움에 처했으나, 순조 30년(1830) 5월 효명세자가 급사하자 대리청정 시기에 조성된 세력을 도태시키고 안동 김씨의 세도정치를 굳건히 했다. 김조순은 순조 32년(1832)에 사망했으나 아들 김유근은 조만영 가문과 협력하여 그 세력을 유지했다.

김조순(왼쪽)과 조만영
조선 후기 세도가의 쌍두마차인 김조순과 조만영은 정조, 순조, 헌종대에 정치권력을 장악하기 위해 치열한 싸움을 전개했다.

조만영(1776~1846)은 순조 13년(1813) 증광문과에 급제하여 검열檢閱·지평持平·정언正言 등을 지냈다. 순조 16년(1816) 전라도 암행어사로 파견되어 부패한 관리들을 다스렸다. 순조 19년(1819) 딸이 효명세자의 세자빈으로 간택되었다. 순조 21년(1821) 이조판서로 어영대장을 겸임하여 실력자로 부상하고 안동 김씨와 세력을 다투었다.

순조 사후 효명세자의 아들인 헌종이 8세로 즉위하여 김조순의 딸인 순조의 왕비 순원왕후가 대리청정했다. 김조순 가문이 든든한 정치적 기반을 유지했으나, 생전에 순조가 헌종 보도輔導(도와서 인도하다)를 맡긴 조인영趙寅永(조만영의 아우)이 국정에 적극 참여하여 두 가문 사이에 어느 정도 균형이 유지되었다.

헌종 5년(1839) 조만영은 천주교도에 대한 탄압을 주도했는데, 이는 천주교에 관용적이었던 안동 김씨를 꺾으려는 의도가 작용했다. 헌종의 친정이 시작된 1841년부터는 김조순 가문과의 갈등 대립이 심화되었는데, 헌종의 지원을 받아 조만영 가문이 우위를 점했다.

제2장

민란과 변란이
일어나다

미곡전 습격사건

농민들은 과중한 국가의 수탈에서 벗어나려고 오랫동안 저항했는데, 세도 정치가 전개되기 시작한 조선의 19세기는 '민란의 시대'라고 할 수 있을 만큼 농민봉기가 많았다. 서울에서도 하층민들의 민란이 일어났다.

서울에서는 19세기에 들어서면서 각종 형태의 도적 사건이 잇달아 일어났다. 일반 민가·시전市廛·부호가 피해를 보는 것은 물론 각급 관청과 궁궐에도 도적이 침입하는 사건이 끊이지 않았다. 도적은 주로 농민층 분해 과정에서 몰락한 이농민들이 서울로 흘러들어온 자들이었는데, 그 수가 헤아릴 수 없을 정도로 많았다. 도성 안에 사는 하층민들도 밤이면 도적으로 변신하는 경우가 많아 정부가 고심했다.

도적 사건 중에는 이전에는 없었던 궁궐 침입 사건도 많았다. 국왕의 거처인 창덕궁을 비롯하여 거의 모든 궁궐이 그 대상이었다. 또한 종묘와 사직단에도 도적이 쳐들어왔다. 궁궐에 침입하는 자들은 서울 각지를 전전하던 유민들을 비롯하여 궐내 잡역 노동자, 하급 군병, 관청 말단 직책 등 하층민들이 대부분이었다. 이외에 대규모 소요도 몇 차례 있었다.

순조 33년(1833) 3월 9일 서울 시내에서는 경강상인京江商人과 미곡상들의 매점매석과 쌀값 조작으로 쌀값이 크게 치솟고 쌀을 구하기 어려워지자 이에 저항하는 하층민들의 대규모 민란이 일어났다. 하층민들은 성 안팎의 거리를 휩쓸면서 시내의 모든 미곡전을 습격하거나 파괴하고 불을 질렀다. 이어 한강 연안으로 가서 경강상인들이 곡식을 몰래 쌓아둔 집들을 15채 이상 파괴했다. 이 민란은 뚜렷한 조직은 없었으나 김광헌金光憲·고억철高億哲 등 하층민 지도자들이 식량을 구하기 위해 거리로 쏟아져 나왔던 하층민들을 결집하고 동원하는 데 성공하여 일어났다.

조선 정부는 포도청 포졸을 파견해서 군중을 해산하려 했으나 군중의 규모가 커지자 각 군영의 군병들마저 동원하여 겨우 진압할 수 있었다. 그들을 체포하여 주동자 여부를 가릴 것 없이 그 날로 효수하는 등 지배층의 진압도 극단적이었다.

철종 2년(1851) 2월에는 뚝섬(독도纛島) 주민들이 포도청 포교들의 횡포에 맞서 집단적으로 저항했다. 한성부 행정 관할 구역 가운데 가장 외각 지역인 뚝섬은 한강 상류 지방의 전곡·목재·시탄 등의 집산지로 각종 상인들이 몰려들어 거래가 활발했다. 그러므로 유민들이 쉽게 일자리를 얻을 수 있는 곳이기도 했다. 뚝섬처럼 도시 하층민들이 집단 거주하는 교외의 벽촌은 양반과 부호들이 많이 사는 지역에 비해 하급관리들의 수탈이 심했다.

사건은 좌·우 포도청의 군관과 포교들이 뚝섬 주민 고덕철高德哲을 별다른 이유 없이 붙잡아 가면서 시작되었는데, 불만이 팽배하던 뚝섬 주민들은 크게 반발하여 포도청 군관과 교졸들을 집중 공격했다. 마을 책임자인 존위와 중임들이 주민을 소집하고 동원한 것이다.

철종 11년(1860) 5월 1일에는 목수 집단이 좌변포도청·우변포도청·좌변군관청·포도대장 저택을 차례로 습격하여 청사와 저택을 파괴하고 교졸·종사관·군관 수십 명을 구타하는 사건이 일어났다. 이는 궁궐 건축 공사에 참여하고 있던 목수들 중에 백계창白季昌이 공사용 철물 일부를 빼돌려 팔다가 적발되어 좌변포도청 기찰포교들에게 체포되어 일어났다. 여러 작업장에 흩어져 있던 목수들은 동료가 포도청에 잡혀갔다는 소식을 듣고 장목수掌木手의 지휘로 포도청을 습격하기 시작했다. 당시 저임금에 시달리고 있던 목수들은 목재와 철물을 빼돌려 밀매하고 있었다. 그러므로 목수들은 잠매潛賣 행위를 절도가 아니라 정당한 행위로 보았다. 또한 목수들은 평소 포도청 관리들에게 심하게 수탈당하고 있었다.

목수들의 불만이 조직적 행동으로 발전한 것은 목수동업조합인 목방木房의 조직력 때문이었다. 이 시기 서울의 목수들은 목방을 조직하여 목제품을 생산하고 각종 토목공사에 모군募軍으로 고용되었다. 목방은 변수邊首 또는 장목수를 중심으로 조직된 여러 개의 집단으로 나뉘어져 집단별로 토목공사에 참여했다. 이러한 조직력이 있어 대규모 소요 사태가 발생할 수 있었다.

삼남에서 민란이 일어나다

철종 13년(1862)에는 삼남지방을 휩쓴 민란이 일어났다. 이를 임술민란壬戌民亂이라 하는데, 이 농민항쟁은 대토지 소유의 발달과 국가의 가혹한 수탈로 인해 농민경제가 극도로 피폐해져 일어난 것이었다. 소수의 대토지 소유는 대다수의 토지 없는 농민의 존재를 의미한다. 19세기 초 충청도 임천林川의 경우 일부 지역의 자료를 보면 전혀 농사를 짓지 못하는 무농층無農層이 30.8퍼센트에 달했다.

  토지의 집중은 지주들이 개간을 통해서도 농지를 확대했지만, 주로 토지를 매입하거나 수탈하여 이루어진 것이었다. 특히 토지의 매매가 활발하여 권세가나 부호에게 토지는 집중되었다. 이러한 사정은 윤면동尹冕東이 상소에서 잘 지적했다.

> 전에 권세가들이 이리 같은 탐욕을 부리자, 온 세상 사람들이 이를 본받았습니다. 수십, 수백만 냥의 돈을 팔도에 유통하여 한 뼘의 토지라도 매입할 수 있으면 곧 가격을 더 쳐주어 매입하므로 토지 가격이 몇 배로 올랐습니다. 이에 가세가 미약하고 재산이 적은 이들은 처음부터 감히 다투어 사들이지 못하여 온 나라의 거의 모든 토지가 세력 있는 자들의 수중으로 들어갔습니다. 또한 기근이나 흉년이 들면 농촌의 부호들이 이때를 이용하여 강제로 헐값에 사들입니다. 이 때문에 백성들의 약간의 땅마저도 모두 다 이들의 소유가 되었습니다. 이것이야말로 오로지 이익을 취하는 겸병兼倂의 폐해입니다.
>
> (《정조실록正祖實錄》 2년 7월 정미일)

  조선 후기에 상품화폐 경제가 발달하면서 토지의 집중 현상은 급속도로 진전되었다. 농민 중에도 상품화폐 경제를 잘 이용한 자는 부농으로 성장하고 이를 토대로 토지를 매입하여 지주가 되기도 했고, 상인 가운데도 축적한 부로 토지를 매입하여 지주로 변신하는 자가 있었다. 고리대도 토지 집

제2장 민란과 변란이 일어나다   31

중의 원인이 되었다. 농민들은 조세 부담이나 생계를 위해 고리대를 쓰는 경우가 많았고, 고리대를 감당하지 못해 자신의 토지를 내놓게 되어 고리대를 운용한 지주·상인·부농 계층은 토지를 헐값에 매입하여 늘여나갔다. 이렇듯 소수 지주들에게 토지가 집중되었고 상대적으로 많은 농민들이 아주 적은 토지를 소유하거나 아예 토지가 없었다.

여기에다가 관의 수탈은 농민들이 견딜 수 없을 정도로 가혹했다. 군역軍役을 대신하는 군포 징수와 관련된 부패는 이루 말할 수 없었다. 군역의 의무는 16세에서 60세까지 지게 되었으므로 이 연령에 해당하지 않으면 군포를 낼 의무가 없었다. 그러나 백골징포白骨徵布·황구첨정黃口添丁이라 하여 관리들은 죽은 이와 아기마저 그 대상으로 하여 농민들을 수탈했다.

임술민란은 1862년 2월 4일 경상도 지리산 기슭의 벽지인 단성丹城에서 처음 일어났다. 단성은 호구가 수천 호에 불과했으나 이 무렵 환곡의 총수가 10만 3,000섬에 달했으며 착복한 환곡이 5만 섬이 넘었다. 대대로 단성의 역대 현감과 아전들이 토색질을 한 까닭이었다. 농민 김령金欞의 주도로 분노한 백성들이 읍내 장터에서 시위를 하자 현감 임병묵이 달아나 서울로 갔다. 이것이 '단성민란'이다.

이어 2월 18일 진주에서 경상도 우병사 백낙신白樂莘의 탐학에 대항하여 덕산 장터에서 농민들이 시위를 벌였다. 유계춘柳繼春, 김수만金守萬, 이귀재李貴才 3인이 주동한 시위에는 수만 명이 참가하여 4일 동안 향리들을 습격하고 4명을 타살하여 수십 명에게 부상을 입혔다. 2월 29일 조선 정부는 박규수朴珪壽(연암 박지원의 손자)를 안핵사按覈使로 파견했다. 박규수는 3개월에 걸쳐 사태를 수습했는데, 처벌 상황을 보면 농민 10명을 효수하고 20명을 귀양 보냈으며, 관리 측은 귀양 8명과 파직 4명이었다. 민란은 충청도와 전

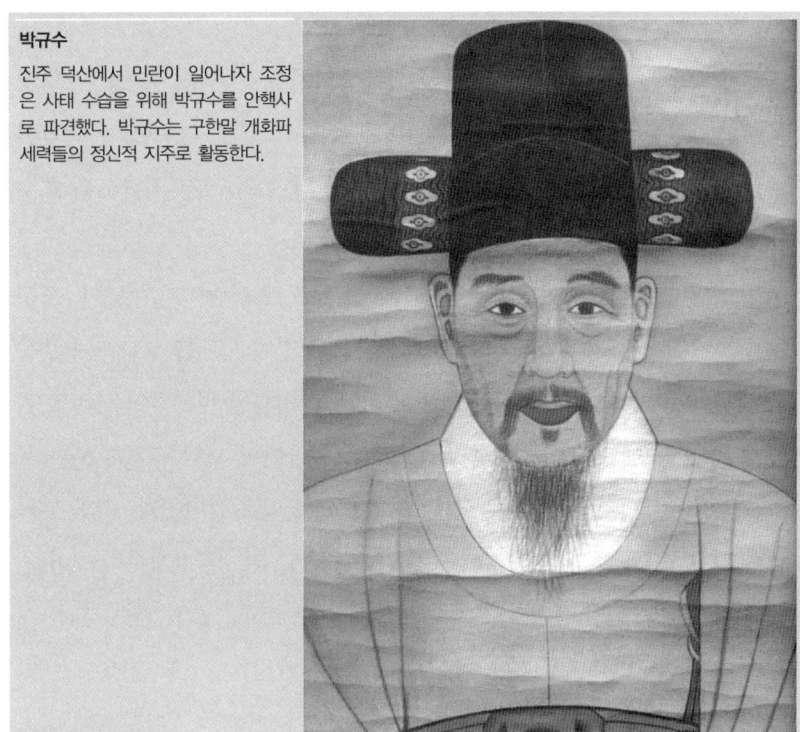

박규수
진주 덕산에서 민란이 일어나자 조정은 사태 수습을 위해 박규수를 안핵사로 파견했다. 박규수는 구한말 개화파 세력들의 정신적 지주로 활동한다.

라도로 번졌다.

 3월 27일 익산 농민 3,000여 명이 불법적인 도결都結의 시정을 요구하며 관청을 습격했다. 군수 박희순을 납치한 농민들은 탐학하기로 이름이 높은 전라도 관찰사 김시연金始淵도 습격하기로 했다. 김시연은 놀란 나머지 서울로 달아났다. 그 가족들도 이어서 전주를 빠져나가자 농민들은 김시연의 어미를 따라 잡고는 모래로 그 음부를 문지르면서 "너의 음부가 깨끗하지 않아 이 때문에 탐욕스러운 아들을 낳았다"고 말했다고 한다. 창강滄江 김택영金澤榮의 《한사경韓史綮》에 나오는 이야기다. 이처럼 농민들의 원한은

제2장 민란과 변란이 일어나다 33

매우 컸다.

익산에 안핵사로 파견된 이정현은 농민 임치수·이의식·소성홍·천영기·문희백·장순복·오덕순 등을 민란을 주동한 죄로 처형했다. 관찰사 김시연과 군수 박희순은 귀양을 갔고, 이방 임종호와 좌수 최학손은 효수되었다.

4월 16일에는 함평에서도 정한순鄭翰淳의 주도로 민란이 일어났다. 조정은 이 '함평민란'을 강경 진압으로 맞섰다. 이정현이 사태를 수습하여 주동자 6명을 처형하고 11명을 귀양 보냈다. 현감 박명규를 비롯하여 아전도 귀양을 갔다. 5월에는 충청도에서 집중적으로 민란이 발생했다. 충청도는 서울의 관문으로 여겨졌으므로 조정의 위기의식이 더욱 높아졌다. 이후 봉기의 주동자들은 예외 없이 효수되었으며 적극 가담자도 무겁게 처벌되었다. 6월에 들어 전라도와 충청도는 차츰 가라앉는 모습이었으나 경상도는 여전했다. 9월에는 제주도에서도 민란이 일어났다.

민란은 1862년 농민항쟁 이후 흥선대원군 집권기에는 소강상태에 접어들었으나 1880년대 이후 다시 빈발했다. 그러나 민란은 아무리 자주 일어나도 정권 유지 차원에서는 조선 왕조에 별 다른 위협이 되지 못했다. 민란에 가담하는 농민들의 의식이 근왕주의勤王主義에서 벗어나지 못했기 때문이다. 민란이 발생하면 아전이 살해되는 경우는 있었으나 중앙에서 파견된 관리는 아무리 악질적이라 해도 구타로 그칠 뿐이었다. 그러므로 투쟁의 목적이 탐관오리의 규탄이나 조세 수취의 부당성에 대한 항의로 경제 투쟁 차원에 머물렀으며 투쟁 공간도 그 지역을 벗어나지 못했다.

지배층도 민란을 "백성들은 모두 덕을 생각하고 의리를 두려워하니 반드시 부득이해서 일으킨 것"으로 인식했으며, 봉기한 농민들도 "감히 관리를 죽이거나 성지城池를 약탈하지는 않고 오직 깃대를 세우고 억울함을 호소하다가 국왕의 회유가 있으면 곧바로 평정"되는 형편이었다. 그 때문에 고종高宗대에 이르게 되면 정부에서도 민란을 예사로운 일로 여기기까지 했고 일반 민중들도 민란을 일으키는 것을 대수롭지 않게 생각했다.

상민보다 못한 양반

민란과 대조적인 것이 변란變亂이었다. 변란은 대체로 향촌 사회에 뿌리를 내리지 못하고 불우하게 살던 저항적 지식인들이 주도하여 정권 탈취를 목적으로 일으키는 무장 반란이다. 소수의 가문이 관직을 독점하는 세도정권의 성립과 매관매직의 성행으로 양반층 내부의 계층 분화는 더욱 촉진되었다. 대다수의 양반은 정권에서 소외되었으며 과거의 문란과 매관매직의 성행으로 정상적인 관직 진출은 극히 어려워졌다. 이로써 관직 진출이 불가능해지고 경제적 여유도 없었던 양반 가운데는 상민들보다 못한 부류도 많아졌다.

과거에 가문의 운명을 걸었던 가난한 양반들은 농·공·상 등의 생업에 종사했으며 서당 훈장訓長, 의원醫員, 지관地官이 되기도 했다. 이외에 소상인이나 소작농 머슴이 되기도 했다. 이들은 상민들에게도 모욕을 당했고 생계를 위해 부유한 상민에게 통혼을 구걸하기도 했다. 이러한 가운데 사회에 대한 비판의식을 키워나가는 부류가 있었다. 19세기에는 문학 작품의 상품화가 이루어졌는데 주요 작가들이 이들 '몰락 양반'이었다. 19세기 한문 단편소설에는 능력은 있으나 문란한 과거제도 등으로 인해 뜻을 펴지 못하던

〈평생도〉 중 소과응시 부분(19세기)
조선 후기의 과거 시험장은 말 그대로 '난장판'이었다. 난투극이 벌어지고 부정이 판을 쳐 제대로 된 과거 시험은 시행되지 못했다. 특히 답안지를 대신 적어주는 일을 하는 '거벽'과 글씨를 대신 써주는 일을 하는 '사수'가 동원되기도 했다. (국립중앙박물관 소장)

가난하고 소외된 한유寒儒 · 빈사貧士들의 의식세계가 잘 드러나 있다.

이들은 누구보다 현실 사회의 모순과 부조리를 뚜렷이 인식했고 이러한 현실을 바꾸어보려는 부류도 생겼다. 이러한 부류는 이전에도 있었으나 19세기 후반으로 오면서 사회적 모순이 더욱 커지자 한층 많아졌다. 이들은 민란이 일어나면 탐관오리의 횡포를 조정에 호소하는 문건을 대필하기도 하고 스스로 명화적明火賊에 가담하여 활동하기도 했다.

19세기에 변란은 수없이 모의되었다. 이 중 처음으로 모의 단계에서 벗어나 거사에 성공한 것은 고종 6년(1869)의 광양란光陽亂이다. 주모자 민회행閔晦行은 천문지리에 능통한 인물로 20여 년 동안 변란을 꿈꾸며 영남과 호남 일대를 돌아다니며 동지를 규합했다. 고종 5년 9월 민회행은 전찬문田贊文·강명좌姜明佐·이재문李在文·권학녀權學汝 등과 함께 장흥에서 위장한 상여에 무기를 숨겨 강진 병영을 습격하려고 했다. 그러나 강진에서 5리 정도 떨어진 주막에 이르렀을 때 비바람이 크게 불어와 다시 거사할 것을 기약하고 흩어졌다.

장흥에서 실패한 민회행은 이재문, 최두윤崔斗允 형제, 금호도金湖島의 백내흥白乃興 등 14명과 결당하고 변란을 모의했다. 그리고 필요한 전곡錢穀과 화약을 마련하여 고종 6년 3월 18일 하동으로 갔다. 하동에서 상인으로 가장한 60~70여 명이 2척의 배에 나누어 타고 우손도牛孫島로 들어가 갑옷과 죽창과 깃발 등을 만들고 산제山祭를 지낸 다음 광양으로 쳐들어갔다.

이들은 3월 21일 배를 타고 초남포에 도착했고, 6월 23일 밤에 광양 관아를 습격했다. 이들은 죄수들을 석방했으며 사창곡社倉穀을 읍민들에게 나누어주었다. 일부 주민들을 가담시켜 무리가 300여 명으로 늘어났다. 그러나 관아를 몰래 빠져나간 현감 윤영신尹榮信이 이끌고 온 관군이 공격하여 6월 25일 밤에 변란은 진압되었다.

이필제, 조선을 네 개의 제후국으로 나누려 하다

19세기의 변란 중에서 대표적인 것은 이필제李弼濟의 난이다. 이필제는 고종 6년에서 고종 8년에 걸쳐 진천, 진주, 영해, 문경 등 4곳에서 연속적으로 변란을 기도했다. 이필제는 주로 인척 관계나 평소의 친분 관계를 이용하여 동조자를 포섭하는 한편, 거사에 필요한 자금을 모으기 위해 재산가를 끌어

19세기 대표적인 민란

조선 후기에는 수많은 민란과 변란이 일어났다. 이것은 결국 신분층의 와해와 조정에 대한 불신에 기인하다.

들였다. 고종 6년 4월 진천에서 시도한 변란이 사전에 발각되어 도망한 이필제는 그 해 12월 진주 일대를 무대로 두 번째 변란을 기도했다.

먼저 이필제는 거창으로 가서 양영렬楊永烈·정만식鄭晩植·성하첨成夏瞻 등을 만나 일단 남해에서 거사할 것을 결정했다. 이필제는 이들에게 자신의 뜻은 중원에 있으며 장차 조선은 동서남북 네 개의 제후국으로 나누어질 것이라 했다. 양영렬은 평양에 살다가 1852년과 1853년에 베이징이 소란스럽다는 소문을 듣고 남해로 이주했으며 정만식은 고종 2년(1865)부터 변란을 계획한 인물이다.

이들이 거사에 착수한 것은 12월 11일이었다. 이들의 계획은 먼저 섬으로 들어가 군기를 탈취하고 섬 주민들을 동원하여 통영, 고성, 김해를 거쳐 육지로 나가 성을 공격하고 곧장 서울로 향한다는 것이었다. 그러나 모집한 자들 가운데 약속한 돈을 주지 않는다거나 혹은 암행어사로 가장하여 남해에 들어가 재물을 뺏으려 한다는 말을 듣고 돌아가는 자가 속출하여 포기했다.

이필제는 세 번째 기도한 변란에서 영해寧海 지방의 동학교도를 이용하여 처음으로 거사를 일으키는 데 성공했다. 이필제는 동학교도를 자처하여 영해 지역의 동학교도들을 포섭한 다음 최시형崔時亨에게 사람을 보내어 교조신원운동을 가탁하여 거사에 동참할 것을 요청했다. 최시형은 거절했으나 고종 8년(1871) 2월 이필제를 직접 만나고는 계획에 참여하기로 했다.

거사일인 3월 10일(최제우의 사형집행일) 밤 10시경 500~600명을 동원하여 조총과 죽창과 칼 등으로 무장하고 관아를 습격했다. 이들은 영해 부사를 죽이고 격문을 내걸었다. 격문에는 "우리들의 거사는 다만 본관本官(영해 부사)의 탐학이 비할 바 없이 극심하기에 그 죄를 성토하려는 것이고 읍민들을 해칠 마음은 전혀 없다"고 쓰여 있었다.

이들은 영해를 공격하고는 영덕·진보·영양 등지를 치고 서울로 직향하러 했다. 그러나 주민들은 별 호응을 하지 않았고 관군이 몰려오자 일월산 쪽으로 퇴각했다. 이필제는 8월 문경에서 흥선대원군의 서원 철폐에 따른 유림의 반발을 이용하여 다시 거사하려 했다. 그러나 사전에 이필제를 비롯하여 주모자들이 모두 체포되었다.

엽관적인 변란

이외에도 변란 기도는 매우 많았고 1894년 동학농민전쟁까지도 계속 끊이지 않았다. 그러나 시대적인 제약과 변란 주도층의 한계로 변란은 실패할 수밖에 없었다. 변란을 주도하는 계층은 몰락한 양반이고 지식인이었다. 이들은 사회현실에 일정한 비판의식을 토대로 제세안민濟世安民의 뜻을 가지고 있기는 했다. 그러나 이념적 토대가 약해《정감록鄭鑑錄》수준을 벗어나지 못했다. 이것은 변란 주도층이 기본적으로는 엽관獵官적 성향을 벗어나지 못했기 때문이기도 했다.

그들은 왕조 타도에 성공했을 경우 차지할 관직을 미리 정해놓기도 했다. 철종 2년(1851)에 변란을 모의했던 유흥렴·채희재·김수정 등은 정승과 판서를 배정해 두었으며, 철종 4년에도 거사에 성공하면 김수정은 병조판서, 최봉주는 삼도통제사를 차지할 계획이었다. 이필제도 "서울에서 벼슬하는 것이 부모의 평생 소원"이었다고 했으며, "명의 태조도 처음에는 걸아乞兒 300여 명이었으니 사람의 일을 어찌 모두 알 수 있겠는가"라고 말하여 관직 진출이나 권력에 대한 그의 열망을 토로했다. 여기에 일의 진행이 수월하지 못하면 밀고자가 속출한 것이라든지 구체적인 이념을 계발하지 못한 사실도 엽관적 성향을 잘 보여주는 것이다.

이념적으로 유교의 입신양명주의에서 벗어나지 못한 무리들이 혁명을 갈망한다고 해도 조급해 하기만 할 뿐 제대로 조직을 결성하지도 못했다. 이들은 일단 '난리'를 일으키고 격문을 각지에 띄우면 각지에서 합세해올 것이라는 현실과는 거리가 먼 환상을 품고 있었다. 영남지역과 호남지역 등을 분담하여 동조자를 규합하는 방법을 채택하기도 했으나 일단 봉기를 일으키는 데 성공한 경우는 매우 드물었다.

또한 변란 주도층의 목표인 왕조 타도는 일반 민중들의 정서와 너무나 거리가 멀었다. 민란이 나면 민중들은 아전이나 공격할 뿐 아무리 악질적이라 하더라도 국왕이 임명하는 지방 수령을 구타조차 못했다. 일반 민중에게 조선 왕조 타도는 생각조차 할 수 없는 황당무계한 일이었다. 그러므로 왕조 타도를 내세워 대중을 변란의 동력으로 끌어들이는 것은 불가능했다. 변란 주도층이 본래 목표를 숨기고 속이거나 돈을 주고 생계가 어려운 빈민을 동원하는 현실 자체가 실패를 담보하는 것이었다(대체로 변란 주도층도 생계가 어려웠다). 실제로 봉기가 일어났을 경우 지역 주민들의 반응은 냉담했다.

향리들의 신분 상승 운동

변란 이외에 정치개혁으로 신분 상승을 하려는 움직임도 조선 후기에는 끊이지 않았다. 이 중 향리들의 노력이 대표적이다. 조선은 사대부 사회이지만 행정 실무를 담당하는 서리胥吏 집단은 반드시 필요했다. 이들은 중국의 서리와 크게 다른 두 가지 특징이 있었다.

첫째는 조선 사회의 지배 집단인 양반들이 고려 사회에서 점차 지방의 향리에서 분화한 것이다. 그러므로 이吏와 사士가 같은 씨족 내에 공존했다. 특히 혈연을 유난히 강조하여 친족이 고도로 조직화한 조선 후기에는 신분을 달리하는 계파들이 동일 씨족 내에 공존했다.

둘째는 향리 집단이 한 지역에서 대대로 거주하면서 세습해온 점이다. 경주 한 지역만을 보더라도 600년에 걸쳐 향리직을 세습한 것이 자료에 나타난다. 실제로는 1,000년 동안 지속된 것 같으며 이러한 장기간의 세습은 많은 군현에서 쉽게 찾을 수 있다.

양반 계층이 분화되었듯이 향리들도 분화되었다. 이들 가운데 유력한 향리 가문은 관직 진출을 열망했다. 그러나 조선 후기에는 문벌 의식이 크게 확산되고 양반 집단의 배타적인 조직화가 고도로 진행되었다. 향교나 서원에서는 향리들을 엄격히 차별했다. 당대의 유교 이데올로기는 인간이라면 당연히 관직에 나가는 것을 최고의 가치로 여겼다. 이를 위해 향리 지식인들은 향촌의 명유名儒들과 교유하며 향촌의 사림들에게서 인정받으려 애썼고 중앙의 권세가에게도 접근하려 했다.

19세기에는 서울을 중심으로 거주하는 노론 계열이 정권을 독점했다. 그러므로 지방의 양반들이 관직에 나가기는 매우 어려워졌으며 당색을 달리하는 남인들은 더욱 관직에서 소외되었다. 제도적으로 정치에 참여하는 길이 갈수록 제한되면서 특정 권력자와 유대관계를 맺어 관직에 나아가려는 풍조가 생겼다. 재상가에게는 다양한 부류의 문객들이 모여들었다. 흥선대원군도 향리 지식인들과 교류했다. 그러나 양반 계층도 관직을 얻기 어려운 상황에서 향리 지식인들의 꿈은 실현 불가능한 것이었다.

향리 지식인 가운데 한 명인 이명구李明九는 고종 초기에 예조판서인 신석우申錫愚에게 의탁했다. 그는 《연조귀감掾曹龜鑑》을 간행했고 이어 《연조귀감 속편》을 짓고 있었다. 《연조귀감》은 향리 가문의 역사를 집대성한 역사서로 5대에 걸쳐 이루어진 저술이다. 이 책은 양반과의 신분 차별 철폐와 관직 진출을 열망한 향리들의 염원이 담긴 책이다.

고종 4년(1867) 자신을 관직에 천거해주리라 굳게 믿었던 신석우가 죽자 이명구는 평생의 꿈을 포기하고 고향인 상주로 돌아갔다. 그 꿈은 증조부 때부터 일궈온 것이다. 그러나 양반 중심의 조선 왕조에서는 수용될 수 없는 것이었다(향리 계층에서 친일파가 많이 나온 것은 우연이 아니었다).

조선 왕조 후기의 폐쇄적 신분 체제는 신라 말 골품제의 폐쇄성과 유사했다. 과거, 권세가와의 교류, 변란 등 어떠한 것도 유능한 자나 스스로 유능하다고 믿는 자들의 소망을 이루는 수단이 되지는 못했다. 조선 왕조는 골

《연조귀감》
이 책은 조선 후기에 향리들이 자신들의 실력을 바탕으로 신분적 제약을 벗어나 사회적 진출을 모색하려는 내용을 담고 있다. 향리 이명구가 1848년경에 간행한 것으로 알려졌다.

품제의 폐쇄성을 극복하지 못하고 자멸한 신라의 길을 다시 걷고 있었다.

그렇다고 신라 말기처럼 지방 세력이 새로운 국가를 건설할 역량이 있는 것도 아니었다. 쇄국체제인 조선에서는 독립적인 지방 세력이 성장할 여지가 없었다. 이러한 나라는 이웃 강대국에 주권을 상실하게 될 가능성이 큰데 과연 망국亡國이 보이는 상황에서 지배층이 내부 개혁을 할 역량이 있는지가 독립 유지 여부의 관건이 된다.

역사 속의 역사 2

흥선대원군, 서원을 철폐하다

서원書院은 조선 중기 이후 보급된 사학 기관으로 중종 38년(1543) 주세붕周世鵬이 고려 후기 유학을 중흥시킨 안향安珦을 제향祭享하고 유생을 가르치기 위해 경상도 순흥順興에 백운동서원白雲洞書院(소수서원紹修書院)을 세운 것이 효시다. 향촌 유림들이 서원을 건립했으나 국가의 인민교화 정책과 깊이 연관되었으므로 조정에서 서원의 명칭을 부여한 현판과 서적과 노비 등을 사여한 경우가 있었다. 이렇게 건립된 서원을 사액서원賜額書院이라 했다. 선조 때에 사림 계열이 정치의 주도권을 장악한 이후 서원은 크게 그 수가 늘어났고 지역별로도 초기의 경상도 일변도에서 벗어나 충청, 전라, 경기, 황해도 지역에서도 서원 건립이 활발해졌다. 숙종 때에만 새로 생긴 서원이 300개가 넘었으며 사액서원도 130여 개였다.

이러한 서원 확산의 주요 원인은 붕당의 형성 발전이었다. 붕당은 학문에 바탕을 둔 명분론과 의리론을 중심으로 형성되었으므로 당파 형성에 학연이 절대적으로 중요했다. 따라서 학연의 매개체인 서원은 붕당의 기반이 되었다. 사액서원은 부속된 토지가 면세되고 노비는 면역되므로 양민이 투탁投託하여 원노院奴(서원의 노비)가 되어 군역을 기피하는 일이 많았다. 이에 따라 국가는 조세 수입이 줄고 군정軍丁이 모자랐다.

서원의 폐단이 커짐에 따라 서원 정리 여론이 일어났고 숙종 대에 이르러 서원 설립 금지령이 내려졌다. 영조도 서원을 200여 개나 철폐했으나 고종 즉위 즈음에도 전국의 서원 수는 600개가 넘었다. 서원의 폐단을 직시한 흥선대원군은 집권 초부터 대책 강구에 나섰다. 고종 원년(1864) 7월 대왕대비의 명을 빌려 전국의 서원 실태를

소수서원
1543년 주세붕이 세운 최초의 사액서원이다. 이 서원 안에는 안향과 주세붕의 영정이 모셔져 있다.

조사하고 8월에 서원의 사설私設을 금지했다. 이듬해인 고종 2년(1865) 대표적인 서원으로 가장 크게 물의를 일으키던 만동묘萬東廟와 화양서원華陽書院을 철폐했다.

전국의 유림이 이에 반발했으나 흥선대원군은 처음 계획대로 서원 철폐를 단행하려 했다. 그러나 경복궁 중건에 착수한데다 병인양요(1866년)가 일어나 한동안 서원 철폐를 유보했다. 고종 5년(1868)에는 서원에 국가가 하사한 토지도 조세를 내게 했고, 고종 8년(1871) 드디어 서원철폐령을 내렸다. 그 내용은 선유先儒 한 사람에 대해 두 개 이상 첩설疊設(중복 설립)된 서원은 사액서원이라 하더라도 철폐하고 선유 가운데 문묘文廟(공자묘)에 배향된 인물에 한해 1개의 서원만 존치하게 한다는 것이었다. 이로써 600여 개 서원 가운데 47개만 남고 나머지 서원은 모두 철폐되었다.

서원 철폐 조치는 양반·유생들에게 큰 충격을 주었다. 전국의 유생들이 경복궁 앞에 운집하여 항의시위를 벌였으나 흥선대원군은 이들을 강경하게 해산시켰다. 서원 철폐로 양반·유생들은 흥선대원군에게 깊은 반감을 품었고 훗날 흥선대원군 실각의 한 원인이 되었다. 또한 흥선대원군이 하야하자 서원은 다시 설치되었다.

제3장

19세기 동아시아의 풍경

"눈과 같이 흰 은이 10만 냥이 쌓인다"

19세기 초까지만 해도 동아시아는 제한적인 소규모의 관허독점무역官許獨占貿易을 제외하고는 외부세계, 특히 서양과는 접촉이나 교섭이 거의 없는 폐쇄된 세계였다. 동아시아에는 광대한 영토와 장구한 역사와 수준 높은 문명을 지닌 중국을 중심으로 하여 수천 년 동안 유지해온 독특한 '세계질서'가 존재하고 있었다. 이 '세계질서'는 동양을 압도하게 된 서양의 침략으로 와해되고 조선, 청, 일본 등 동아시아 3국은 모두 세계사에 편입되었다. 또한 대응방식의 차이로 이 세 나라의 성패는 각기 다르게 되었다.

청은 중국 지배를 확립해 나가는 과정에서 한족에게 변발을 강요하고 청 왕조를 이적夷狄으로 여기는 한족 지식인을 철저히 탄압했다. 그러나 청조는 성리학을 통치이념으로 하여 어느 왕조보다 이를 존중했고 중국의 전통문화를 잘 보존했다. 시간이 흐르면서 한족 지식인도 대부분 청을 중국의 정통 왕조로 보게 되었다. 18세기 후반에서부터 중국 사회는 정치적·사회적으로 이완 현상을 보였다.

첫째 행정체계의 비능률과 침체가 두드러졌다. 황제에게 권력이 집중되어 관료의 창의성이 억제되었으며, 관료 자체도 과거 시험으로 인해 연령이 노령화되었다. 이들은 부패한 현실을 미봉하고 무사안일만을 지향했다. 이러한 현상은 연암燕巖 박지원朴趾源이 《열하일기熱河日記》에서 "거리에는 황제에 대한 비방이 가득하고 정신廷臣들은 모두 목전의 미봉책을 상책으로 여겼다"고 평가했듯이 외국인 관찰자에게도 쉽게 인식되었다.

둘째 사치 풍조와 부패가 심해졌다. 청나라 황제들은 사치한 명나라에 비해 궁중생활이 매우 검소했다. 4대 황제인 강희제康熙帝는 궁중 경비를 절약했다. 환관의 청사인 13아문衙門을 없애고 환관의 수를 불과 48명으로 줄였는데, 명나라 말기인 신종神宗 때는 환관이 10만 명에 달했던 것과 비교하면 환관이 거의 없었다고 할 수 있다. 이런 식으로 궁중 경비는 명대의 40분의 1로 줄어들었다. 강희제 자신의 복장도 질이 낮은 비단으로 만족하는 형편이었다.

검소 질박하던 초기 황제들과 달리 6대 황제인 건륭제乾隆帝는 사치스러웠고, 귀족 관료·대지주·대상인에 이르기까지 사치 풍조가 만연되었다. 귀족 관료들의 사치생활과 더불어 관료 세계에서 부패상이 날로 심해져 뇌물이 공공연하게 오갔다. 관료들의 부패상은 "아무리 청렴한 지부知府(부府의 장관)라도 3년이 지나면 눈과 같이 흰 은이 10만 냥이 쌓인다"는 속언에 잘 나타난다.

셋째 인구의 급격한 증가로 인민들이 궁핍하게 되었다. 당시의 정확한 인구는 알 수 없지만, 1741년 통계로는 1억 4,000만 명이었다. 이것이 아편전

강희제(왼쪽)와 건륭제
청의 4대 황제인 강희제가 환관의 청사인 13아문을 없애고 환관의 수를 48명으로 줄여 궁중 경비를 절약했던 반면, 6대 황제 건륭제는 사치스러웠고 귀족 관료는 부패를 일삼았다.

쟁이 일어나기 7년 전인 1833년에는 3억 9,894만 2,000명으로 늘어났다. 도광道光 30년(1850) 통계로는 4억 3,000만 명에 이르고 있어 100여 년 사이에 약 3배가 증가했다. 이러한 인구증가율에 비해 경지면적 증가율이 훨씬 뒤떨어져 1인당 평균 경작지는 감소했으며, 당시 인구의 3분의 1이 기아 혹은 반半기아 상태에 놓였다.

인구증가율은 특히 타이완臺灣·펑티엔奉天·쓰촨四川·광시廣西·윈난雲南에서 현저했다. 이는 이 지역이 경제 형편이 상대적으로 나아서 다른 지역에서 대규모 이주가 있었기 때문이다. 동남아시아로 이주하는 것도 금지되었지만, 18세기 후반 이후 해마다 증가했다. 즉, 오늘날의 화교가 형성되고 있었다.

넷째 반란이 잇달았다. 18세기 후기에는 신장新疆의 조십鳥什, 산둥山東의 왕윤王倫, 간쑤甘肅의 회교도, 후난湖南·구이저우貴州의 묘족苗族 등이 대규모 반란을 일으켰다. 이러한 반란 중에서도 백련교도白蓮敎徒의 난*은 9년을 끌었는데, 이는 청이 부패하고 허약해졌음을 잘 보여주는 일례였다. 이 반란 진압 과정에서 청의 군사력에서 중심이 되는 팔기군八旗軍과 녹영군綠營軍의 전투력을 상실했음이 드러났다.

아편전쟁, 중국 근대사의 시발점

이러한 시기에 청은 서양의 침입을 맞았다. 영국은 18세기 중엽 인도를 둘러싼 프랑스와의 경쟁에서 승리하여 전 인도에 대한 식민지 통치권을 얻었고 인도를 동방 무역의 기지로 삼았다. 개항 이전 청은 광둥廣東에서 이루어

---

* 18세기 말(1796~1805) 백련교白蓮敎의 신도들이 굶주림과 관리들의 가혹한 탄압에 대응하여 일으킨 반란이다. 백련교는 남송 초에 탄생한 종교단체인데, 불교 정토종을 모태로 했다. 원 말기에 백련교도들이 홍건적의 난을 일으켰으므로 명과 청 왕조에서는 금지되었다. 이들은 "천상의 미륵불이 내려와서 지상에 극락세계를 세운다"고 주장했다. 1775년 백련교 지도자 유송劉松이 청 왕조의 멸망을 예언하여 체포·처형되었고 백련교는 극심한 탄압을 받았다. 이를 빌미로 지방 관리들이 무고한 사람을 백련교도로 몰아 죽이고 재산을 빼앗자 민중의 청에 대한 불만이 커져갔다. 1795년 묘족苗族이 반란을 일으키자 후베이성에 주재한 청군이 진압하러 이동하고 이 틈을 타 1796년 후베이성 샹양襄陽에서 백련교도가 봉기했다. 뚜렷한 정치적 목표도 없고 전체를 대표하는 지도자 없이 후베이성, 쓰촨성, 산시성의 산악지대에서 유격전을 벌였다. 부패 무능한 청군은 백련교도를 당해내지 못했다. 만주에 주둔한 팔기군이 진압에 나서 성과를 거두기 시작해 9년 4개월 만에 반란은 진압되었다. 백련교도의 난으로 청은 1억 2,000만 냥(청 정부의 3년 예산)의 경비가 지출되어 극심한 재정난을 겪었다. 백련교도는 나중에 비밀결사인 의화단의 모태가 되기도 했다.

진 교역만 인정하고 있었는데, 영국은 무역량에서 모든 서방국가들을 압도했다. 영국의 동방 무역은 영국 동인도회사가 의회의 승인을 얻어 독점하고 있었는데, 청의 모욕적인 대우와 일방적인 통제에도 동인도회사는 막대한 이익을 얻었다. 그러나 영국은 청과의 교역에 큰 불만이 있었다.

첫째는 중국으로 은이 유출되는 현상이었다. 당시 청과 영국의 무역은 차茶 무역이 중심이었는데, 영국의 중국 차 수입은 해마다 증가했다. 반면 영국산 모직물의 수출은 완전히 실패했다. 따라서 영국은 은 부족에 직면했는데 금과 은이 유일한 국제무역 결제수단이었으며 그 보유량이 나라의 부를 결정한다고 생각되던 이 시기에는 심각한 문제였다.

둘째는 청이 시장의 확대개방을 거부한 것이다. 영국의 산업혁명은 19세기 전반에는 이미 성숙기에 들어서 있었다. 영국 자본가 계급은 중국 시장 확대를 갈망했는데 청은 이러한 요구를 거절했다. 영국의 동인도회사는 은의 유출을 벌충하려고 아편을 청에 밀수출했다. 아편 밀수출은 갈수록 늘어 1820년대 후반부터는 오히려 청의 은이 영국으로 유출되기 시작했다.

청 정부는 여러 차례 아편 금지령을 내렸으나 효과가 없었다. 처음에는 주로 유한 상류계층과 부유한 상인 계층이 아편을 피웠으나 점차 환관, 황족, 날품팔이나 농민 등의 빈민층, 심지어 부녀자와 승려까지 아편을 흡입했다. 1830년대 후반에 청의 아편중독자 수는 최소 200만 명으로 추산되는데, 지방 관리들과 병사들까지 부지기수로 아편을 흡입했다. 관료와 군대의 아편 중독은 국가의 기능 마비를 의미했다. 청은 영국의 아편 밀매에 단호히 대처할 수밖에 없게 되었다.

이러한 사정을 배경에 두고 청과 영국 사이에 아편전쟁(1840~1842년)이 일어났다. 그 결과 1842년 청은 영국과 난징 조약南京條約을 체결하고

아편에 중독된 중국인
청나라 말기에 중국인들은 당시 성행하던 아편굴을 전전하며 아편을 흡연했다. 또한 부유한 상류층에서 시작된 아편 흡연은 급기야 빈민층, 부녀자, 승려까지 아편에 중독되는 일이 다반사였다.

1844년에는 미국과 왕샤 조약望廈條約, 프랑스와는 황푸 조약黃埔條約을 맺었다. 이들 조약으로 중국과 서방 국가 사이에는 조공제도를 대체하여 근대국제법에 따른 조약제도가 도입되었다. 광둥무역제도는 폐지되었고 광둥을 포함하여 5개 항구가 개방되었다. 난징 조약을 비롯한 중국과 서방국가의 일련의 조약은 청의 무력 열세와 국제외교 관행에 대한 무지를 기초로 한 불평등조약이었다. 아편전쟁의 패배로 중국은 근대세계에 편입되었는데, 오늘날 학계는 이를 중국 근대사의 시발로 본다.

미국과 러시아의 일본 문호 개방 전쟁

청 왕조가 서구 열강의 압력에 의해 문호를 전면적으로 개방하고 있었을 때 도쿠가와 막부德川幕府 지배하의 일본도 조금씩 문호를 개방하기 시작했다. 도쿠가와 막부는 17세기 전반부터 철저한 쇄국정책을 고수하여 네덜란드 동인도회사에 허용한 나가사키長崎 무역을 제외하고는 서방세계와의 접촉을 단절하고 있었다. 그러나 일본의 문호를 개방하려고 18세기 말부터 러시아와 영국이 여러 차례 접근을 시도했고, 1850년대에 미국이 포함외교砲艦外交로 일본의 문호를 여는 데 성공했다.

 미국은 독립한 지 얼마 안 되는 18세기 말부터 광둥 무역에 참가했다. 미국은 북아메리카 대륙 동해안 지방에 편재한 13개 주로 이루어진 대서양 연안 국가로 출발했다. 당시 미국 동북부 뉴잉글랜드New England 상인들은 대서양을 남하하여 아프리카 남단 희망봉을 돌아 인도양을 거쳐 광둥에 도달하여 청과 무역을 했다. 미국의 중국 무역량은 해마다 증가하여 이미 1830년대 초에 서방 열강 중 영국 다음으로 2위를 차지했다. 1844년에 중국과 왕샤 조약을 체결하여 최혜국 대우를 받자 그 규모는 더욱 커졌다.

 미국은 건국 이후 계속 영토를 늘렸는데, 1848년에는 멕시코와 벌인 전쟁에 승리하여 텍사스, 캘리포니아, 애리조나 등 멕시코 영토의 40퍼센트를 할양받아 명실공히 태평양 연안 국가가 되었다. 미국의 포경선들은 태평양은 물론 일본 근해까지 활동범위를 확대했다. 이처럼 미국은 동에서는 대서양을, 서에서는 태평양을 횡단하여 유럽과 동아시아를 연결하는 세계일주 항로를 완성하여 해외 통상망을 전 세계로 뻗쳤다.

 미국이 보기에 4억 명이 넘는 인구를 가진 청은 교역량으로 보아 이미 큰 비중을 차지하고 있었으며 미래에 무궁한 가능성이 기대되는 시장이었다. 이 중국 시장에 도달하는 태평양 항로의 안전과 태평양 포경업의 발전을 위해 일본을 개방하여 그 항구를 이용하는 것이 미국으로서는 중요한 과제였다. 그러므로 1850년대에 들어 미국은 어느 서방국가보다도 일본을 개방시키는 데 적극적이었다. 당시 미국으로서는 일본이 시장으로서보다 선박을 위한 식량과 연료를 보급하는 기항지寄港地로서 가치가 있었다.

일찍이 일본을 개국시키려던 제정 러시아는 아편전쟁을 계기로 아시아에 발판을 마련하려는 영국과 태평양에 진출하려는 미국의 팽창 의도를 실감했다. 이에 1842년 니콜라이 1세는 아무르강(헤이룽강) 유역과 사할린 지역의 러시아 국력을 평가하려는 목적으로 특별위원회를 설립했다.

1852년 미국이 일본을 개국시키려고 해군 준장 매슈 페리Matthew C. Perry를 단장으로 하여 사절단을 파견했다는 것을 안 러시아는 서둘러 해군 중장 푸쨔틴Putyatin을 전권공사로 임명하여 파견했다. 푸쨔틴은 최소한 미국과 대등한 성과를 얻으라는 명령을 받고 1853년 초 출발했다. 푸쨔틴이 일본으로 항해하는 도중인 1853년 6월 제정 러시아와 오스만투르크 사이에 크림전쟁이 일어났다. 1853년 7월 8일 페리가 일본 개방의 임무를 띠고 군함 4척을 이끌고 에도江戸만 입구에 나타났다. 페리는 당시 일본의 통치자였던 도쿠가와 막부의 12대 장군 도쿠가와 이에요시德川家慶에게 보내는 밀러드 필모어Millard Fillmore 미국 대통령의 서신을 현지 관헌에 전달하고 통상관계 수립을 위한 교섭을 요구했다. 당황한 일본의 도쿠가와 막부가 즉각 응할 수 없다는 점을 고려하여 미국 함대는 다음 해 봄에 다시 올 것을 약속하고 일단 일본을 떠나 7월 23일 오키나와沖繩로 향했다. 불과 4일 후인 7월 27일 도쿠가와 이에요시가 갑자기 사망했다. 이어 8월 12일에는 군함 5척으로 구성된 러시아 함대가 나가사키에 도착했다.

페리는 일본을 무력으로 위협한 반면, 푸챠틴은 통상조약만 체결하면 러시아가 미국의 공격을 막아주겠다고 제의하며 좀더 외교적으로 접근했다. 11월 푸챠틴은 페리처럼 회신을 받으러 이듬해 봄에 다시 오겠다고 하고는 일본을 떠나 상하이로 갔다. 영국과 프랑스의 크림전쟁 참전 가능성이 높은 상황에서 그에 관한 정보를 수집하려는 목적이었다. 푸챠틴은 일본을 개국시키기 위해 두 나라 함대가 공동으로 행동하자고 페리에게 제의했다. 이는 영국과 프랑스가 크림전쟁에 참전할 경우 동아시아에서도 크림전쟁이 불가피할 것이라는 판단을 한 까닭이었다. 페리는 "대외관계에서 동맹 관계를 일절 피한다는 미국 정부의 방침"을 따른다며 거절했다.

미국과 러시아의 개국 요구에 당황한 도쿠가와 막부는 200년 이상 지속되어 온 관행을 깨뜨리고 전국의 다이묘大名(봉건 제후)들에게 개국 요구에 대한 의견과 대책을 물었다. 거의 전부가 조종祖宗의 법인 쇄국정책은 절대로 변경할 수 없음을 강조하면서도 무력 충돌은 피해야 한다는 의견이었다. 그러나 아무도 구체적인 대책은 제시하지 못했다.

1854년 1월 푸챠틴은 다시 나가사키에 왔으나 협상은 여의치 않았다. 영국 함대가 푸챠틴의 함대를 추격하고 있었으므로 5월에 교섭을 재개하기로 도쿠가와 막부와 합의하고는 2월 함대를 몰고 아무르강 하류로 갔다.

220여 년의 쇄국이 무너지다

페리는 약속대로 1854년 2월 다시 함대 8척을 이끌고 와서 강력한 무력을 과시하며 교섭을 요구했다. 청나라와 달리 서양의 우월한 군사력을 정확히 인식하고 있던 도쿠가와 막부는 3월 31일 미일 화친조약에 조인했다. (1) 2개 항구의 개항 (2) 표류 선원의 구조 (3) 선박에 연료와 물을 비롯한 물자의 보급 (4) 영사의 주재 허용 등이 그 내용으로 통상까지 요구한 미국에는 만족스럽지 못한 것이었다. 일본으로서는 미국의 과도한 요구를 완화시킨 것으로 도쿠가와 막부가 협상 과정에서 러시아의 통상 요구를 언급하며 잘 활용한 결과였다. 3월 영국과 프랑스가 오스만투르크 제국을 편들어 참전을 선언하자 푸챠틴은 일본으로 돌아가지 못하고 영국·프랑스 함대의 공격에 대비하여 아무르강 연변과 캄차카Kamchatka 방위에 몰두했다.

8월 29일 영국의 데이비드 프라이스David Price 해군 소장이 지휘하는 영국·프랑스 연합 함대가 캄차카 반도의 아바차만Avacha Bay에 나타났다. 8월 31일부터 9월 4일까지 여러 차례 상륙하려 했으나 실패하고 9월 7일 철수했다. 영국 동인도 함대 사령관인 제임스 스털링James Stirling은 일본이 러시아와 수호조약을 체결할 것을 우려하여 도쿠가와 막부에 일본의 중립을 요구했는데, 통역의 오해로 10월 14일 영일 화친조약이 체결되었다. 내용은 미일 화친조약과 대동소이했다.

1854년 말 영국 함대의 추격을 피해 비밀리에 일본에 다시 온 푸챠틴은 1855년 2월 7일에 러일 화친조약을 맺는 데 성공했다. 그 내용은 (1) 하코다테函館, 나가사키, 시모다下田 등 3개 항구를 열고 통상 (2) 하코다테와 시모다에 러시아 영사관 설치 (3) 사할린은 공유, 쿠릴열도는 우루프Urup섬 이북은 러시아 영토로, 이투루프Iturup섬은 일본 영토로 한다는 것이었다.

1855년 5월 말 영국 태평양 함대 사령관 헨리 윌리엄 브루스Henry William Bruce 해군 소장이 지휘하는 12척의 영국·프랑스 연합 함대가 아바

차만에 다시 도착하여 캄차카 반도의 러시아 요새인 페트로파블로프스크 Petropavlovsk에 무혈 입성했다. 이는 방어가 불가능하다고 판단한 극동 총독 니콜라이 무라비요프 Nikolai Murav'yov가 이미 병력을 철수시켰기 때문이다(1856년 2월 크림전쟁이 끝나 영국·프랑스 연합 함대는 철수했다).

이렇듯 동해 바다에 유럽 열강의 함대가 출몰하는데도 세도 정치로 어지러운 조선은 전혀 알지 못했다. 새로운 지리 지식을 얻게 된 영국과 프랑스는 지도에 울릉도와 독도를 넣었다. 도쿠가와 막부는 1856년 1월에는 이전부터 통상관계를 유지하던 네덜란드와 새로이 조약을 맺었다. 서양 열강과의 잇달은 조약 체결로 200년 이상 지속된 쇄국의 벽 일부가 무너졌다. 국내의 반대 여론이 있었지만 도쿠가와 막부가 서양의 군사적 위협에 굴복하여 문호를 개방하자 이를 비난하는 양이론攘夷論이 일본 전국에서 일어났다.

1856년 8월 초대 주일 미국 총영사 타운센드 해리스 Townsend Harris가 부임하여 통상 교섭을 요구했고 진퇴양난이었던 막부는 시간을 끌며 대책 마련에 고심했다. 10월 애로호 사건 Arrow War으로 영국·프랑스는 연합하여 청을 침공(제2차 아편전쟁)했는데, 1858년 5월에는 영국·프랑스 연합군이 톈진天津의 다구大沽 포대砲臺를 점령했다. 일본에는 영국·프랑스 연합군이 톈진을 점령했으며 청에서 작전이 끝나면 바로 일본 원정길에 오를 것이라는 소문이 퍼졌다. 이에 놀란 도쿠가와 막부는 1858년 7월 서둘러 해리스와 미일 통상조약을 체결했다. 이 조약은 14개 조항으로 이루어졌는데, 미국이 요구하던 것을 거의 다 받아들인 것이었다. 그 내용은 (1) 미국과 통상 (2) 이를 위해 4개 항구를 추가 개방 (3) 미국에 영사 상주권과 영사 재판권을 부여 (4) 일본에 거주하는 미국인의 신앙의 자유를 인정 등이었다.

도쿠가와 막부에 저항해서 반란을 일으킨 메이지유신의 주역들
1868년 도쿠가와 막부에 대항해서 반란을 일으킨 사쓰마번과 조슈번의 무사들이다. 맨 왼쪽이 이토 히로부미이고 맨 오른쪽이 오쿠보 도시미치이다.

   도쿠가와 막부는 이 해 8월에는 네덜란드·러시아·영국과, 10월에는 프랑스와 비슷한 내용의 통상조약을 체결했다. 이로써 1639년 이래 220여 년에 걸쳐 유지되어온 쇄국 체제는 무너지고 일본은 서양이 주도하는 세계사에 편입되었다.
   일본은 개항 초기부터 러시아의 위협을 받았다. 극동에서 얼지 않는 항구를 찾고 있던 제정 러시아는 쓰시마섬對馬島을 노리고 있었다. 영국 군함이 쓰시마섬 해안을 정찰했다는 정보를 입수한 러시아는 영국이 쓰시마섬을 차지하려는 조치로 이해했다. 이에 대응하여 군함을 보내어 1861년 3월 쓰시마섬을 점령했다. 일본 정부는 영국에 도움을 요청했는데, 영국 함대가 쓰시마섬에 와서 무력시위를 벌이자 러시아 함대는 9월 쓰시마섬을 떠났다. 이 해 10월 러시아 함대가 조선의 원산元山에 와서 통상을 요구했다.

개국 후 일본에서는 서양과의 통상에 반대하는 존왕양이尊王攘夷 운동이 활발히 일어났다. 도쿠가와 막부에 소속된 고관의 암살 기도가 끊이지 않았고 외국인을 습격하는 일도 자주 일어났다. 1861년에는 미국 총영사 해리스의 통역관 헨드릭 호이스킨스Hendrik Heuskens가 암살되고, 영국 공사관이 습격을 받아 직원들이 살해되었다. 1862년 9월에는 일본을 유람 중이던 영국인 일행 4명이 일본을 사쓰마번薩摩藩 다이묘의 행렬 앞에서 말을 타고 가다가 찰스 레녹스 리처드슨Charles Lennox Richardson이 행렬을 호위하던 무사에게 살해되었다.

1863년 3월에는 이러한 배외 분위기에 편승하여 일본 국왕의 '양이칙명攘夷勅命'이 발표되었다. 이에 따라 조슈번長州藩은 6월 하순부터 시모노세키下關 해협을 지나는 서양 상선과 군함에 포격을 가했다. 이에 대한 보복으로 7월 16일에는 미국 군함이, 7월 20일에는 프랑스 군함이 각각 시모노세키 해협에 들어와 포격했다. 도쿠가와 막부는 서양과의 무력 충돌을 우려하여 영국·프랑스와 교섭하여 1863년 7월 리처드슨을 살해한 것을 사과하고 10만 파운드를 배상하기로 합의했다. 그러나 사쓰마번은 사과와 배상과 호위무사 처벌을 거절했다.

1864년 9월 6일과 7일 이틀 동안 영국, 프랑스, 네덜란드, 미국 연합 함대가 폐쇄된 시모노세키 해협을 개방시키려고 조슈번의 해안 포대를 맹렬히 포격하고 9월 8일 조슈번은 항복했다. 사쓰마번과 조슈번 등 양이를 내걸은 일본의 다이묘들은 이 교전을 통해 서양의 압도적인 무력을 절감하고 그에 대해 맞서는 것은 불가능하다고 깨달았다.

역사 속의 역사 3

미국과 멕시코의 영토 전쟁

미국이 텍사스를 합병하여 멕시코와 미국 사이에 일어난 전쟁이다. 1819년 미국은 노쇠한 스페인에서 플로리다를 획득하고 스페인 영토인 텍사스에 침투했다. 11년간의 독립전쟁 끝에 멕시코는 1821년 스페인에서 독립했는데, 이때의 영토는 487만 제곱킬로미터로 지금의 멕시코 전역과 캘리포니아, 네바다, 유타, 애리조나, 뉴멕시코, 텍사스주 전체, 콜로라도주와 와이오밍주의 일부에다 중미 전체로(파나마는 제외) 당시 미국의 영토보다 컸다. 이후 텍사스 지방과 미국과의 교역이 증대했다.

텍사스의 멕시코인들은 인디언들의 공격을 완화시키고 이 지역에 대한 미국의 야심을 미리 견제해두려는 의도에서 1820년대 초부터 미국 이주민의 정착을 허용했다. 미국 이주민들이 급증하여 여러 사회 문제가 발생한데다가 미국 정부가 텍사스를 구입하려 하자, 멕시코 정부는 1830년 미국인의 이주를 금지시켰다.

멕시코 국내 사정은 복잡하여 1823년 제정帝政이 공화정이 되었고, 현재의 중미 국가들이 이탈하여 중미연방공화국Federal Republic of Central America을 결성했다. 이후 연방정부를 선호하는 자유파Liberales과 중앙집권을 주장하는 보수파Conservadores의 대립이 심했다.

1835년 멕시코 대통령 안토니오 로페스 데 산타 안나Antonio López de Santa Anna가 대통령에게 권력을 집중시키는 헌법을 시행하자, 멕시코 정부에 불만이 많은 텍사스의 미국인들은 주둔한 멕시코군과 충돌하여 이들을 축출하고 1836년 3월 텍사스의 독립을 선언했다. 텍사스가 미합중국의 한 주가 되려고 연방 가입을 요청하자 미국은 정치적으로 분열했다. 텍사스는 노예제를 승인했는데, 노예제에 반대하는 북부의 자유주들은 텍사스의 연방 가입을 반대했다. 연방 가입에 실패한 텍사스는 텍사스 공화국이란 독립국으로 영국과 긴밀한 관계를 꾀했다.

텍사스 공화국과 영국의 밀착은 미국 전체의 이익에 타격이었으므로 미국에서는 텍사스의 연방 가입을 찬성하는 여론이 우세해졌다. 마침내 1845년 미 의회는 연방 가입을 승인하고 텍사스는 미국의 스물여덟 번째 주가 되었다. 이에 멕시코는 반발하여 미국과 단교했다.

이어 리오그란데Riogrande강을 국경으로 설정하려는 미국과 이를 거부하는 멕시코 사이에 1846년 전쟁이 일어났다. 미군은 연전연승하고 1847년에는 멕시코 수도인 멕시코시티마저 점령했다. 1848년 2월 과달루페 이달고 조약Treaty of Guadalupe Hidalgo이 체결되어 미국은 캘리포니아, 네바다, 유타 전부와 콜로라도, 애리조나, 뉴멕시코, 와이오밍의 대부분을 얻었다. 여기에다가 텍사스까지 합하면 미국이 멕시코에서 획득한 영토는 200만 제곱킬로미터나 되었다.

1853년 미국의 프랭클린 피어스Franklin Pierce 대통령은 멕시코에서 현재의 애리조나주 남부와 뉴멕시코주의 남서부 일대 7만 6,800제곱킬로미터를 구입했다. 이후 미국-멕시코 국경이 지금까지 유지되고 있다.

제4장

조선이 문호를 개방하다

조선을 노린 미국과 일본

청·일 양국은 1860년대에 들어와 유럽 주도의 국제정치 질서에 편입되었다. 그러나 조선은 이로부터 15년 이상이나 세계 열강들과 교섭을 거부하고 쇄국정책을 고수했다. 조선이 이처럼 쇄국을 고수할 수 있었던 데에는 몇 가지 이유가 있었다. 우선 지리적으로 서구 열강이 볼 때 동·서 항행의 요충에 있지 않다는 점이다. 이 때문에 서구 열강은 조선 개국의 필요성을 청이나 일본의 경우처럼 급박하게 여기지 않았다.

당시 서구 열강의 경제발전 수준으로 보아 영국만이 해외시장 개척의 필요성을 절실히 느끼고 있었으나 청과의 통교에 만족하고 있었다. 러시아는 1860년 연해주 지방을 획득한 이후 극동 경영에 힘썼으나 아직 조선의 개국에는 관심을 두지 않았다. 미국만이 태평양을 거쳐 상하이로 진출할 경우 조선의 지리적 위치가 중요했다. 따라서 미국은 일찍이 조선의 개국에 관심

아시아함대 사령관 로저스 제독의 콜로라도호
로저스 제독은 1871년 4월 14일 경기도 남양 앞바다에 통상문제를 놓고 조선과 교섭을 원했으나 이것이 여의치 않자, 강화도 초지진과 덕진을 점령했다. 이것은 흥선대원군이 전국에 척화비를 세워 쇄국정책을 강화하는 계기가 되었다.

을 두고 있었는데, 1871년의 신미양요辛未洋擾가 이를 잘 보여준다.

조선의 문호 개방은 청과 일본의 정세 변화와 이 두 나라의 대對조선 정책과 깊은 관련이 있다. 일본에서 도쿠가와 막부는 개방정책을 폈으나 외세 배척을 주장하는 무사 계층과 대립하여 정국이 어지러워졌다. 개항을 반대하여 시작된 양이운동은 1860년대 중반에는 도쿠가와 막부 타도를 목적으로 하게 되었다. 양이운동을 주도한 사쓰마번과 조슈번은 연합하여 도쿠가와 막부 타도에 나서 1868년 초두에는 도쿠가와 막부가 무너지고 왕정복고라는 구호 아래 700년 가까이 명목뿐인 통치자 지위를 가져온 왕의 손에 정권이 돌아갔다. 이것이 메이지유신明治維新이다.

천황 친정하에 발족한 신정권의 주요 인물은 모두 양이론자로 출발했으나 서구 열강의 압도적인 무력을 실감하고는 양이론의 허망함을 깨닫게 되었다. 다만 막부 공격의 구실로 양이를 계속 주장했다. 그러므로 이들은 집권하자 태도를 돌변하여 개방정책을 선포했다. 일본에서 신정권이 수립된 후 가장 먼저 취한 외교 조치는 일본에 주재한 서방국가 대표들에게 도쿠가와 막부가 체결한 모든 조약과 협정을 존중하겠다고 통고한 것이었다.

   메이지유신의 주역들은 일본의 생존을 위해서는 빨리 부강해져 새로운 생활공간을 획득해야 한다는 사고로 가득 차 있었다. 당시 일본의 인구는 4,000만 명이 넘어 생산력 수준에 비해 과도한 인구였다. 이들은 땅이 넓고 인구가 적은 만주와 몽골을 주목했다. 생활공간을 획득하기 위해서는 우선 한반도의 점령이 필수적이었다. 이처럼 일본의 조선 침략은 일본 국가전략의 첫 단계였다.

러시아의 야심

일본과 더불어 러시아의 동아시아 진출도 조선에는 큰 위협이었다. 만주에서 현재의 중국과 러시아의 국경이 통칭 우쑤리강烏蘇里江과 헤이룽강黑龍江임은 널리 알려진 사실이며, 이 국경선을 부동의 것으로 생각하는 것이 상식이다. 그러나 1960년대 후반 중국과 러시아는 이 국경에서 자주 충돌했다. 중국은 이 국경선이 역사적으로 보아 부당한 것으로, 본래는 헤이룽강보다 훨씬 북쪽인 스타노보이Stanovoi 산맥과 야블로노이Yablonoy 산맥, 중국 지명으로는 외흥안령外興安嶺 산맥이 국경이어야 한다고 주장했다. 현재의 국경은 러시아의 제국주의적 침략으로 1860년에 형성된 것으로 중국은 강희제가 제정 러시아와 체결한 네르친스크Nerchinsk 조약(1689년)에 따른 국경선을 주장했다.

청나라는 1650년대에 군대를 파병하여 러시아군을 격퇴하고 러시아가 강점한 네르친스크와 알바진Albazin 등을 수복했다. 조선도 이 원정에 두 차례 파병한 바 있었다. 그러나 1665년 체르냐코프스키Chernyakhovsky가 러시아의 반란군을 이끌고 알바진 요새를 다시 건설했고, 러시아 정부의 도움 없이 20여 개의 농경 마을을 건설하여 자급자족했다. 이러한 자유 이주자들의 성공을 본 러시아 정부는 이 지역을 적극적으로 개척하려 했다.

강희제가 삼번三藩의 난을 진압하기 위해 수많은 군사를 중국 서남쪽으로 이동시켰으므로 러시아의 침투를 막을 여력이 없었다. 삼번의 난을 평정하고 타이완까지 점령한 강희제는 러시아의 침입에 눈을 돌릴 여유가 생겼다. 강희제는 1682년 적정을 탐지하기 위해 친히 랴오둥반도遼東半島의 선양瀋陽까지 왔다. 강희제는 준비를 마치고 사신을 알바진 요새에 보내 철수를 요구했다. 그러나 제정 러시아가 오히려 병력을 증강시키자 강희제는 진군령을 내렸다. 1685년 5월 팽춘彭春을 사령관으로 임명하고 육군과 수군 1만 5,000명으로 알바진을 포위했다. 러시아군은 수년간 공을 들여 요새를 견고하게 구축하여 함락이 쉽지 않았으나 청군의 맹공에 러시아군은 백기를 들었다. 팽춘은 강희제의 지시대로 포로를 러시아로 추방했다. 러시아군 사령관 토르푸틴Torputin은 패잔병을 이끌고 물러갔다.

이어 팽춘은 알바진 성을 허물고 이 지역의 농민에게 나누어 경작하게 했다. 청군이 물러갔다는 소식을 들은 토르푸틴은 다시 자원병 826명을 모집하여 알바진을 재차 점령하고 요새를 구축했다. 이 소식을 들은 강희제는 크게 노하여 러시아군을 철저히 소멸하리라 마음먹었다.

1687년 봄 다시 병력 7,000명을 파견하여 알바진 성을 공격했다. 청군의 공세에 러시아군은 여러 차례 성 밖으로 나와 반격을 했지만 그때마다 격퇴 당했다. 청군의 맹포격에 러시아군 지휘관 토르푸틴마저 죽었다. 그러나 러시아군의 저항은 완강하기만 했다. 알바진을 포위한 지 6개월이 지나자 성 안에 살아남은 러시아군은 150명에 불과했다.

이때 러시아에서는 이반 5세Ivan V와 그의 이복동생 표트르 1세Pyotr I가 공동으로 차르tsar였으나, 이반은 정신박약, 표도르는 미성년이어서 이반의 누이 알렉세예브나 소피아Alekseevna Sophia가 섭정을 했다. 그녀는 황급히 사신을 베이징에 파견하여 협상을 제안했다. 강희제는 이를 수락하고 9월에 공격을 중지시켰다. 그 이유는 몽골 부족의 하나인 중가르Jungar 부가 몽골을 통일하려는 움직임을 보였기 때문이다. 강희제는 몽골과 러시아 두 세력의 연합 가능성을 사전에 차단할 필요를 느꼈다.

1689년 청과 러시아 사이에 국경을 확정짓기 위한 외교 협상이 헤이룽강 북쪽에 있는 네르친스크에서 개시되었다. 러시아 대표는 표도르 알렉세예비치 골로빈Fyodor Alekseyevich Golovin이었고 청은 송고투索額圖와 통역을 맡은 서양인 신부가 대표였다. 교섭은 극도로 난항을 거듭했으나, 청군이 거느리고 온 1만의 군대가 위협적이어서 러시아는 청의 주장을 대체로 수용했다. 이 결과 외흥안령이 국경이 되었다. 청은 몽골과 러시아와의 경계도 설정하려 했으나 러시아 협상단은 황제의 지시를 받지 못했으므로 나중에 논의하자고 거부했다.

네르친스크 조약 원문은 만주어·러시아어·한문·라틴어의 4개 국어로 기록되었는데, 중국 역사상 외교조약에서 이러한 국제 형식은 처음이었다. 네르친스크 조약의 골자는 (1) 헤이룽강의 지류인 고르비차강과 외흥안령

(스타노보이 산맥)을 양국의 국경으로 한다 (2) 알바진 요새는 파괴한다 (3) 국경을 침범하는 자는 서로 인도하고 처벌한다 (4) 양국 민간인의 자유 교역을 허용한다 (5) 과거의 일은 모두 불문에 붙인다 등이다.

이 조약에 의해 청과 러시아는 각각 소기의 목적을 달성했다. 러시아는 네르친스크에 대한 지배권을 확보하여 약 25만 평방킬로미터에 이르는 영토를 얻었다. 서몽골(외몽골)의 중가르 부와 청 사이에 전쟁이 벌어질 경우 러시아가 중립을 지키겠다고 확약했으므로 청은 서몽골을 정복할 수 있었다. 1693년 10월 강희제는 러시아가 미래에 청의 안녕에 심각한 위협이 될 것이라 말했다.

> 그들의 나라는 우리 수도에서 상당히 멀지만 육로로 직접 그들의 영토에 도달할 수 있다. 만약 우리가 가욕관嘉峪關을 지나서부터 11~12일 정도 여행을 하면 하미에 도착하고, 하미에서 투르판까지는 12~13일 정도면 된다. 이 투르판에는 마을 5개가 있는데, 이들을 지나면 바로 러시아와의 경계이다. 듣자하니 그들의 국토는 광활하여 2만여 리 이상이라고 한다. 지금은 그들이 외번外藩으로 조공을 하지만, 여러 세대 후에는 중국의 안녕에 위협적인 존재가 될 것이다.

강희제의 우려는 훗날 현실이 되었다. 네르친스크 조약에 의한 청 제국과 제정 러시아의 국경은 19세기 중엽까지는 유지되었다. 그러나 태평천국太平天國의 난에 간섭한 러시아는 1858년에 헤이룽강 이북, 1860년에는 우쑤리강 동쪽의 땅을 획득했다. 이로써 조선과 러시아는 국경을 맞닿게 되었다. 이때 러시아가 청에서 얻은 영토는 100만 제곱킬로미터가 넘었다. 이후에 러시아는 만주 전역과 조선에도 야심을 가졌다.

청과 일본의 동상이몽

청은 건국 초기부터 한반도의 전략적 중요성을 잘 인식하고 있었다. 1860년대에 들어와 조선에 대한 서방, 특히 러시아의 압력과 일본의 팽창주의가 거세지자 청의 지도자들의 조선에 대한 관심도 더욱 커졌다. 이 가운데 가장 대표적인 인물이 한족 출신인 이홍장李鴻章이다. 1870년 이후 이홍장은 직예(허베이성) 총독에 북양대신北洋大臣(북양통상사무대신의 약칭)을 겸임하여 화베이·남만주·한반도까지 포함한 광대한 지역에 외교·통상·군사상 막대한 책임을 지고 있었다. 그는 청의 안전 보장을 위해서는 중국 남부 지방보다 한반도가 전략적으로 중요하다고 생각했다. 그러나 러시아와의 국경 문제가 발생하여 조선에 집중할 수가 없었다.

1862년부터 청의 산시성陝西省과 간쑤성甘肅省에서는 회교도의 반란이 있었고, 신장 지역에는 야쿱 벡Yakub Beg을 지도자로 하는 위구르족의 독립 정권마저 수립되었다. 청의 진압군에 쫓긴 회교도들이 러시아 영내로 들어오자 1871년 러시아는 일리Ili(伊犁) 지방을 점령했다. 러시아 정부는 청이 질서를 회복하면 철군하겠다고 선언했으나, 실제로는 신장을 러시아 영토로 편입시킬 의도였다. 1873년 청의 회교도 진압군 사령관인 좌종당左宗棠은 산시성과 간쑤성을 평정하고 신강의 위구르족 독립정권과 대치했다.

일본의 신정부는 1868년 말 조선에 왕정복고를 정식으로 통고할 것을 도쿠가와 막부 시대부터 양국 간의 외교통상 사무를 담당해 온 쓰시마섬 주에게 명령했다. 지시 내용은 조선에 보내는 공식서한에 일본 왕실이나 국체의 위엄을 손상하는 언사나 문구를 쓰지 말 것이며, 조선 국왕에 대한 일본 국왕의 서열상의 우위를 분명히 하라는 것이었다. 이러한 훈령에 따라 조선의

동양의 비스마르크라 불리는 이홍장
대지주 출신으로 1847년에 진사가 되었고 태평천국의 난에는 의용군을 일으켜 진압에 큰 공을 세웠다. 그가 키운 이른바 북양군벌北洋軍閥이 신해혁명에 동조하여 청 왕조는 멸망했으며 중화민국 설립 후 이들 가운데 각 지방을 지배하는 주요 군벌이 많이 배출되었다.

동래 부사와 예조참판에 보내는 쓰시마섬 주의 서한이 1869년 1월 부산에 도착했다. 이 국서에는 '제帝, 칙勅' 등의 용어가 있어 조선은 발칙하다 하며 접수를 거부했다.

조선 국왕에 대한 일본 국왕의 서열상의 우위를 확립하려는 시도가 실패하자, 일본 정부에서는 이른바 '조선 문제' 해결책을 놓고 두 가지 비슷한 주장이 있었다. 조선에 지체 없이 군대를 파견하여 무력으로 굴복시키자는 제안과 먼저 사절을 파견하여 교섭을 시도한 후 결렬될 때 무력을 사용하자는 것이었다.

이때 일부 외무성 관료들은 먼저 청과 수교하자는 대안을 내놓았다. 즉, 청과 상호평등의 원칙에 입각한 조약을 체결하면 일본 국왕과 청 황제가 동격이라는 것이 법적으로 확인될 것이니 청에서 책봉을 받는 조선 국왕은 자동적으로 일본 국왕의 하위에 서게 된다는 것이었다.

이 견해에 따라 일본은 1870년 10월 청에 특사를 파견하여 청이 서방 국가와 맺은 조약과 동등한 조약 체결을 요구했다. 청은 서양 열강과 동등하게 대우해달라는 일본의 요구를 당연히 거절했고, 결국 1871년 9월 체결된 청일수호조규淸日修好條規와 통상장정通商章程은 대체로 청의 의견에 따랐다. 일본은 조약 비준을 미룬 채 이듬해 조약 개정을 요구했으나 뜻을 이루지 못했다. 1873년 3월 두 조약은 비준되었다.

청일수호조규는 제도적으로 보면 동아시아 국제질서 아래서 역사적으로 종주국이었던 중국과 속방屬邦으로 여겨져 왔던 한 동아시아 국가 간에 서구식 국제관계의 개념과 원칙하에 맺어진 최초의 조약으로, 동아시아 국가와 서방국가 간의 관계뿐만 아니라 동아시아 국가들 사이의 관계도 조공체제에서 벗어나기 시작했음을 의미했다.

이 조약을 외교 전략적으로 보면 청과 일본의 동상이몽은 차이가 컸다. 이홍장과 같은 청의 지도자들은 이를 청에 대한 서방 침략에 대응하기 위한 상호원조의 도구로 삼으려 한데 반해 일본은 조선 침략의 발판뿐만 아니라 중국 침략의 기반으로 여겼다. 일본의 예상과 달리 청과 일본 간의 획기적인 조약 체결도 조선 정부에는 별 영향을 주지 못했다. 일본은 1872년 10월 부산에 있는 왜관倭館을 일본 외무성 직할로 했다. 조선 정부는 이를 인정하지 않아 공식적인 접촉은 완전히 단절되었다.

조선을 칠 것인가? 말 것인가?

이리하여 1873년 전반에 가서 일본에서는 이른바 '정한론征韓論'이 다시 일어나 일본 정국을 흔들었다. 이 '정한론'의 배후에는 일본 외교가 소기의 성과를 거두지 못한 데에 따른 좌절감과 몰락하는 무사 계급의 불만이 깔려 있었다.

메이지유신의 일등공신이자 사쓰마번 출신의 사이고 다카모리西鄕隆盛가 영도하는 정한론자들은 조선에 대한 일본 정부의 외교를 '연약외교'라 비난하며 일본 왕실의 존엄을 '모독'하고 일본인의 명예를 '모욕'한 조선에 대해 응징의 군대를 일으킬 것을 떠들었다. 정한론 반대자들도 시기상조라 할 뿐 정한론 자체를 반대한 것은 아니었다. 10월 말 정한론자들은 정쟁에서 패배하고 정부에서 물러났다.

청과 일본은 곧 수교한 지 얼마 지나지 않아 유구琉球(오키나와)와 타이완을 놓고 마찰이 생기기 시작했다. 유구는 1372년부터 중국과 조공책봉관계였으나 1609년 일본의 사쓰마번이 무력으로 유구를 침략하고 조공을 강요한 적이 있었다. 이를 근거로 일본은 메이지유신 이후 유구를 병탄하려고 벼르고 있었다.

1871년 11월 유구의 선박 1척이 해상에서 폭풍으로 표류하여 타이완 동부 해안에 당도하고 유구인과 원주민인 고산족과 충돌하여 유구인 다수가 피살된 사건이 일어났다. 일본 정부는 1872년 10월 유구를 일본의 한 지방으로 선포했다. 반면 1873년 청은 일본과의 수호조약을 비준할 때 타이완과 유구를 청의 영토라 했다.

일본은 정한론이 사라진 후 정부에 대한 불만을 무마하기 위해서 특별한 조치가 필요했다. 당시 일본은 조선·사할린·타이완 지역을 둘러싸고 영토 분쟁을 일으키고 있었다. 1855년 러시아와 일본이 맺은 화친조약에서 쿠릴 열도는 우루프섬 이북은 러시아령으로, 이투루프섬 이남은 일본 영토로 한다고 합의하고, 사할린은 러시아인과 일본인이 같이 거주하고 있어 모호하게 공유한 상태였다.

당시 일본의 국력으로는 세계최대의 육군을 보유한 러시아와 무력 대결을 벌인다는 것은 상상할 수도 없었다. 조선에 무력을 행사하면 조선의 대항뿐 아니라 러시아의 개입이 예상되었다. 청이 신강 지역을 놓고 러시아와 대립하고 있어 일본은 타이완에 병력을 파견해도 전쟁으로까지 비화될 가능성이 적다고 판단했다.

결국 일본은 1874년 4월에 일본인들을 보호한다는 구실로 병력 3,000명으로 타이완을 침공했다. 영국을 비롯한 서구 열강은 그들에게 이롭지 못한 사태로 규정하고 일본과 일본을 지지하고 있던 미국에 항의했다. 일본은 적당한 선에서 조정이 필요했고 10월에는 베이징에서 화약을 맺어 철군했다. 이 조약에서 청은 모호하게나마 유구를 일본 영토라고 묵인했다. 이후 일본은 유구 침략을 가속화하여 1875년 5월에는 유구 국왕에게 청에 대한 조공을 중지할 것을 명령하고 유구에 일본군을 주둔시켰다.

유구를 손에 넣고 조선의 문호를 연 일본

일본은 타이완 침략과 사후 교섭에 성공하여 유구를 차지한 후 포함외교 gunboat diplomacy로 조선을 문호 개방시키려고 했다. 이를 위해서는 사전에

강화부 서문안의 진무영 鎭撫營
1876년 2월 11일부터 2월 26일까지 조선과 일본은 진무영에서 회담을 개최했다. 한편 일본은 쿠로다 키요타카를 특명전권대신으로 임명하고 군함과 군사를 동원해서 조선을 압박했다.

러시아에 상당한 양보를 하여 일본의 조선 침투를 묵인받을 필요가 있었다. 10개월 동안의 교섭 끝에 러시아와 일본은 1875년 5월 7일 사할린-쿠릴 열도 교환조약을 체결했다. 이 조약에서 일본은 종래의 주장을 철회하고 러시아의 주장을 대부분 받아들였다. 일본은 러시아가 영유한 쿠릴열도 북부를 받는 대신 사할린 전체를 러시아 영토로 인정했다. 조선 침략과 영국과의 불평등조약 개정을 당면 목표로 하고 있었으므로 러시아의 위협을 먼저 제거해야 했기 때문이다.

1875년 9월 19일 일본은 사할린 양도 의식을 거행하고 다음날인 20일 일본 군함 운양호 雲揚號를 보내 조선을 위협했다(이 배는 영국에서 건조되어 1872년 일본에 인도되었다). 운양호가 한강 어구와 강화도 부근의 조선 영해를 침범하자 강화도 초지진의 조선 포대는 포격을 가했다. 일본 해군은 영종도에 상륙하여 관아와 민가에 불을 지르고 38문의 대포를 노획하고는 나가사키로 돌아갔다(운양호에 장착된 영국제 함포의 사정거리는 조선이 보유한 화포의 10배나 되었다).

이듬해인 1876년 1월 일본은 함정 6척을 보내 조선에 다시 무력시위를 했고 동시에 청에 특사를 보내 조선의 문호 개방을 의제로 교섭했다. 청은 신강을 놓고 러시아와 계속 긴장 상태였으므로 이홍장은 이 문제로 일본과 충돌하기를 꺼렸다. 그는 "조선은 빈약하여 일본에 대적할 힘이 없고 게다가 임진왜란 때처럼 청원한다 하더라도 우리의 국력이 이에 응할 형편이 못 된다"고 하며 조선의 대일 수교에 대해 방관했다.

조선 조정은 일본과의 새로운 수교에 찬반 의견이 대립했으나 결국 수호조약을 체결하기로 결정했다. 일반적으로 강화도조약이라 지칭하는 이 조약의 구체적인 문건은 1876년 2월 26일 강화도에서 조인한 '조일수호조규朝日修好條規'와 같은 해 8월 24일 체결한 '조일무역규칙(조일통상장정)', '조일수호조규부록', '왕복문서' 등이다.

1876년 5월 조선 정부는 예조참의禮曹參議 김기수金綺秀를 수신사修信使로 임명하여 시찰단을 일본에 보냈다. 이들은 일본 기선을 타고 바다를 건넜다. 조선 시찰단은 약 3개월 동안 일본에 머물며 도쿄, 요코하마, 고베神戶 등을 가보고 전기 보급, 군수 산업, 군사 훈련 등을 살펴보고 돌아왔다. 김기수가 고종에게 올린 보고서에는 일본의 근대화에 감탄하는 대목이 많았다.

1876년에 일본은 유구에 사법기구와 경찰기구를 설치하고 직접 통치에 들어갔다. 1877년 주일 청나라 공사 하여장何如璋은 일본의 국력은 결코 강성하지 않다는 점, 청이 무력으로 시위를 해도 전쟁으로 확대되지 않을 것

강화도조약 체결 당시 조일 양국 대표의 회담도會談圖
일본은 1875년 9월 운양호를 파견하여 조선을 위협했으며, 이듬해 2월 강화도에서 조약을 체결하여 조선의 문호를 강제로 개방시켰다.

이라 판단하고 유구 문제에 대해 강력한 대응을 주장했다. 그러나 러시아와 대립하고 있던 청으로서는 유구 문제로 일본과 전쟁이 날 것을 각오한 무력시위를 할 수 없었다. 이홍장은 "조그만 나라의 자질구레한 조공 문제를 가지고 다투는 것은 쓸데없는 일"이라고 하며 일본과의 대결을 회피했다.

러시아는 일리를 점령하고 청의 신장 지역을 노렸으나, 발칸반도에서도 오스만투르크 제국과의 관계가 악화되어 전력을 다할 수 없었다. 오스만투르크와의 협상이 교착 상태에 빠지자 러시아의 알렉산드르 2세는 전쟁을 결심했다. 1877년 4월 러시아는 오스만투르크에 선전포고하여 러시아-투르크(1877~1878) 전쟁이 일어났다. 연전연승한 러시아는 1878년 3월 오스만투르크와 산 스테파노 조약San Stefano Treaty을 체결하여 크게 이득을 보았다. 그러나 영국과 독일을 비롯한 유럽 열강이 개입하여 6월에 열린 베를린 회의에서 상당 부분을 양보해야 했다.

한편 1877년 말까지 좌종당은 일리 지방을 제외한 신강 전역을 회복했다. 이에 따라 일리 지방의 회수가 청과 러시아 사이의 현안 문제로 떠올랐다. 청 조정은 외교 교섭을 위해 1878년 6월 숭후崇厚를 러시아 주재 전권공사로 임명하여 러시아에 파견했다. 일본은 이러한 정세를 틈타 1879년 3월 유구를 오키나와현으로 개칭하여 영토로 공식 편입했다.

일본이 유구를 병탄하자 청은 머지않아 일본이 조선마저 병탄하지 않을까 우려했다. 일본의 유구 병합으로 청의 정부 요인들은 러시아에서 일본으로 주의를 돌렸다. 그러나 러시아와 대치하고 있는 시점에서 청의 국력으로는 일본의 조선에 대한 세력 확장을 막을 수 없다는 것이 청의 고민이었다.

《조선책략》을 건네받다

1879년 6월 청의 총리아문總理衙門(청의 외무부로 베이징 조약에 따라 1861년에 설립되었다) 대신 정일창丁日昌은 조선이 구미 각국과 외교 관계를 수립하게 하여 일본을 견제하자는 주장을 내놓았다. 장차 조선과 일본 사이에 분쟁이 발생하면 조약을 맺은 국가들이 모두 일어나 그 잘못됨을 따져 일본은 지탄을 면하기 어려우리라는 논리였다. 청 조정은 이 의견을 수용하여 8월에 이홍장에게 조선이 서양 각국과도 외교 관계를 수립하도록 권도勸導하라는 명령을 내렸다.

이러한 청의 생각은 서구 열강의 의도와 부합하는 것이었다. 영국은 러시아의 조선 장악을 두려워했고, 일찍이 청 주재 영국 공사 토머스 웨이드

Thomas Wade는 조선에 각국과 조약관계를 수립하도록 청 정부에 건의한 바 있다. 이후 조선과 청의 관계도 의례적인 조공책봉관계에서 벗어나 청은 조선의 외교와 통상 등에 직접 간여했다.

이홍장은 이전에 세자 책봉으로 청에 와서 교분이 있는 조선의 전 영의정 이유원李裕元에게 8월 말 장문의 서한을 보냈다. 이 편지에서 이홍장은 유구 병탄에서 나타난 일본의 야심을 언급하고 러시아와 일본의 위협에 조선이 대처하는 가장 좋은 방법은 미국·영국·독일 등 구미 열강과 조약을 맺는 것이라 강조한 다음에 이 권고를 조선 정부에 전해달라고 했다. 그러나 이유원은 이홍장의 견해에 반대했다. 조선이 조약을 체결한다는 것은 일본과의 조약에서 보듯이 침략을 도리어 용이하게 해주는 것이고, 이이제이以夷制夷 정책도 힘이 없는 조선으로서는 비현실적이라고 응대했다.

9월 15일 청의 전권공사 숭후는 청에 매우 불리한 리바디아Livadia 조약에 조인했다. 신강의 70퍼센트 가량이 러시아령이 되는 내용이었으므로 청은 이 조약의 비준을 거부하고 일전을 준비했다. 조선을 서양 열강과 수교하게 하려는 청의 조선 정책을 가장 먼저 활용한 나라는 미국이었다. 조선이 일본과 수호조약을 체결했다는 소식이 전해지자, 미국 정부는 외교 교섭으로 조선과 수호하려 했다. 처음에는 일본의 알선을 구했다. 미국 정부는 함대를 이끌고 세계일주항해 중인 해군 준장 로버트 슈펠트Robert W. Shufeldt에게 이 임무를 맡겼다.

1880년 4월 나가사키에 도착한 슈펠트는 본국의 훈령을 받고 일본 외상 이노우에 카오루井上馨의 소개장을 얻어 5월 부산을 방문하여 교섭을 요구했다. 그러나 동래부사 심동신沈東臣은 일본의 중재에 의한 교섭은 할 수 없다며 거절했다. 슈펠트는 일본으로 돌아갔는데 이홍장은 이 소식을 듣고 슈펠트를 톈진으로 초대했다.

　8월 26일 톈진에서 이홍장과 슈펠트는 3시간에 걸쳐 회담했는데, 슈펠트는 조선과의 조약 체결에 청의 지원을 요청했다. 이홍장은 조선의 전략적인 위치를 설명하고 영향력을 발휘하겠다고 약속했다. 그리고 이홍장은 만일 청이 러시아와 전쟁을 하면 결과가 어떻게 되겠느냐고 물었다. 일리 지방을 놓고 러시아는 9만의 병력을, 좌종당은 6만의 병력을 대치시켜 전운이 감돌고 있었기 때문이다. 슈펠트는 청의 일방적 패배로 끝날 것이라고 솔직한 심정을 말했다. 그러나 이때 러시아는 러시아-투르크 전쟁(1877~1878)으로 재정이 파탄 상태가 되어 다른 전쟁을 벌일 여력이 없었다. 이를 안 청은 영국 주재 청국 공사 증기택曾紀澤(증국번의 아들)를 러시아로 보내어 협상하게 했다.

　1880년 8월 조선 수신사 김홍집金弘集 일행이 도쿄를 방문했는데, 이는 조선과 구미 여러 나라와의 수교에 중요한 계기가 되었다. 그는 도쿄에 머무르는 동안 하여장과 참찬 황준헌黃遵憲을 여러 차례 만났다. 이들은 김홍집에게 국제정세의 변화를 설명하고 조선이 쇄국을 고수할 수 없다고 역설했다. 황준헌은 김홍집을 위해 소책자 《조선책략朝鮮策略》을 지어주었다. 이 책은 서구 열강이 국제외교에서 관용하는 세력균형 원칙을 조선이 채택하여 '친중국親中國', '결일본結日本', '연미국聯美國' 해야 한다고 역설하는 내용이었다. 9월 말 돌아온 김홍집의 보고와 《조선책략》의 유포로 구미 국가와 수교해야 한다는 인식이 확산되었다.

　조선 국왕 고종高宗은 개화파의 의견을 받아들여 10월 초 미국과의 수교를 위해 개화파 승려 이동인李東仁을 일본에 파견했다. 이동인은 하여장을 만나 미국과의 조약을 체결할 수 있도록 알선해달라고 부탁했다. 10월 중순 열린 대신들의 회의에서 영의정 이최응李最應(흥선대원군 이하응의 형)과 좌의정

〈조선책략〉
황준헌이 러시아의 남하정책에 대비하기 위해 조선과 일본과 청 등 3국의 외교정책에 대해 서술한 책이다. 특히 러시아를 방어하기 위해 조선이 친중국, 결일본, 연미국을 해야 한다고 주장했다.

김병국金炳國은 미국과의 수교에 찬성했다.

　1881년 2월 청과 러시아는 상트페테르부르크 조약을 체결했다. 이 조약으로 일리 지역의 대부분을 돌려받은 청은 새로이 신강성을 세워 청의 '성省'으로 편입시켰다. 3월 조선 정부는 이용숙李容肅을 텐진에 파견하여 미국과 조약을 체결하겠다는 의사를 밝혔다. 미국 제임스 가필드James A. Garfield 행정부의 신임 국무장관 제임스 블레인James G. Blaine은 슈펠트에게 반드시 조선과 수호통상 조약을 체결하라고 지시했다. 6월 하순 슈펠트는 다시 청에 도착했다. 그러나 일리 조약을 체결하여 러시아와 긴장 관계를 해소한 이홍장은 느긋한 태도를 취해 조선과 미국의 수교는 시간을 끌게 되었다.

서양 세력과 수교하면 금수의 길로 치닫는다

1880년 말부터 1881년 말까지 약 1년 사이에는 주로 유생들과 흥선대원군 계열이 중심이 된 몇 가지 사건이 일어났다. 일부 관원과 영남 유생들의 《조선책략》과 그 내용의 핵심이라 할 수 있는 연미론聯美論에 대한 반대 상소, 각도 유생들의 일본과의 외교관계 수립을 반대하는 상소운동, '벌왜伐倭'를 표방한 흥선대원군 계열의 정변 모의 등이다. '척사론斥邪論'이라 부를 수 있는 성리학적 화이관華夷觀이 이들 사건의 사상적 기반이었다.

척사斥邪는 위정척사衛正斥邪의 줄인 말로 정학正學인 성리학을 지키고 이에 배치되는 일체의 사상은 이단이므로 물리쳐야 한다는 것이 성리학자들의 신념이었다. 이 위정척사론의 바탕에는 화이관이 깔려 있었다. 성리학자들에 따르면 유교의 오륜五倫과 오상五常(인·의·예·지·신)은 사회질서를 이끌어가는 최고의 도덕으로 이를 지키는 나라만이 중화이며 그 밖의 나라는 이적夷狄이었다. 조선의 성리학자들은 이 중화적 전통이 명이 북적北狄인 청에 멸망하여 중국에서 단절되었지만, 조선이 '소중화小中華'로서 그 명맥을 유지하고 있다고 자부했다.

위정척사론은 18세기 말 이후 천주교가 유입되어 점차 퍼지고 서양 열강들의 선박이 자주 조선 연안에 출몰하면서 고양되었다. 성리학자들에 따르면 이적은 그래도 '사람'이지만 서양인들은 '금수'였다. 그러므로 천주교와 같은 서양 종교가 침투한다든지, 그것을 믿는 서양 세력과 수교하면 사람들은 금수의 길로 치달아 오륜과 오상은 깨어지고 이것으로 유지되는 왕조의 질서도 무너진다고 믿었다. 병인양요丙寅洋擾(1866년)와 신미양요 때 위정척사론의 기세는 드높았다.

1871년 흥선대원군이 세운 척화비

척화론자들은 서양 세력과 수교하면 금수의 길로 치달아 오륜과 오상은 깨어지고 왕조의 질서도 무너진다고 믿었다. 한편 척화비에는 "서양 오랑캐가 침입하는 데 싸우지 않으면 화친하자는 것이니, 화친을 주장하는 것은 나라를 파는 것이다 洋夷侵犯 非戰則和 主和賣國"와 "우리들의 만대 자손에게 경계하노라. 병인년에 짓고 신미년에 세우다 戒我萬年子孫 丙寅作 辛未立"라고 쓰여 있어 쇄국의 굳은 의지를 보여주고 있다.

    강화도조약 이후 일인日人들의 왕래가 잦아짐에 따라 민중들의 척왜斥倭 분위기도 거세졌다. 1880년 말부터 유생들의 척사·척왜 상소로 정국이 소란해짐에 따라 흥선대원군과 그 지지세력은 고무되었다. 그리하여 이들은 '벌왜'를 내세워 정변을 도모했다. 주모자는 전 형조참의刑曹參議 안기영安驥泳이었다고 하나 흥선대원군이 실질적인 주모자라는 견해도 있다.

    1881년 5월부터 거사 준비가 시작되었으나 자금 조달이 뜻대로 되지 않자 거사일이 연기되었다. 이에 모의 참여자 중 이풍래李豊來가 8월 말 밀고

하여 거사는 좌절되었다.

　안기영을 비롯하여 이 사건에 가담한 주요 인물은 거의 흥선대원군 계열이었으며 당색으로는 남인이었다. 남인은 흥선대원군이 집권하면서 대거 발탁되었으나 흥선대원군 하야와 더불어 세력이 크게 위축되었다. 남인은 흥선대원군이 재집권하여 다시 정권에 참여하기를 희망했고, 흥선대원군은 위정척사의 목소리가 드높은 당시의 정세를 활용하여 재집권을 시도했던 것이다. 10월 말까지 흥선대원군의 서장자庶長子 이재선李載先을 등 관련자 대부분이 처형되었다. 고종의 생부 흥선대원군만이 무사했다.

　이 사건으로 유생들의 척사운동도 잠잠해졌다. 유생들의 집단시위도 자취를 감추었고 척사 상소도 더는 나오지 않았다. 그러나 흥선대원군은 '국로國老'의 지위를 계속 누려 위기시에는 정국의 주요 변수가 될 수 있었고, 일반 민중들의 척왜 분위기도 여전했다.

조선, 열강에 문호를 열다

이러한 국내 정치 사정은 고종과 소장 관원들이 미국·영국·독일과의 수교와 개화정책을 추진하는 데 커다란 제약이 되었다. 1881년 가을 김윤식金允植*은 영선사領選使로 청에 파견되었는데, 외국의 신식 기술을 배운다는 명목으로 학도 20명, 공장工匠 18명이 따라갔다. 학도와 공장은 청의 기기국機器局에 배속되어 기술을 익혔다. 김윤식은 미국과 조약 체결을 담당하라는 고종의 밀지를 받았는데, 이는 위정척사파의 반발을 두려워한 처사였다.

1882년 3월 하순 조선과 미국 간의 수호를 위한 협상이 이홍장과 미국 전권대표 슈펠트 제독 간에 톈진에서 열렸다. 톈진에 영선사로 머물고 있던 김윤식은 도움을 주었을 뿐 직접 협상에는 참가하지 않았다. 이홍장은 조선이 청의 속방이라는 내용을 조약에 명시하려고 했으나 슈펠트 제독이 단호히 거절했다. 4월 18일 타협안이 마련되었다. 조선 국왕이 조선은 청의 속방이라는 것을 통지하는 별도의 조회문을 미국 대통령에게 보내기로 미국과 청은 합의를 보았다.

5월 12일에는 조약 초안을 가지고 슈펠트 제독과 마건충馬建忠 등 청의 관헌들이 제물포에 도착했다. 5월 22일 조·미 양국 대표들이 조약에 조인했고 조선 대표 신헌申櫶과 김홍집은 속방 조회문을 슈펠트에게 수교手交했다. 조회문은 다음과 같다.

> 대조선국 군주가 조회照會하건대, 조선은 평소에 중국의 속방이 되었으나, 내치 외교는 모두 대조선국 군주가 자주自主했다. 이제 대조선국과 대미국大美國은 피차 입약立約함에 함께 평행으로 상대하니, 대조선국 군주는 장차 조약 내의 각 정관을 반드시 자주 공례에 따라 인진조변認眞照辨(진실로 인정하고 그에 의거하여 행하다)할 것을 명윤明允한다. 대조선국이 중국의 속방임으로 인

---

* 조선 말기의 관료이자 문장가다. 고종 11년(1874) 문과에 급제하고 1880년에는 순천 부사에 임명되었다. 1881년 영선사로 청에 파견되어 한미수호조약 체결에 일익을 담당했다. 1884년 갑신정변 이후 독판교섭통상사무督辦交涉通商事務가 되어 대외관계를 담당했다. 1894년에는 김홍집 내각에 기용되어 외무아문대신外務衙門大臣이 되었다. 아관파천 후 을미사변을 알고도 방관했다는 이유로 종신형에 처해졌으나 1907년 석방되었다. 애국계몽운동이 활발해지자 기호학회 회장, 흥사단장이 되어 참여했다. 1910년 한일합방이 되자 일제에게서 자작 작위를 받았다. 1919년 3·1운동이 일어나자 일제에 독립청원서를 제출하여 체포되었다. 징역 2년을 선고받았으나 84세라는 고령을 이유로 집행유예로 석방되었다.

제4장 조선이 문호를 개방하다

1883년 7월 미국에 파견된 조선 사절단인 보빙사報聘使
조선은 1882년 5월 미국과 수호조약이 체결된 1년 후에 전권대신 민영익 일행을 미국에 파견했다. 앞줄 왼쪽부터 통역관 퍼시벌 로웰, 홍영식, 민영익, 서광범 등이 있다. 뒷줄 왼쪽에서 세 번째가 유길준이다.

해 마땅히 행하게 되는 일체의 행사에 대해서는 대미국이 조금도 간섭할 바가 아니다.

조선과 청의 사대책봉관계는 서양인들이 이해하기 어려운 것으로 '속국이면서 내치외교는 자주한다'는 것은 논리적 모순이었다. 미국을 비롯하여 조선과 수교한 모든 나라가 조선이 독립국임을 인정했다.

전문 14조로 된 조미수호통상조약은 조선 측에서 미곡 수출을 금하는 조항을 첨가한 것 외에는 전문 초안대로 조인되었다. 당시 미국은 30년 전 일본을 개방시킬 때와 마찬가지로 조선을 무역 대상국으로 간주하기보다는 중국 무역에 종사하는 자국 선박과 선원들을 위해 기항지와 조난시 피난처와 구조를 확보하는 것이 주목적이었으므로 조선의 요구에 간단히 응했다.

조약 제1조에 양국 중 어느 일방이 제3국에 의하여 부당한 처우를 받을 때에는 다른 일방이 이를 도와 거중조정居中調整(good office)을 한다고 되어 있다. 이것은 러시아와 일본이 조선을 위협할 때 미국의 도움을 받으려는 이홍장의 의도가 관철된 것이다.

조선이 미국과 수교하자 미국의 조선 수교를 지원하고 있던 영국도 적극적으로 통교하려고 했다. 5월 동아시아 함대 사령관 조지 그레빌 웰즐리 George Greville Wellesley가 함대를 이끌고 제물포 앞바다에 나타났다. 이어 청 주재 독일 공사 막스 폰 브란트Max Von Brandt도 수교를 요구하러 월미도 앞바다에 도착했다. 영국과 독일 대표는 이홍장 휘하의 관료인 마건충과 정여창丁汝昌의 주선으로 각각 조선 대표 조영하趙寧夏·김홍집과 협상했.

조미조약 조인 후 2주일 정도 시점인 6월 6일에는 조영수호통상조약이, 6월 28일에는 조독수호통상조약이 조인되었는데, 조미수호통상조약과 내용이 동일했다(영국과의 조약은 관세율 조항이 영국에 유리하지 않다는 이유로 영국 의회가 비준을 거부하여 1883년 11월 26일 다시 체결했다. 독일도 같은 날 다시 조약을 체결했다).

미·영·독 삼국과의 조약 체결로 '동방의 은자隱者' 조선도 서방세계에 문호를 개방하고 근대 국제사회의 일원이 되었다. 이 조약 체결 과정에서 이홍장은 청과 조선 관계의 관례를 존중하여 비공식 권유자나 조언자로 시작했으나, 조선 조정의 보수사대성과 내외정세의 긴박함으로 인해 나중에는 미국 대표와 직접 협상했다. 주객이 전도된 조미수교 과정은 이후 청이 조선의 내정에 깊이 관여하는 계기가 되었다.

역사 속의 역사 4

홍수전, 태평천국을 건설하다

홍수전洪秀全은 1814년 중국 광둥성 화셴花縣의 중농 가정에서 태어났다. 마을에서 수재로 이름났던 홍수전은 과거를 여러 차례 치렀으나 낙제를 거듭했다. 1837년 과거 낙방의 충격으로 열병을 앓았는데, 병석에서 금발에 검은 옷을 입은 노인이 '악마를 절멸하라'고 지시하는 환상을 보았다.

이후에도 과거 공부를 계속하다가 아편전쟁이 끝난 다음해인 1843년 기독교 전도서 《권세양언勸世良言》을 읽고는 6년 전의 환상과 결부시켜 상제교上帝教를 창시했다. 상제교의 우상파괴 운동으로 향신鄕紳 계급과 충돌이 격화되는 가운데 홍수전은 1850년 봄부터 거병 준비를 했다. 9월부터 광시성 남동부에서 1만의 신도들은 청 정부군과 전투를 벌였고, 홍수전은 1851년 봄 천왕天王이라 칭하고 태평천국의 난을 일으켰다.

태평천국의 지도부는 천왕 홍수전, 동왕東王 양수청楊秀淸, 서왕西王 소조귀蕭朝貴, 남왕南王 풍운산馮雲山, 북왕北王 위창휘韋昌輝, 익왕翼王 석달개石達開였다. 홍수전과 풍운산은 과거에 응시하던 서생이었고, 양수청과 소조귀는 숯구이 두목 출신으로 문맹이었다. 위창휘와 석달개는 대부호 출신으로 글을 어느 정도 쓰고 읽을 수 있었다. 이로 인해 홍수전과 풍운산이 정책을, 양수청과 소조귀가 군사를, 위창휘와 석달개가 재정을 담당했다. 태평천국은 멸만흥한滅滿興漢을 호소하고 '3년 동안 토지세 면제', '세금을 적게 하고 빈부를 균일하게' 등의 구호 아래 민중의 지지를 얻었다.

1852년 5월 태평천국군은 후난성으로 진출하여 빈농과 유민들을 규합하고 양쯔강 유역으로 진군했다. 진군 중에 6월에는 남왕 풍운산이, 9월에는 서왕 소조귀가 전사했으나 1853년 3월에 70만이 넘는 군사로 난징南京을 점령했다. 홍수전은 난징을 텐징天京으로 개칭하여 수도로 정하고 토지 국유화와 경작지 균등 할당을 공포했으나, 팽창된 군대와 관료를 부양할 필요 때문에 지주제를 승인했다. 태평천국군의 일부는 북진하여 1853년 10월 베이징 근교까지 이르렀으나 패퇴했다.

이후 지도부 내부의 권력 투쟁으로 1856년에는 북왕 위창휘가 동왕 양수청과 그 무리 2만 명을 학살했다. 이에 익왕 석달개가 군사를 정돈하여 북왕을 공격하려 하자 홍수전은 내분이 커지는 것을 막으려 북왕을 살해했다.

후난성의 지주 출신인 증국번曾國藩이 조직한 상군湘軍이 반격을 시작하여 1858년까지 후난성, 후베이성, 장시성 등 태평천국의 영역을 탈환했다. 1860년 베이징조약 체결 후 영국 등 열강은 청을 적극 원조하여 파병했다. 전세가 절망적이던 1864년 6월 홍수전은 병사하고(일설에는 음독 자살), 7월 상군이 난징을 점령하여 태평천국은 멸망했다.

태평천국은 멸망했으나 나머지 무리가 양쯔강 이북으로 도주하여 산둥성, 허난성, 안후이성, 장쑤성 일대를 휩쓸고 있던 염군捻軍에 합류했다. 이리하여 염군은 더욱 세력이 커졌으나 청 정부군의 집중 토벌을 받아 1868년에 소멸했다.

제5장

임오년에 군인이
난을 일으키다

쌀값이 폭등하다

조심스럽게 추진하던 개화정책은 미국과 수교한 지 2개월도 지나지 않아 임오군란壬午軍亂으로 큰 타격을 입게 되었다. 1880년대에 들어와 조선은 일부 제도를 근대적으로 개혁하려 했다. 1881년 5월에는 일본 육군 소위 호리모토 레이조堀本禮造를 군사고문으로 초빙하여 별기군別技軍이라는 새로운 군대를 조직하고, 1882년 1월에는 종래의 오군영五軍營(용호영, 훈련도감, 금위영, 어영청, 총융청)을 무위영武衛營과 장어영壯禦營 2영으로 통폐합 축소했다.

별기군 소속 군인에 대한 대우는 재래식 부대인 무위영과 장어영의 군인보다 훨씬 좋았다. 무위영과 장어영 소속 군인들은 이태원과 왕십리 일대에 모여 살았고 그 직역은 세습적이었다. 그런데 이들의 봉급인 배급쌀이 계속 지급되지 않고 있었다. 이것은 문호 개방 이후 일본과의 교역과 밀접한 관

별기군
별기군은 1881년 5월에 설치된 신식 군대로 급료나 피복 지급 등 대우가 구식군대보다 훨씬 좋았으므로 당시 사람들은 이들을 '왜별기倭別技'라고 비꼬았다.

련이 있었다. 일본과의 무역이 시작된 이래 일본에 대한 수출의 80퍼센트가 쌀이었고 이에 따라 서울의 쌀값이 이전보다 2~3배 가까이 폭등했다. 국가 재정이 열악한데다 쌀값 앙등으로 쌀의 배급이 제때에 이루어지지 않았다. 이에 따라 일반 병사들의 반일 감정은 매우 고조되고 있었다.

　1882년 7월 19일 13개월이나 밀린 쌀 중 1개월분이 우선 무위영 소속의 군병들에게 지급되었다. 그러나 선혜청 고직庫直(창고 관리자)의 농간으로 그 양이 정량에 훨씬 못 미칠 뿐만 아니라 돌이 섞인 것이 절반이나 되었다.

　이에 김춘영金春永·유복만柳卜萬 등을 필두로 흥분한 병사들이 고직과 무위영의 장교를 구타했다. 이들은 선혜청 당상堂上인 민겸호閔謙鎬가 중간에서 수탈해갔다고 생각했다. 선혜청 고직이 민겸호의 하인이었으므로 이는 근거 없는 의심이 아니었다. 그러나 민겸호는 병사들을 마구 잡아가 포도청에 수감하는 강압적인 조치를 취했다.

　주동자인 김춘영·유복만 등이 사형당할 것이라는 소문이 돌자 김춘영의 부친인 김장손金長孫과 유복만의 아우인 유춘만柳春萬이 중심이 되어 통문을 발송하고 군인들과 왕십리 주변을 비롯한 서교西郊 지역 주민들의 참여를 호소했다. 이에 7월 22일 밤 성인묵 등 하급 군인 지휘관들이 중심이 되어 군민의 지휘와 연락을 맡았는데, 왕십리 주민들이 일제히 움직이는 등 민중의 호응이 컸다.

7월 23일 아침 이들은 동별영東別營에 집결했다가 그들의 직속상관인 무위대장武衛大將 이경하李景夏을 찾아가 사정을 호소했다. 이경하는 민겸호를 직접 만나보라고 하여 책임을 전가했다. 병사들이 민겸호를 찾았을 때 부재중이어서 흥분한 병사들이 집을 부수었다. 고위 대신의 집을 습격했으니 병사들은 처형될 것이 자명했다. 김장손과 유복만은 명성황후와 적대 관계이고 대일 강경노선을 주장하던 흥선대원군을 찾아가 사태 수습을 요청했다. 사태를 확대하라는 흥선대원군의 교사로 병사들은 반란을 일으켰다. 흥선대원군의 심복인 허욱許煜이 군복을 입고 지휘했다. 병사들은 무기고에서 무기를 꺼내 무장하고 무위영·장어영의 다른 군병에게 연락하여 모이게 했다. 이들은 3대로 나뉘어 행동했다.

제1대는 먼저 동별영의 무기고를 습격하여 무기를 탈취한 다음에 포도청을 습격하여 수감되어 있던 병사들과 다른 죄수들을 석방했다. 이어 민태호閔台鎬 등 민씨 척족戚族들의 집을 습격했다. 제2대는 별기군 영관領官과 별기군의 일인 군사고문 호리모토 레이조를 살해했다. 제3대는 경기 감영을 습격했다. 경기 감영 무기고에서 각종 무기를 꺼내어 무장하고 일본 공사관인 청수관淸水館으로 갔다.

이때 인근 주민들이 합세하여 수만 명의 무리를 이루었다. 이들은 청수관 주변에서 "왜놈을 죽여라"는 함성과 함께 돌을 던지고 총탄을 마구 쏘았다. 일본 공사관 습격에 대장장이 등 수공업자와 소상인층의 참여가 많았던 것은 이들이 일본의 경제적 침탈에 큰 피해를 보고 있었기 때문이다.

일본 나가사키에 도착한 하나부사 요시모토 공사와 공사관원
임오군란이 일어나자 하나부사 요시모토 일행은 일본으로 도주하기 위해 제물포에 도착했다. 그리고 1882년 8월 군함과 호위병을 이끌고 다시 제물포에 상륙했다.

일본 공사관원들은 스스로 공사관에 불을 지르고 제물포로 도주했다. 이들은 제물포에 이르러서도 주민과 현지 군사의 습격을 받아 일본 공사관원 여럿이 죽었다. 일본 공사 하나부사 요시모토花房義質 일행은 마침 제물포에 정박하고 있던 영국의 측량선(The Flying Fish호)을 타고 탈출했다.

"일본군이 조선왕을 포로로 잡아 도쿄에 안치할 것입니다"

7월 24일 아침 한성부漢城府(서울)의 군민들은 흥선대원군의 사주에 따라 창덕궁으로 난입하여 민씨 척족 정권의 상징인 명성황후를 처단하려 했으나 명성황후는 궁녀로 변장하고 탈출했다. 군민들은 이최응·민창식閔昌植·민

제5장 임오년에 군인이 난을 일으키다   95

겸호·경기도 관찰사 김보현金輔鉉 등을 살해했다. 군민들이 궐내로 들어온 상황에서 고종은 사태 수습을 위해 흥선대원군을 불렀다. 흥선대원군은 처 민씨, 적장자 이재면李載冕을 대동하고 궐내에 들어왔다.

이날 고종은 "이제부터 크고 작은 공무는 흥선대원군에게 품결稟決하라"는 왕명을 내렸다. 다시 집권한 흥선대원군은 모든 근대적인 제도 개혁을 혁파하고 구제도로 복귀하는 정책을 폈다. 이후에도 군인들은 개화파를 색출하여 보복을 감행했다. 이들의 폭력행사에 양반들과 부호들은 두려움에 떨었으며 몰래 서울에서 지방으로 피신하는 자들도 많았다.

7월 29일 밤 하나부사 일행은 나가사키에 도착했다. 이들의 보고서에 입각하여 일본 정부는 7월 31일 긴급각료회의를 열었다. 당시 이토 히로부미伊藤博文는 해외에 있었고 조선에 초강경 자세를 보이는 야마가타 아리모토山縣有朋가 내각을 지배하고 있었다. 일본 국내에서는 자유민권운동이 한창이었고, 정부는 이를 탄압하기 위해 집회조례를 개정하고 있었다. 일본은 국내의 정치 분규를 해외로 돌릴 필요가 있었다. 일본 언론은 임오군란을 대대적으로 보도했고, 조선을 응징하는 전쟁을 일으켜야 한다고 떠들었다. 이 긴급각료회의에서 결정된 사항은 다음과 같았다.

(1) 조선 정부의 문서에 의한 사죄
(2) 피해자 유족에 대한 위자료 지급
(3) 범인의 체포와 처벌
(4) 정부나 당국자가 군란을 교사했을 경우 요구를 더 강화할 것
(5) 조선 정부의 책임이 중대할 경우 거제도 또는 울릉도를 할양할 것
(6) 제물포의 보장 점령

(7) 일본 군대에 의한 일본 공사관의 경호

(8) 함흥, 대구, 양화진楊花津의 개시開市

(9) 일본 공사관원과 영사관원의 내륙여행 자유

이것은 한마디로 그동안 일본이 조선에 요구하고 싶었던 것을 일거에 요구한 것이다. 한편 청의 북양아문北洋衙門은 8월 1일 일본 주재 공사에게서 임오군란의 발발과 일본군의 조선 파병을 알리는 전보를 받았다. 당시 이홍장은 모친상을 맞아 장수성張樹聲이 임시로 북양대신과 직예총독 직위에 있었다. 장수성은 우선 마건충에게 조선에 가서 사태를 해결하도록 지시했다. 청 조정은 이홍장에게 업무 복귀 명령을 내렸다.

8월 10일 이홍장의 참모 설복성薛福成은 흥선대원군 납치를 건의했다. 설복성은 "만약 일본군이 먼저 조선에 도착하면 조선왕을 포로로 잡아 도쿄에 안치할 것입니다. 이는 유구의 전철을 밟는 것입니다"라고 주장하면서 조선의 군란에 청이 적극 개입할 것을 주장했다. 장수성과 이홍장뿐만 아니라 톈진에 있던 조선의 영선사 김윤식도 흥선대원군 납치 제안에 찬성했다.

8월 10일 밤 마건충은 톈진에 체류하고 있던 조선의 문의관問議官 어윤중魚允中과 더불어 제물포에 도착했다. 8월 12일에는 일본 공사 하나부사 요시모토가 군함 4척과 수송선 3척과 육군 1개 대대 병력(300명)을 이끌고 제물포에 도착했다. 이에 장수성은 다시 광둥 수사제독水師提督 오장경吳長慶에게 산둥반도山東半島의 등주登州에 주둔하고 있는 회군淮軍 3,000명을 이끌고 조선에 출병하도록 지시했다. 오장경이 이끄는 청군은 8월 17일 군함 7척에 나누어 타고 등주를 떠나 8월 20일 아침 남양南陽의 마산포馬山浦에 도착했다(조선에 막대한 영향력을 행사하게 되는 위안스카이袁世凱는 이때 23세의 말단 무관으로 왔다). 남양 마산포에 상륙한 것은 제물포에 주둔한 일본군과 충돌하는 것을 피하기 위한 것이었다.

상륙을 마친 청군은 서울로 향했다. 청이 이처럼 적극적인 대응을 한 이유는 일본이 유구의 경우처럼 조선을 합병할까 우려했기 때문이다. 8월 25일 청군이 서울에 이르자 군란을 일으켰던 군인들은 아무런 저항없이 해산했다. 이제 남은 문제는 홍선대원군 처리였다. 홍선대원군을 체포하는 구체적 방법은 조선에 주둔한 청군 지휘관들에게 일임되었다. 이들은 김윤식·어윤중 등과 긴밀히 상의했다. 8월 26일 마건충과 오장경 등이 홍선대원군을 방문했다. 이날 오후 홍선대원군은 남대문 밖에 주둔하던 이들을 답방했다. 필담을 주고받다가 납치 준비가 완료되자 마건충은 홍선대원군에게 다음과 같이 선언했다.

> 조선의 국왕은 청국 황제가 책봉했고 책봉된 이상 모든 정령政令은 국왕에게서 나와야 한다. 그런데 당신은 스스로 대권을 잡아 자신의 의견에 동조하지 않는 사람들을 죽이고 있으니 이것은 황제가 책봉한 국왕을 능멸하는 것이고 실은 황제까지도 경멸하는 것이다. 따라서 톈진에 가서 청국 조정의 결정을 구하도록 하라.

홍선대원군은 청군에 이끌려 남양 마산포에서 톈진으로 압송되었다(1885년 8월 청이 석방하여 귀국했다). 청은 어윤중에게 조선 국왕에게 이 사실을 알리게 하고 오장경 명의로 된 통유通諭를 발표하여 홍선대원군 납치를 정당화했다. 이리하여 33일 만에 홍선대원군 정권은 무너지고 민씨 세력이 다시 복

중국 톈진에서 억류될 당시의 흥선대원군과 〈묵란〉
고종의 아버지이자, 고종이 어린 나이에 왕위에 오르자 대원군에 봉해지고 섭정攝政을 했다. 한편 그는 서화에 능했는데 묵란은 가히 일품이었다. 추사 김정희도 그의 난 그림이 조선에서 제일간다고 칭찬을 아끼지 않았다. 〈묵란〉에는 괴석과 난초가 어울린 석란石蘭의 형태를 취하며 두 폭이 짝을 이루고 있다. (서울역사박물관 소장·국립중앙박물관 소장)

귀했다.

8월 29일 청군은 임오군란을 일으킨 군인들이 주거하는 왕십리와 이태원 일대를 습격하여 170여 명을 체포하고 11명을 참수했다(한 달 뒤 주모자 김장손과 유춘만도 체포되어 참수되었다). 8월 30일 일본은 조선 정부와 제물포조약濟物浦條約을 체결하여 소기의 성과를 거두었다. 이 조약의 내용은 조선 정부가 일본에 배상금 50만 원 지불, 공사관을 호위하는 일본군(1개 중대 130명) 주둔 허용, 조선의 공식 사과 사절 파견 등이었다.

조선을 만주에 편입시켜라

임오군란을 무력으로 수습한 청은 조선에 대한 영향력을 크게 강화할 수 있었다. 청의 병력 3,000명은 고종의 요청과 일본군의 서울 주둔과 군란 예방 등을 이유로 계속 주둔했다. 임오군란 이후 청은 조선에 전통적 사대관계 대신에 근대 제국주의 체제에서 보이는 보호국의 위치를 강요했고 조선의 청에 대한 예속성은 더욱 심화되었다.

임오군란 후 청군은 조선의 치안을 담당했다. 조선 군대는 임오군란 때 모두 해산되었으므로 고종은 친위군의 필요를 느끼고 오장경에게 이 뜻을 전했다. 오장경은 위안스카이를 연군교사練軍敎師로 임명하여 친위군 창설을 일임했다.

위안스카이는 조선 장정 1,000여 명을 선발하여 신건친군영新建親軍營이라 이름 붙이고 2개 영으로 나누어 조련했다. 청은 조선이 재정이 부족하여 신식 병기를 갖출 수 없음을 보고 청의 기기국에서 동으로 주조한 포 10대, 포탄 3,000정, 영국식 소총 1,000정, 탄약 1,000파운드를 원조했다.

1882년 10월 청의 강압으로 청과 조선 사이의 무역 협정인 상민수륙무역장정商民水陸貿易章程이 체결되었다. 무역장정 전문前文에 청이 속방을 우대하는 뜻에서 이 장정을 체결하므로 다른 외국은 일체 이 장정의 예를 따를 수 없다는 문구를 삽입하여 종속관계를 명문으로 규정했다.

청은 상무위원을 파견하고 마건상馬建常(마건충의 형)과 독일인 파울 게오르게 폰 묄렌도르프Paul George von Möllendorf를 조선의 외교와 세관 업무에 참여하게 하여 조선의 내정을 통제했다. 1883년 11월 위안스카이는 조선군을 2,000명으로 늘리고 4개 영으로 재편했다. 청의 무관이 조선군 교관

파울 게오르게 폰 묄렌도르프
조선 말기 독일인 외교 고문이다. 1869년 할레대학에서 동양의 언어와 법률을 전공한 후 청나라로 건너가 청 주재 독일 영사관에 근무하다가 이홍장의 추천으로 1882년 말 조선의 통리아문협판으로 부임했다. 갑신정변 때는 수구파에 협조했으며 1885년 1월 한성조약이 체결되자 특명전권대신 서상우徐相雨와 함께 부대신으로 일본에 건너가 외교 업무를 수행하고 돌아왔다. 그가 주도하여 체결된 조러수호통상조약으로 청과 일본이 조선에서 러시아에 견제되자 이홍장은 그를 인책하여 소환했다.

이 되었고 군사 업무는 위안스카이가 담당했으므로 조선군은 조선 주재 청 군사령관인 오장경의 통제하에 있었다. 심지어 일부 청의 관리는 기회를 놓치지 말고 조선을 만주에 편입시켜 직할 영토로 삼자는 병합론까지 주장했다. 이는 임진왜란 때에 이어 두 번째로 나온 것이다.

역사 속의 역사 5

말단 장교에서 대총통까지, 위안스카이

위안스카이袁世凱(1859~1916)는 중화민국 초대 대총통이다. 임오군란 때 말단 장교로 조선에 와서 신식 조선군을 육성했다. 이홍장의 신임을 얻어 갑신정변 후 주차관으로 서울에 상주하면서 청일전쟁이 일어날 때까지 조선의 내치와 외교에 막강한 영향력을 행사했다. 위안스카이는 청일전쟁 이후 군사제도의 근대적 개혁을 단행하고 신건육군新建陸軍을 조직했다. 이것이 뒤의 북양군벌의 기반이 되었다. 1901년 이홍장이 죽은 뒤 그의 후임으로 직예총독 겸 북양대신이 되어 세력을 확대했다.

1901년에 들어 서태후는 청 왕조를 살리기 위해 신정新政을 개시했다. 신정에서 군 개혁의 주된 내용은 36개 사단의 신군新軍을 건설하는 것이었다. 신정의 결과 위안스카이를 영수로 하는 북양군벌이 급성장하여 정치에 막강한 영향력을 갖게 되었다. 북양군벌은 약 7만의 병력으로 이루어진 6개 사단의 북양신군을 보유했다. 위안스카이의 세력이 커져 청조에 위협이 되자 서태후는 1909년 위안스카이를 해임했다.

1905년 쑨원孫文의 주도로 창설된 중국동맹회는 1911년 10월 10일 우창武昌에서 청조 타도를 목적으로 봉기하고 11월 하순에는 24성 가운데 14성이 청조의 지배에서 이탈했다. 청 정부는 혁명 진압을 위해 위안스카이를 다시 불렀다. 위안스카이는 흠차대신欽差大臣이 되어 북양신군으로 혁명 진압에 나섰다.

혁명군은 잇달아 패전하자 위안스카이에게 청조를 타도한다면 새로 수립될 공화국의 임시 대총통으로 추대하겠다고 제의했다. 위안스카이는 이를 수락하여 1912년 1월 청 왕실에 공화정으로 이행할 것을 요구했다. 청 왕실은 굴복하여 이를 받아들였다.

▌**아시아 최초의 공화국인 중국의 대총통 위안스카이**
1859년 중국 허난성 상청에서 태어난 위안스카이는 이홍장과 서태후의 휘하에서 막강한 신임을 얻었고, 북양군벌을 발판으로 정계 진출의 초석을 만들었다. 1911년 신해혁명이 발발하자 임시 대총통이 되어 국민당을 해산시키고 독재 권력을 휘둘렀다.

이로써 중국은 아시아 최초의 공화국이 되었다.

임시 대총통이 된 위안스카이는 야당을 탄압하여 독재 권력을 손에 넣었다. 1915년에 들어서는 황제가 되려는 제제운동帝制運動을 일으켰다. 그러나 일본의 21개조 요구를 받아들인 것을 계기로 반反위안스카이 운동이 격화되었고, 1916년 3월에는 제제의 취소를 선언했다. 그 뒤 위안스카이 토벌군이 각처에서 일어나는 가운데 사망했다. 한편 그의 부하 장군들은 군벌로 성장하여 중국 현대사에 큰 영향을 끼쳤다.

제6장

갑신년에 조선의 근대화를 시도하다

개화파, '신서新書'들을 열독하다

조선의 개화사상을 형성한 비조鼻祖는 오경석吳慶錫·유홍기劉鴻基·박규수朴珪壽 3인이다. 이 중에서 가장 먼저 개화사상을 품은 이는 오경석이었다. 오경석은 1851년 8대에 걸쳐 역관을 지낸 중인 집안에서 태어나 16세 때 역과 시험에 한학漢學(중국어)으로 합격하여 중국어 역관이 되었다.

그는 23세 때인 1853년(철종 4년)에 처음으로 조선 사신단의 통역으로 베이징에 갔다. 당시 청에서는 태평천국의 난이 한창이었다. 오경석은 11개월이나 체류하면서 서양 열강의 침략으로 기울어가는 청의 실상을 관찰하고 곧 조선에도 비슷한 위기가 오리라고 예견했다.

당시 청에서는 서양의 실상을 소개하는 '신서新書'들이 간행되고 있었는데, 오경석은 제1차 베이징 여행 때부터 신서를 구입하여 열독했다. 오경석은 1858년까지 4차례나 베이징을 다녀왔는데, 이때마다 《해국도지海國圖

志》,《영환지략瀛環志略》,《박물신편博物新編》 등 다수의 신서를 구입했다. 그는 과거 시험을 보러 온 중국 둥난東南 지방 출신의 청년들과 널리 교제하여 견문을 넓혔다. 오경석은 밖으로는 자신이 구입한 신서들을 연구하고 안으로는 박제가朴齊家 등의 실학을 계승하여 조선에서 처음으로 '개화사상'을 형성했다. 오경석은 그가 견문한 것과 새로 형성한 개화사상을 친우인 유홍기에게 설명하면서 그동안 청에서 구입한 신서들을 유홍기에게 빌려주었다. 유홍기도 중인 신분으로 대대로 역관가문이었으나 자신은 한의사였다. 그도 곧 열렬한 개화론자가 되었다.

　1860년 영국·프랑스 연합군이 베이징을 점령하자 조선 정부는 정세를 알아보려 위문사절단을 청에 파견하기로 했다. 박규수는 1861년 1월 위문사절단의 부사로 임명되어 청으로 갔다. 그는 서양 열강의 침략을 받고 있는 청의 실상을 목격하고 큰 충격을 받았다. 그리하여 귀국할 때《해국도지》,《영환지략》 등 신서들을 구입하여 돌아왔다. 그는 이 신서들을 읽어가며 개화론자가 되었다.

　오경석과 유홍기는 1866년(고종 3년) 제너럴 셔면호General Sherman號 사건과 병인양요에 큰 충격을 받아 조선에 민족적 위기가 급박했다고 보고 나라를 구하기 위한 혁신정치의 주체 형성 방안을 토론했다. 오경석과 유홍기는 중인 신분이었으므로 당시의 신분제도하에서는 정치를 담당하거나 정치적 발언을 할 수 없었다. 이에 오경석과 유홍기는 서울 북촌(양반 거주 지역)의 영민한 양반 자제들을 선발하여, 그들이 형성한 개화사상을 가르쳐 개화 세력을 키우기로 합의했다. 그러나 중인 신분이었으므로 이를 위해서는 양반 출신 개화론자인 박규수의 도움이 필요했다.

　박규수는 1866년(고종 3년) 3월 평안도 관찰사로 임명되어 그해 8월 제너

서광범, 박영효, 서재필, 김옥균
박규수는 김옥균·박영교·박영효·홍영식·유길준·서광범 등에게 개화사상을 교육시켰다. 이들은 훗날 갑신정변의 주역이 되었다.

럴 셔먼호의 도발을 받고 화공으로 격침했다. 그는 대동강에 가라앉은 제너럴 셔먼호의 엔진과 기선장치와 병기 등을 건져 올려 서울의 흥선대원군에게 보냈다. 3년 후인 1869년 4월 박규수는 한성판윤이 되어 상경했고, 6월에는 형조판서를 겸직했다. 오경석은 청에 역관으로 파견되었다가 1869년 12월 귀국하여 유홍기와 같이 박규수를 방문했다. 박규수는 이들의 개화사상의 교육 방안을 쾌히 받아들였고, 1870년 초부터 박규수의 사랑방에서 개화사상을 교육하기 시작했다.

박규수는 북촌의 양반 자제들 가운데 영민하기로 평판이 난 김옥균金玉均·박영교朴泳教·박영효朴泳孝·홍영식洪英植·유길준俞吉濬·서광범徐光範 등을 1차로 발탁하여 개화사상을 교육시켰다. 이웃에 거주하던 김홍집과 어윤중 등도 박규수의 사랑방을 출입했다. 박영효는 판서 박원양朴元陽의 아들로 철종의 부마駙馬(사위)이며 박영교는 그의 형이다. 홍영식은 영의정을 지낸 홍순목洪淳穆의 아들이었다. 김옥균이 이들의 지도자였다.

조선, 러시아를 끌어들이다

1874년에 김옥균이 관계에 진출하게 되자 이들은 정치세력으로 성장하기 시작했는데, 이들을 개화당 또는 독립당이라 불렀다. 개화당 지도자들은 일본이나 구미歐美를 다녀왔기 때문에 서구 세력의 아시아 진출로 조선 주변의 국제관계가 급격히 변동하고 있음을 감지했다. 이들은 조선도 메이지유신 이후의 일본처럼 내정을 개혁하고 서구의 과학기술문명을 받아들여 실력을 배양해야 한다는 생각을 하고 있었다.

그러나 당시 조선의 정치 풍토는 개화파들에게 매우 불리했다. 유림들은 서구문명을 극악무도하다고 보고 개화사상을 극력 반대하고 있었다. 김옥균이 구상하고 있던 개혁안은 당시 지배층의 이익을 크게 침해하는 것이어서 국왕인 고종이 개화당을 신임하고 있어도 정책으로 채택될 수는 없었다. 개화당 인사들은 국왕의 신임을 받고는 있었으나 병권과 재정권에 관련된 관직은 전혀 갖지 못했다.

청의 지나친 내정 간섭도 조선의 개화에 커다란 장애가 되었고 개화당이

정변을 일으킨 주요 이유가 되었다. 이홍장이 조선에 대한 지배를 굳건히 하려고 파견한 묄렌도르프는 오히려 청의 횡포에 반발하여 조선 정부에 청일의 각축전에서 독립을 보존하려면 러시아를 끌어들여야 한다고 건의했다. 청의 내정 간섭에 위협을 느끼고 있던 고종은 이를 받아들여 묄렌도르프의 주선으로 1884년 7월 7일 러시아와 수호통상조약을 체결했다.

갑신정변은 청이 베트남의 종주권宗主權 때문에 프랑스와 전쟁 중이었던 상황도 고려한 것이다. 청과 프랑스는 베트남을 사이에 두고 1883년 12월부터 무력충돌을 일으켰다. 청은 전세가 불리해지자 1884년 8월에 조선에 주둔하던 병력 중 절반인 1,500명을 철수시켰다.

개화파, 갑신년에 정변을 일으키다

정치적으로 차츰 거세되던 개화파는 국제 정세가 변하자 1884년 10월 1일(추석날) 정변을 결의했다. 이들은 처음 미국 공사 루셔스 푸트Lucius H. Foote 와 접촉하여 도움을 얻으려 했으나, 당시 미국 정부는 조선에 소극적으로 외교정책을 펴고 있었으므로 성과가 없었다. 이에 독자적인 정변을 계획했으나 의외의 일이 벌어졌다. 10월 20일 서울에 돌아온 일본 공사 다케조에 신이치로竹添進一郎는 소극적이던 태도를 바꾸고 개화파 지지를 공언했다. 청이 프랑스와의 전쟁에 패하여 양무운동洋務運動의 성과가 미미한 것이 드러나자 일본의 정책이 급변했던 것이다. 한편 개화파는 일본 세력을 이용하기로 했다.

1884년 12월 4일 밤 정변 주모자들은 우정국 건물 낙성을 축하하는 만찬

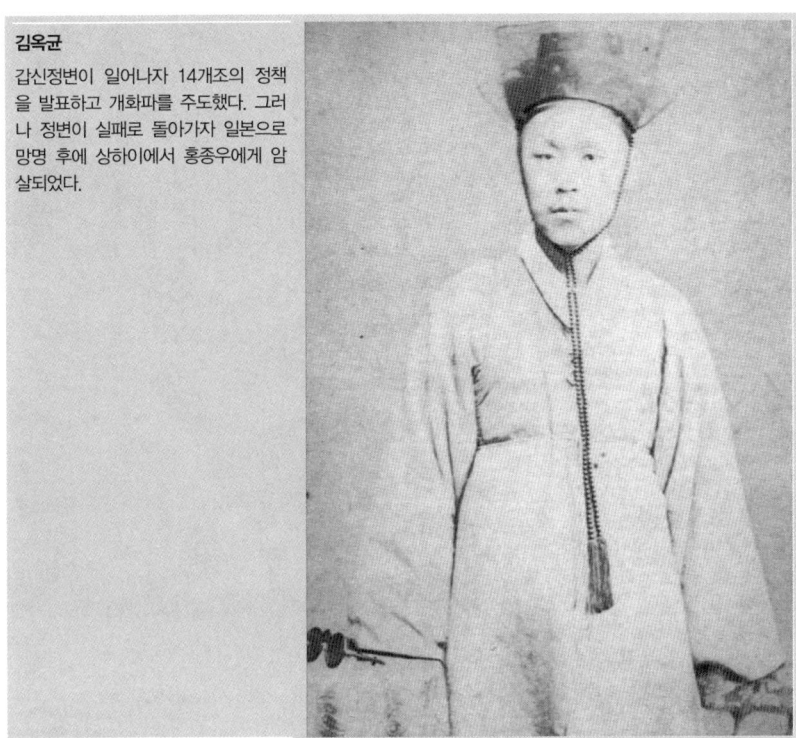

김옥균
갑신정변이 일어나자 14개조의 정책을 발표하고 개화파를 주도했다. 그러나 정변이 실패로 돌아가자 일본으로 망명 후에 상하이에서 홍종우에게 암살되었다.

회를 이용하여 부근 민가에 불을 지르고 고종이 거주하는 창덕궁 안팎에 화약을 터트려 공포 분위기를 조성했다. 이러한 혼란을 이용하여 미리 지목했던 정적 한규직·이조연·민태호·민영목·조녕하 등을 살해하고, 고종에게는 청군의 난동이라 속이며 그들의 '포로'로 만들었다.

갑신정변의 성패는 조선에 주둔한 청군의 동향에 달려 있었다. 개화당이 의지한 조선 주둔 일본군은 120명에 불과하여 1,500명인 조선 주둔 청군에 비해 지나치게 열세였다. 오장경이 인솔하여 청군의 반이 철수한 후 오조유吳兆有가 잔류한 청군을 통솔했지만, 그는 우유부단하여 실권은 위안스카이

1883년 말 미국 방문길에 오른 개화파들
1884년 2월 우정국 낙성식을 기화로 개화파는 정변을 일으켰다. 일본을 등에 업은 이들은 수구파 사람들을 암살하고 개혁과 혁신을 몰고 왔지만, 청국의 개입으로 갑신정변은 삼일천하로 끝났다.

가 쥐고 있었다. 갑신정변이 발발하자 오조유는 이홍장의 명령을 기다려야 한다고 주장했으나 위안스카이는 정변 진압을 결행했다.

갑신정변 3일째 되는 12월 6일 청군이 일본군을 공격하자 일본군은 패주했다. 위안스카이가 조선 국왕을 청군 진영으로 옮겨 갑신정변은 실패로 돌아갔다. 많은 개화파 지도자들과 추종자가 살해당하고 김옥균·박영효·서재필 등 겨우 몇 사람만이 일본에 망명하여 간신히 목숨을 건졌다.

갑신정변에서도 서울 주민의 반일 감정은 여실히 드러났다. 12월 7일 한성부 군민들은 청국 군인과 합세하여 일본 공사관과 병영을 습격했다. 또한 도성 내에 거주하는 일본인을 살상한 것이 적지 않아 금지령이 내려졌다. 이날 오후 일본 공사 다케조에 신이치로는 공사관원·거류민 등과 함께 제물포로 달아났다. 이때 한성부의 군민들이 이들을 습격하여 일인 30여 명이 살해되었다. 민중들은 개화사상보다는 '반일反日'을 내걸은 위정척사사상에 동조했다. 그러나 소수이기는 하지만 개화파에 포섭되어 갑신정변에 가담한 한성부 주민들도 있었다.

윤치호尹致昊의 부친 윤웅렬尹雄烈은 갑신정변이 성공하지 못하리라 예측했다. 《윤치호 일기》*를 보면 12월 6일에 윤웅렬은 여섯 가지 이유를 들어 정변은 실패할 것이라 했다.

> 첫째로 국왕을 위협하여 정권을 탈취하니 이것은 순리에 어긋나는 짓이요, 둘째로 일본과 같은 외국 세력에 의존했으니 정권을 오래 유지 못할 것이요, 셋째로 민심이 불복하니 머지않아 다시 변이 일어날 것이요, 넷째로 청나라 군대가 가만히 있지 않을 것이며 그들이 움직이면 일본군이 대적할 수 없을 것이요, 다섯째로 정변이 비록 성공한다 하더라도 왕과 왕비의 뜻을 위반하

---

* 조선 말기와 일제강점기의 정치가·교육자인 윤치호가 1880년대에서 1940년대까지 기록한 일기이다. 처음에는 한문으로, 중간에는 국문으로, 그 다음은 영문으로 기록했으며 한국 근대사 연구에 귀중한 자료가 된다. 1880년대 초 일본 유학시기의 일기는 메이지유신 이후 발전된 일본의 모습과 도쿄에 머물고 있던 한국인의 동향 등을 기록했으며, 1883~1884년 국내 체류시기의 일기는 미국 공사관·개화당·갑신정변 등 국내외 정세에 관한 내용이 주를 이루고 있다. 1884~1888년 중국 유학시기의 일기에는 상하이에서 대학생활과 중국 사정, 조선인의 동정 등이 기록되어 있다. 1888~1893년 미국 유학시기의 일기에는 대학생활과 신앙 활동, 미국의 눈냉과 인종차별 문제 등이 기록되어 있다. 1893~1894년 중국 체류시기에는 자신의 결혼, 김옥균 암살, 청일전쟁, 동아시아의 정세 등이 기록되었고 1895년 이후 국내에서 활동을 하면서 갑오개혁, 을미사변, 아관파천 등과 독립협회 활동 등을 상세히 기록했다. 1900년대 일기에는 러일전쟁과 을사조약에 관한 기록이 상세하다. 일제시대의 일기에는 3·1운동, 만주사변과 중일전쟁, 태평양전쟁, 일제 통치하의 모순과 조선인의 어려운 생활상, 당시 자신의 생각과 국내 지식인의 동향, 자신이 세운 YMCA와 교육사회 사업에 관한 내용 등이 기록되었다.

여 어떻게 정권을 지탱할 것이며, 여섯째로 개화당을 지지하는 사람이 많아 그들 지지자로 조정을 다 채울 수 있다면 모르되 그렇지 못하니 성공하지 못할 것이다.

윤웅렬의 판단대로 이때 개화파가 시도한 정변이 성공할 여건은 전혀 갖추어지지 않았다.

"군왕의 의심이 있게 하고 인민의 앙심이 돋게 했다"

갑신정변의 실패는 세 가지 측면에서 조선 근대화에 치명적인 타격을 주었다. 첫째로 갑신정변은 일반 대중들에게 개화사상을 불신하는 경향을 가져왔다. 개화파의 유혈극은 조선의 정치문화에서는 용납되기 어려운 것이었다. 국왕은 신성불가침의 존재였지만 개화파들은 정변을 일으켜 국왕을 창덕궁에서 경우궁景祐宮으로, 경우궁에서 계동궁桂洞宮으로, 계동궁에서 창덕궁으로 끌고 다녔다. 또한 갑신정변 마지막 날 청군이 왕궁을 공격해왔을 때에는 총알이 빗발치는 가운데 국왕을 팽개치고 개화파들은 피신했다. 이러한 처사는 보수 유생들의 "개화사상이란 금수의 것이다"라는 주장을 뒷받침하는 결과가 되었다. 개화사상에 물들면 삼강오륜을 저버리고 금수와 같이 된다는 보수 유림의 주장이 입증된 셈이 되었다.

갑신정변이 실패로 끝나자 개화파 지도자 김옥균·박영효·홍영식·서광범·서재필 등 다섯 사람은 '오적五賊'으로 낙인찍히고 이들은 역사상 유래 없는 극악무도한 죄를 지었다고 단정되었다. 개화파 지도자들이 역적으로 규정되자 자연히 그들의 사상마저도 역적의 사상으로 여겨졌다. 누구도 개화사상을 옹호할 수 없었다. 그 자신이 개화파였던 윤치호는 12월 7일 자신의 심정을 다음과 같이 일기에 적었다.

> 아, 고우古愚(김옥균의 호) 등의 망발로 말미암아 위로는 나라 일이 낭패를 당했고, 아래로는 민심을 흔들리게 했으며, 공적으로는 개화의 모든 일을 완전히 탕패蕩敗시켰고, 사적으로는 자기네 가족들을 몽땅 망하게 만들었다. 한 번 생각을 잘못함으로써 모든 일이 낭패를 당했으니, 이 얼마나 어리석고 얼마나 도리에 어긋나는 것이냐. 더욱 우리와 같은 무죄한 사람들에게 위로는 군왕의 의심이 있게 하고 아래로 인민의 앙심이 돋게 했으니 어찌 삼가지 않겠는가. 말을 가려 쓰지 못하니 김옥균은 용기가 없는 것이다. 저녁에 일본공사관이 불타고 고우의 집도 탔다. 밤에 큰 눈이 내리다.

둘째로 어느 정도 개화파에 동조하고 있던 고종은 개화사상에 반감을 품게 되어 개화운동을 멀리하게 되었다. 당시 정치에서는 비록 왕권 행사에 제한이 있어도 이념적으로는 국왕이 절대 군주였으며, 모든 국가의 권한은 그에게서 나왔다. 실제적으로 국왕의 승인 없이는 어떠한 중요한 결정도 내릴 수 없었다. 그러므로 왕을 갈아치우지 않는 한 개화당 인사들이 구상하는 개혁을 이루려면 고종의 지지가 있어야 했다.

갑신정변이 일어나기 직전에도 고종은 김옥균에게 개화운동에 동조하는 발언을 했다. 강화도조약 이후 통리기무아문統理機務衙門의 설치나 조사시찰단朝士視察團(이른바 '신사유람단')의 일본 파견 등에는 고종의 의지가 작용했다. 이 조사시찰단에서 홍영식·어윤중·유길준·이상재·윤치호 등 주요 개화파 인사가 나왔다. 그러나 이들이 유혈 정변을 일으킴에 따라 고종의 신임이 깨어지고 이들에게 반감을 품게 됨에 따라 개화운동에 긴요한 동조자를 잃어버렸다.

그러나 고종이 개화파를 적극적으로 지지하지 못했다는 점에서 갑신정변의 실패를 비난만 할 수는 없다. 뚜렷한 정치적 신념이 없이 왕권 유지에만 관심을 두는 그의 태도는 기회주의적이어서 언제 태도를 바꿀지 몰랐다. 개화파는 척족인 민씨의 탐학과 비리를 방관할 뿐만 아니라 자신이 매관매직을 일삼는 고종을 믿고 기다릴 수만은 없었다.

셋째로 한국 근대사에서 가장 중요한 시점에서 영향력이 큰 개화파 인사들을 잃은 것이다. 갑신정변 참가자 중 김옥균·박영효·서광범·서재필을 비롯하여 9명만이 일본으로 망명했을 뿐 자의 또는 타의로 망명하지 못한 인사들은 모두 처형되었다.

홍영식의 집안은 부친을 비롯하여 그의 처자와 형까지 모두 음독자살했다. 김옥균의 생모 송씨는 음독자살했고, 생부 김병태金炳泰는 천안 감옥에 10년간 구속되었다가 김옥균이 암살당한 1894년 교수형에 처해졌다. 누이동생은 어머니와 함께 음독자살을 기도했다가 실패하고 거짓 장례식을 치르고 도망 다니게 되었으며 남동생 김각균金珏均은 옥사했다. 서광범의 부친 서상익은 옥사했고, 서재필의 부친 서산언과 처 이씨는 모두 자살했다.

거사 참여자들의 재산은 모두 몰수되었다. 김옥균 등에게 처음으로 개화사상을 전파하고 '백의정승白衣政丞'으로 불리던 유대치劉大致(유홍기)는 정변 이후 흔적도 없이 사라지고, 《근세조선정감近世朝鮮政鑑》의 저자 박제경朴齊絅은 흥분한 민중에게 잡혀 수표교 위에서 참살당했다(오경석은 1879년에 사망했다).

양화진에 처참하게 효시된 김옥균의 시신
1894년 3월 28일 오후 중국의 한 호텔방에서 세 발의 총성이 울렸다. 홍종우가 김옥균을 향해 쏜 탄환이었다. 이후 김옥균은 서울 양화진에 효수되었는데, '대역부도옥균大逆不道玉均'이라는 글씨는 홍종우가 직접 쓴 거라고 한다.

개화파 인사들의 숙청으로 조선은 1894년 청일전쟁이 나기까지 10년 동안을 우왕좌왕하며 귀중한 시간을 헛되이 보냈다. 개화파들이 갑신정변을 일으킨 목적의 하나는 청이 조선의 내정에 간섭하는 것을 막고 자주독립국가를 건설하기 위함이었다. 그러나 갑신정변의 실패로 청의 조선에 대한 간섭은 더욱 노골적이고 강압적이 되었다.

갑신정변으로 일본 공사관은 다시 소실되었다. 일본은 외무대신 이노우에 카오루와 2개 대대의 병력을 조선에 파견하여 사후 처리 교섭을 진행하게 했다. 그리하여 1885년 1월 조선 측에서 사죄의 국서를 발송하고, 배상금 11만 원을 지불하며, 공사관 신축비 2만 원을 지불한다는 내용의 한성조약漢城條約을 체결하여 사태를 일단 수습했다.

조선이 몰랐던 톈진 조약

조선과 수교한 이후 러시아는 청의 간섭에 염증을 느낀 조선의 정부 요인들에게 청을 견제할 세력으로 간주되었다. 영국 정부는 전 세계에서 러시아와 대결하고 있었으므로 러시아의 조선 침투에 커다란 위협을 느꼈다.

1885년 2월 러시아가 아프가니스탄 국경의 요지인 메르브Merv를 점령하고 계속 남하하여 3월 말에는 아프가니스탄 펜제Pendjeh를 점령했다. 러시아의 인도양 진출이 임박하자 영국의 윌리엄 글래드스턴William Gladstone 내각은 러시아의 힘을 분산시키기 위해 동아시아에서 러시아를 압박하기로 결정했다. 이를 위해 전초기지로 조선의 거문도巨文島를 점령하기로 했다.

거문도는 수심이 깊으며 대한해협이나 쓰시마해협을 항해하는 선박을 감시하기에 좋은 위치를 갖고 있었다. 영국과 러시아는 일찍이 거문도의 전략적 가치에 주목했다. 헌종 11년(1845) 영국 군함이 남해 일대를 탐사하면서 거문도에 들렀다. 이때 거문도에 해밀턴항Port Hamilton이란 이름을 붙였다. 러시아도 1865년(고종 2년) 군함 7척을 보내 조사한 바 있었다.

1885년 4월 15일 영국의 동양 함대 소속 군함 6척이 거문도에 도착했다. 영국은 러시아가 거문도나 조선의 다른 지역을 점령할 계획이므로 사전에 이를 막는다고 선전했다. 1885년 4월 18일 청과 일본은 3개조로 구성된 간략한 내용의 톈진 조약을 체결했다. 이는 이토 히로부미가 톈진으로 가서 이홍장과 회담한 결과였다. 이홍장은 협상 과정에서 종속국의 내란에 청은 자유로이 출병할 권한이 있음을 강조했다. 톈진 조약의 내용은 다음과 같다.

(1) 3개월 이내에 양국 군대는 조선에서 철수한다. 청국군은 마산포를 거쳐, 일본군은 제물포를 거쳐 철수한다.
(2) 앞으로 양국은 조선 군대 훈련을 위한 군사고문을 파견하지 않는다.
(3) 장차 조선에서 중대한 사건이나 변란이 발생하여 양국 또는 일국이 조선에 출병할 경우에는 서로 문서로 알리고 사태가 수습되면 곧 철군한다.

조선 정부는 이 조약의 내용을 알지 못했다. 이리하여 청과 일본의 충돌 위기는 일단 해소되고 청은 1894년까지 10년 동안 조선에서 독점적 지위를 차지했다. 일본은 갑신정변으로 조선에서 거의 모든 세력을 잃었다. 당시 일본은 안으로는 여러 당파간의 파쟁이 있었고 밖으로는 서구 열강과의 불평등조약 개정 문제에 주력하게 되어 조선 진출을 당분간 포기했다.

조선이 독립을 유지하기 위해서는 러시아에 의지해야 한다는 견해를 가진 정부 요인들이 많아지는 가운데 7월에는 제1차 한·러 밀약설 사건이 발생했다. 이에 이홍장은 9월 4일 묄렌도르프를 소환했다. 9월 10일 러시아와 영국이 아프가니스탄 협상에 조인하여 거문도 문제 해결의 실마리가 열렸다.

10월 이홍장은 위안스카이에게 주차조선총리교섭통상사의駐箚朝鮮總理交涉通商事宜라는 직함을 주어 조선으로 보냈다. 조선에 부임한 위안스카이는 내정에 마구 간섭하는 횡포를 부렸다. 조선 주재 외국 공사들에게 위안스카이는 영국의 인도 총독 같은 인상을 주었다. 위안스카이 스스로 외국 공사들에게 조선이 국내 문제에서 자유와 주권을 행사하는 것을 막겠다고 공공연히 말하기도 했다.

이홍장은 동시에 조선 해관 총세무사에 청의 해관에서 다년간 근무한 미국인 헨리 메릴Henry F. Merril을 임명하여 조선에 파견했다. 이에 따라 조선 세관은 청 세관의 일개 지부와 비슷한 처지가 되었다. 1886년 3월에는 전前 상하이 주재 미국 총영사였던 오언 데니Owen N. Denny가 이홍장의 추천으로 조선 외교 고문으로 서울에 도착했다. 이제 조선은 군사·재정·외교에서 청의 통제하에 놓이게 되어 독립국이라 할 수 없었다.

이러한 배경하에 1886년 8월에는 제2차 한·러 밀약설 사건이 터졌다. 조선이 러시아의 보호를 요청하는 내용의 국서를 민영익閔泳翊이 러시아 공사에게 전달하고 다시 그가 위안스카이에 폭로하여 발생한 사건이었다. 이 사건이 발생하자 영국은 러시아를 견제하기 위해 청이 조선을 점령하는 것을 지원한다고 공언했다. 일본도 조선 문제의 근본적 해결을 하자고 떠들어 댔다. 그러나 서울의 외국 공관에서는 이 국서가 위작이라고 반박했다.

위안스카이는 청 정부에 고종의 폐위를 건의했다. 위안스카이는 흥선대원군의 손자로 이재면의 아들인 이준용李埈鎔을 의중에 두고 있었다. 이홍장은 이것에 동의하고 밀사를 파견했다. 베이징 주재 러시아 공사가 본국에 보고한 내용에 따르면 청은 고종이 러시아에 밀착한 것은 '종속국 의무의 범죄적 위반'이라 규정하고 그를 유배시키고 흥선대원군을 즉위시키기로 결정했다고 한다. 그러나 이 사건은 시간이 지남에 따라 그럭저럭 일단락되었다.

9월에 이홍장은 톈진에 온 데니와 회담하면서 조선의 영토 보존을 위해서는 러시아와 합의가 필요하다고 깨달았다. 조선 정부가 거문도 사건 해결을 위해 러시아에 군함을 파견해줄 것을 요청했다는 사실을 알게 된 이홍장은 데니에게 청 주재 러시아 대리공사 니콜라이 라디젠스키Nikolai F. Ladyzhenskii를 만나 러시아가 조선의 중립을 위해 협정을 맺을 의사가 있는지 타진하도록 요구했다.

이후 이홍장은 라디젠스키와 여러 차례 회담했는데 러시아가 장차 거문도를 점령하지 않는다고 보장하면 영국에 거문도 철수를 요구하겠다고 했다. 10월 24일 제5차 회담이 열렸는데 이홍장과 라디젠스키는 구두로 조선의 영토 보전에 동의했다. 러시아는 거문도뿐만 아니라 조선의 어떠한 지역도 점령할 의사가 없다고 덧붙였다. 청의 총리아문은 청 주재 영국 공사 존 월샴John Walsham에게 러시아의 의사를 전했다. 이리하여 영국의 거문도 철수가 결정되었다. 영국군이 거문도에서 철수한 것은 이듬해 2월 27일이었다.

이홍장의 중재로 영국군이 거문도에서 철수하자 조선 종주국으로서 청의 위상은 절정에 달했고 이에 고무된 위안스카이는 조선의 외교에 적극 간섭했다. 1887년 위안스카이는 조선이 독립국임을 과시하기 위해 박정양朴定陽을 미국에 전권공사로 파견하는 것도 막으려 했다.

위안스카이의 오만방자한 태도와 조선에 대한 내정 간섭을 보다 못한 데니는 톈진에 가서 이홍장에게 위안스카이의 월권 행위를 알리고 그를 파면시킬 것을 주장했으나 이홍장은 듣지 않았다. 데니는 그의 저서 《청한론淸韓論, China and Korea》에서 위안스카이의 고종 폐위 음모를 폭로하고 조선이 독립국임을 변호했다.

역사 속의 역사 6

시대의 풍운아, 김옥균이 스러지다

조선 정부는 일본으로 망명한 김옥균 등 갑신정변의 주모자들의 송환을 일본 정부에 요구했으나 거절당했다. 1885년 말 김옥균이 일본 낭인들을 모집하여 조선을 침공한다는 소문이 떠돌자, 조선 정부는 1886년 지운영池運永(지석영의 형)을 일본에 밀파하여 그를 암살하려 했으나 실패했다. 이에 일본 정부는 김옥균을 오가사와라섬小笠原島으로 추방했다.

오가사와라섬은 무인도였는데 1820년대에 미국, 영국, 러시아 선박이 잇달아 기항하고 1830년에 미국인, 영국인, 이탈리아인 들이 정착하여 유인도가 되었다. 일본인의 이주는 1862년에 시작되었다. 1870년대에 일본, 미국, 영국은 영토 분쟁을 벌이다가 1876년 국제법상 일본 영토로 확정되었다. 아열대 기후인 이곳에서 2년을 보낸 김옥균은 건강이 몹시 나빠졌고, 일본 정부에 탄원하여 1888년에는 홋카이도로 유배되었다. 그리고 1890년 김옥균은 도쿄로 돌아올 수 있었다.

1894년 들어 김옥균은 이홍장의 아들 이경방李經芳의 초청을 받아들여 청나라로 떠났다. 이경방은 주일 청국 공사를 지냈는데 그 당시 김옥균과 교류했다. 김옥균은 조선, 일본, 청나라가 각기 독립을 유지하는 바탕에서 협조하여 서양 제국주의에 대항할 수 있다고 보았다. 이경방도 김옥균의 견해에 동의했다. 3월 25일 오전 일행은 나가사키항을 출발했는데, 모두 4명으로 김옥균과 그를 호위하고 시중을 들기 위해 함께 가는 와다 엔지로和田延次郎, 홍종우洪鍾宇(1855~1913), 통역관이자 청국 공사관 서기 오보인吳葆仁이었다. 김옥균을 따르는 일본 청년 6명이 신변을 염려하여 수행을 자청했으나 김옥균은 이를 사절하고 와다 엔지로만을 데리고 갔다. 그는 암살을 우려하는 이들에게 자신의 의지를 토로했다.

"호랑이 굴에 들어가지 않으면 호랑이 새끼를 잡지 못한다. 내가 상하이에 가면 곧 죽임을 당하거나, 구속될지도 모르지. 그러나 만약 이홍장과 만나서 단 5분이라도 이야기를 할 수 있다면 나의 뜻을 관철시킬 수 있다."

3월 27일 오후 5시 상하이에 도착하고 상하이 미국 조계지租界地인 철마로鐵馬路에 있는 3층짜리 서양식 건물 동화양행同和洋行 2층에 투숙했다. 이날 밤 김옥균은 청에 머물고 있던 윤치호를 만나 담소를 나누었다. 윤치호는 상하이의 중서학원中西學院에서 교편을 잡고 있었다. 윤치호는 홍종우를 경계하라고 말했다. 3월 28일 오후 3시 반경 와다 엔지로가 잠시 자리를 비운 사이 홍종우가 김옥균의 방에 들어가 저격했다. 홍종우는 상하이 교외로 달아나 한 농가에 숨었다가 다음날 거류지 경찰에게 체포되어 수감되었다.

김옥균의 시신은 와다 엔지로가 일본으로 인수해 가려고 했으나 청국 정부가 인수했다. 소금에 절여진 상태로 청나라 군함 위정호威靖號에 실려 4월 7일 상하이를 출발, 12일 조선 정부에 넘겨졌다. 의금부에서 모반대역부도율謀叛大逆不道律에 해당하는 것으로 규정하고 능지처참을 주장했다. 고종은 즉시 시행하라고 명령했다. 4월 14일 저녁 9시 지금의 서울 마포구 합정동 제2한강교 북쪽 강변에 있는 양화진 백사장에서 김옥균의 시신은 난도질을 당했다.

잘려진 머리, 팔, 다리는 장대에 달려 사흘간 형장에 방치되었다. 등에 구멍이 뚫린 채 잘려나간 몸체는 땅에 버려졌다가 3일 후 한강에 버려지고 머리는 같은 날 경기도 죽산부竹山府에 있는 산에 버려졌다. 팔, 다리는 각기 하나씩 짝으로 묶여 전국 8도에 조리돌려졌다. 명성황후는 기뻐했지만 흥선대원군은 애도했다. 1904년 3월 김옥균의 사자嗣子(대를 이을 양자) 김영진金英鎭이 묘지 옆에 비를 세웠는데, 박영효가 짓고 흥선대원군의 손자 이준용이 쓴 그 뒷면의 글에는 다음과 같은 내용이 들어 있다.

"오호! 비상한 재주를 가지고 비상한 사태를 만나, 비상한 공功은 없이 비상한 죽음만 있으니, 하늘이 김공金公을 낳은 것이 과연 이뿐이란 말인가?"

제7장

갑오년에 농민이
새세상을 꿈꾸다

오쓰大津 사건

청일전쟁이 일어난 1890년대는 동아시아뿐만 아니라 세계 근·현대사에서 획기적인 중요성을 갖는다. 영국과 프랑스가 주도하던 구 제국주의 질서에 미국, 러시아, 일본이라는 새로운 제국주의 세력이 동아시아에 두드러진 영향력을 갖게 되었다. 무엇보다도 러시아의 동진東進과 태평양으로 향한 미국의 서진西進이 모두 태평양의 서안인 동아시아에 미쳤으므로, 이 지역의 역사가 구 제국주의가 주도하던 시절과는 다르게 진행될 것이 전망되었다.

미국의 대외정책은 1890년대에 들어와 새로운 패러다임으로 전환했다. 19세기 미국 대외관계의 기조를 천명한 먼로주의Monroe Doctrine는 남북 아메리카 대륙을 미국의 '세계'로 규정한 것이었다. 따라서 이 범주를 넘어서는 문제에 대해서는 영국 외교를 인정하고 따르면서 자족하는 소극적인 것이었다. 19세기 중엽 산업혁명과 남북전쟁을 거치고 국내가 정돈되어 가던

러시아의 마지막 황제, 니콜라이 2세
1891년 5월 11일 일본 혼슈 시가현의 오쓰를 여행차 방문했을 때 쓰다 산조의 습격을 받아 부상을 입었다. 이 사건으로 이토 히로부미는 일본과 러시아의 관계를 우려해서 계엄령을 선포했다. 이 사건이 발생하자 일본에서는 '쓰다'라는 성을 가진 사람은 그 성을 바꾸고, 신생아에게는 '산조'라는 이름을 쓰지 않았다고 한다.

19세기 후반을 거치면서 미국은 자국에 대한 정의를 달리하게 되었다. 미국은 정복, 합병, 매수 등으로 현재 미국의 판도를 그려 대서양과 태평양에 걸친 국가가 되었다. 따라서 1890년대에 먼로주의를 벗어나 아메리카 대륙 이외의 지역으로 적극적 팽창을 꾀했다.

러시아도 시베리아 횡단철도 부설 공사를 시작했고, 조선을 두고 영국과 치열한 외교전을 벌이는 등 이전보다 동진에 훨씬 적극적이 되었다. 1891년 3월 31일 러시아의 시베리아 횡단철도 건설이 시작되자 러시아와 영국의 대립은 더욱 첨예화되었다.

5월 11일 아시아를 여행 중이던 러시아 황태자 니콜라이 알렉산드로비치 로마노프Nikolai Aleksandrovich Romanov(훗날의 니콜라이 2세)는 일본의 길거리에서 테러를 당했다. 이것이 '오쓰大津 사건'이다.

제위 계승자인 황태자를 청년기에 해외에 보내는 것은 로마노프 왕조의 전통이었다. 황태자가 세상을 보게 하고, 세상이 그를 알게 하기 위해서였다. 니콜라이 2세의 선조들은 모두 유럽 지역을 둘러보았다. 그러나 알렉산드르Aleksandr 3세*는 아시아가 중요하다고 보았으므로 황태자를 아시아로 보냈다. 황태자는 러시아 해군 함정을 타고 지중해에서 태평양으로 여행했다. 그의 여행 도정에 있는 각 나라의 명사들이 나와 인사를 올렸다.

일본에 도착해 시가현滋賀縣의 오쓰 시 거리를 지날 때 길에서 경비를 보던 경찰 쓰다 산조津田三藏가 갑자기 인력거를 탄 황태자를 칼로 공격했다(나중에 쓰다 산조는 러시아 황태자가 일본 천황을 예방하지 않고 유람만 즐기는 것에 분노하여 범행했다고 자백했다). 황태자의 머리에서 피가 분수처럼 솟구쳤다. 동행했던 황태자의 외사촌이자 친구인 그리스의 게오르기오스Georgios 공이 일격에 그를 쓰러뜨렸다.

러시아의 보복을 두려워한 일본은 계엄령을 선포하고 일본 국왕이 직접 문병을 갔다. 또 일본 학생들에게 위문편지와 위문품을 보내게 해 위문전보만 1만 통이 넘게 도착했다. 쓰다 산조는 무기징역을 선고받고 복역하다 같은 해 9월에 옥사했다. 이 사건은 단순한 우발적인 일로 볼 수도 있지만, 러시아와 일본이 갈등 관계인 상황에서 벌어진 일이므로 의미가 있는 사건이었다.

서양 열강에 비해 후발 자본주의 국가인 일본은 1868년 메이지유신 이래 급속한 자본주의 발전을 이룩하고 있었다. 1880년대 중반에 본격적인 산업혁명 단계에 들어선 일본은 1889년 헌법을 공포하고 1890년에는 국회를 개

---

* 알렉산드르 2세의 2남으로 형 니콜라이가 일찍 죽어 황태자가 되었고 1881년 알렉산드르 2세가 암살되어 즉위했다. 황태자 시절 보수 사상가 포베도노스체프Pobedonostsev의 영향을 받아 러시아에는 강력한 전제정치가 가장 적합한 정치 형태라고 확신했다. 1880년대 전반에는 인두세를 폐지하는 등 몇 가지 개혁 조치를 취했으나 후반에 들어 이전 황제들이 실시한 개혁을 폐지하거나 개악했다. 외교에서는 독일과의 관계가 악화됨에 따라 프랑스에 접근하여 1894년 프랑스와 동맹 관계를 수립했다. 경제정책에서는 위테를 재무장관으로 기용하여 정부에 의한 '위에서부터 공업화'를 추진했다.

원하면서 열강에는 이미 체결한 각종 불평등조약의 수정을 요구하여 관철시켰다. 요컨대 청일전쟁이 일어난 1890년대는 러시아와 미국과 일본이 동아시아에서 팽창 정책을 적극적으로 추진하는 가운데 이 지역에서 새로운 국제질서를 도출하고 있었다. 청일전쟁에 이르기까지 19세기 후반 청과 일본은 유구, 타이완, 조선을 둘러싸고 대립하고 있었다.

"뛰어든 여공의 시체로 스와 호수가 얕아졌다"

갑신정변 이후 1894년 청일전쟁 발발까지 10년간은 청이 조선을 '감국監國'한 시기였고 이 동안 위안스카이는 사실상 '조선 총독'이었다. 청은 조선에서 러시아의 팽창을 견제하려 했으며 조선이 독자적으로 유럽이나 미국과 외교 사절을 교환하는 일도 방해하고 사전에 청의 인준을 받도록 요구했다. 경제 부문에서도 통제를 강화하여 조선의 육상 전신선을 청이 관리하도록 했고, 조선과 일본 사이에 부설한 해저 전선도 통제하고자 했다. 또한 조선에 대한 일본의 차관 공여를 저지시켰다.

이 기간 동안 일본은 두 가지 이유로 청을 견제하지 않았다. 첫째는 청을 통해 러시아를 견제하고자 한 때문이며, 둘째는 청의 역량을 대단치 않은 것으로 평가하고 있었기 때문이다(이는 후에 정확한 관측으로 판명되었다). 1886년 이토 히로부미는 이렇게 말했다.

> 현재 외부적으로는 수륙 각 군이 잘 정돈되어 있는 것으로 보이나 내가 보기에는 모두 헛소리다. 지금은 프랑스와 조약을 체결한 후라 마치 활기가 있는

것처럼 보이나, 1~2년 지나 다시 일상적인 국면으로 접어들면 서양인들의 언급대로 다시 잠들 것이 분명하다.

1880년대에 빠른 속도로 공업화가 진행되던 일본은 조선을 단번에 지배하려 청과의 전쟁을 준비했다. 1890년에 일본이 처음으로 겪은 경제공황도 전쟁 준비에 박차를 가하는 원인이 되었다. 경제공황으로 말미암아 도시와 농촌을 막론하고 빈민 문제가 큰 사회문제가 되었고 일본은 이를 전쟁으로 해결하려 했다.

1878년 참모국에서 확대 개편된 일본군 참모본부는 1879년 갓 독일에서 돌아온 가쓰라 다로桂太郞 중좌를 관서국장으로 앉히면서 청과의 전쟁을 준비하기 시작했다. 그 일환으로 작전 방안을 작성하는 한편 스파이를 청과 시베리아까지 파견하여 군사지리를 조사했다.

이미 일본 정부는 1873년 1월 '징병령'을 선포하여 징병제를 시행했다. 모든 남자는 사회적 신분에 관계없이 3년간 현역에 복무할 것과 그 후 4년간 보충역에 남아 있어야 할 것을 제도화했다. 징병령은 사무라이 계층을 전반적으로 비판하며 다른 사람들의 희생 위에 오랫동안 무위도식해온 집단으로, 때로는 백성들을 살해하기까지 한 비난받아야 할 존재로 지적했다.

1894년 당시 청은 군사력에서 일본에 크게 열세였다. 일본 육군은 7개 사단, 동원병력 12만 명이었으며 이들의 훈련은 철저했다. 이에 비해 청의 육군은 총 병력 35만 명이었으나 훈련 부족에 편성·지휘계통·무기의 질에서 크게 떨어졌다. 청군은 구식인 스나이더Snider 소총으로 무장했고 일본 육군은 당시 세계최고 성능이던 무라타村田 소총으로 무장하고 있었다. 또한 청의 육군은 대부분이 지방을 수비하는 군대라 외국과의 전쟁에 동원할 수 있는 병력은 매우 적었다. 청의 해군은 척수와 톤수에서는 일본과 비슷했으나 함대의 불균형 편성과 기동성의 제약이라는 문제를 안고 있었다.

청프 전쟁 후 청은 해군 건설에 힘썼다. 1888년에 청의 해군은 북양함대, 남양함대, 오양함대, 월양함대 등 4개 함대로 구성되었다. 이 중 산둥성 연안과 황해를 관할하는 북양함대가 가장 컸는데, 대소 군함 50척, 약 5만 톤 규모를 갖추었다. 청은 영국과 독일에서 최신 군함 15척을 구입했는데 이 중 8척을 북양함대에 배속시켰다. 이 가운데 정원定遠(북양함대의 기함)과 진원鎭遠은 7,000톤이나 되는 거함이었다. 그러나 그 후 청의 실권자 서태후西太后는 군함 구입을 중단하고 해군 경비 2,000만 냥을 자신의 별장인 이화원頤和園 건설에 충당했다. 북양함대 증강을 중지한 것은 한족漢族인 이홍장의 세력 확장을 경계하는 뜻도 있었다.

1888년 이후 청의 해군은 성장이 멈춰진 가운데 일본은 기동력이 뛰어난 10척의 중소 신예 함정을 영국과 프랑스에서 구입하고 자력으로 순양함을 건조하는 등 1894년에는 55척, 6만 톤의 거대 해군을 건설했다. 특히 북양함대에는 하나도 없던 최신 속사포 155문을 갖추었다. 그 결과 1894년에 청의 북양함대는 일본 해군에 비교하여 주력함의 평균 시속이 1노트 정도 늦고 포의 발사 속도도 4~6배 차이가 나는 등 열세였다.

일본의 해군 건설비는 주로 생사生絲 수출에 의해 조달되었다. 가혹한 여성 노동 착취에 의한 것으로 당시 스와諏訪 호반의 제사製絲 공장에서는 "호수에 뛰어든 여공의 시체로 스와 호수가 얕아졌다"는 말이 있을 정도였다. 일본의 여성 노동자들은 '구치소' 성격을 띠는 기숙사에 감금된 상태로 노예와 같은 생활을 했다. 하루 13~14시간 노동이 보통이었고 17~18시간 노동도 드물지 않았다.

급격한 공업화에 따른 노동자 착취로 일본에서는 사회주의 계열의 사상이 널리 퍼지고 있었다. 문호 개방 이후 일본 정부는 적극적으로 제국주의 정책을 폈는데, 계층 간의 갈등을 대외침략으로 상쇄하려 하기 위한 것도 한 가지 이유였다.

더욱 중요한 것은 장교의 자질이 크게 차이가 난 점이다. 일본은 유럽식의 근대적 사관학교를 운영하여 장교를 배출하고 있었으나 청은 무과에서 무관을 뽑고 있었다. 무과의 시험이라야 활쏘기, 무거운 돌 들어올리기 같은 것으로 근대 전쟁에는 아무 쓸모없는 것이었다. 여기에다 청 조정은 부패하여 군 예산마저 횡령되는 일이 많아 병사들의 사기가 매우 낮았다.

군의 성격으로 보아 일본군은 근대적인 국민군national army이었고, 청군은 전근대적 성격을 띠었다. 청군의 이러한 성격은 청에서 조선에 이르는 여정에서 자국민을 상대로 떼강도 행위를 벌인데서 잘 드러났다. 압록강을 넘어 조선에 들어오자 이들의 약탈 행위는 더욱 기승을 부렸다.

조선의 기마병은 판토마임극의 단역이다

청일전쟁은 언젠가는 일어날 것이 예상되는 전쟁이었다. 문호 개방 이후 일부 조선의 식자층도 조선을 사이에 두고 청과 일본이 전쟁을 벌일 것이라고 예견했다. 김옥균의 《갑신일록》에도 이것을 염려하여 고종에게 아뢰는 대목이 있다.

부르심을 받고 입대入對했다. 마침 곁에서 엿듣는 사람이 없었다. 나는 옷깃을 여미고 일어나 절하고 아뢰기를, "지금 천하의 대세는 날로 엉키고 있으며, 국내 정세도 날로 위태롭고 어려워지는 형편임은 본디 전하께서 통촉하시는 바이오니 지금 군더더기로 말씀드릴 필요가 없습니다만, 신이 다시 한번 자세히 아뢰고자 하옵는데 들으시겠습니까" 하니 주상께서는 좋다고 하셨다. 그러므로 나는 청과 프랑스가 교전하고 있는 일, 일본과 청나라가 화합하지 못한 일, 러시아의 동방 정략이 날로 절박한 지경에 이른 일, 십여 년 이래 서양 여러 나라들의 동양을 향한 정략이 아주 변하여 옛 규범에 얽매어 안온하게 스스로 지킬 수 없는 형세, 그리고 국내 정치로는 당오전當五錢의 폐단이 혹심하여 백성들이 지탱해나갈 수 없고, 목인덕穆麟德(묄렌도르프)을 그릇 고용하여 실책이 많고, 간신이 주상의 총명을 가리고 청나라를 등에 업은 채 권세를 부리는 일 천 마디 만 마디 말을 다 기록할 수는 없다 등을 거침없이 아뢰었다. 그런데 중전中殿이 갑자기 침실에서 나와 말씀하시기를, "내가 경의 말을 오랫동안 조용히 들었소. 사세의 절박함이 이 지경에 이르렀으니, 앞으로 어떻게 해야 하겠소" 하셨다. 주상도 간절히 물으시므로 내가 고하기를 "다케조에 신이치로가 당초 신과 의논이 맞지 않아 그의 저해를 많이 당했음은 주상께서도 통촉하시는 바입니다. 그런데 지금 다케조에 신이치로가 다시 와서는 도리어 신에게 은근한 뜻을 보이오니, 신이 짐작건대 이것은 반드시 일본의 정략이 전일과는 아주 변했고, 따라서 일본과 청나라 간의 거사가 머지않아 있을 것 같습니다. 이때를 당하여 조선은 일본과 청나라 사이의 전쟁터가 될 것이 틀림없으니 장차 무슨 계책으로 스스로 보존하겠습니까" 했다. 주상과 중전이 참 그렇겠다고 여기시고, 따라서 걱정하시기를 "일본과 청나라가 교전하면 어느 쪽이 이기겠소" 하신다. 내가 대답하기를 "일본과 청나라 두 나라가 교전하면 최후 승패에 대하여는 미리 헤아릴 수 없습니다만, 지금 일본과 프랑스 두 나라가 합세하면 승산은 결코 일본에 있습니다" 하니 주상은 "그렇다면 우리의 독립을 위한 모책謀策도 또한 여기에 있는 것이 아닌가"고 하신다. 내가 대답하기를 "참으로 성상의 말씀과 같습니다. 그러나 전하의 폐부肺腑의 신하들은 모두 청나라에 빌붙어서 청나라를 위해 개와 양 노릇을 하니, 일본이 비록 우리의 독립을 도와주고자 하여도 이루어질 수 없을 듯합니다. 신이 이 말씀을 드리는 것은 본디 생사에 관계되는 일이오나, 나라가 조석간에 위망危亡하게 되었으므로 일신의 화를 두려워하지 않고 이렇게 함부로 아뢰는 것입니다" 하니 중전은 "경의 이 말은 나를 의심하는 듯하오. 그러나 일이 국가의 존망에 관계되는데, 내가 일개 부인으로서 어찌 대계를 그르치겠소. 경은 숨기지 마오" 하셨다. 이것이 참뜻인지 거짓인지는 알 수 없었다. 주상께서는 "그대의 마음을 나는 잘 알고 있다. 무릇 나라가 위급한 시기에 처하면 국가의 대계를 그대가 생각한 계획에 맡길 터이니 그대는 이에 대해 의심치 마라" 하셨다. 이것은 참마음에서 우러나온 진정한 말씀이다. 나는 대답하기를 "신이 비록 감당할 수 없사오나 오늘밤의 성교聖敎가 간곡히 귀에 남아 있사온데 어찌 감히 저버리겠습니까. 원하옵건대, 전하께서 친히 쓰신 칙勅을 주시면 그것을 항상 몸에 지니고 다니겠습니다" 하니, 주상은 기꺼이 쓰시고 보압寶押을 그으신 뒤에 옥새를 눌러주셨다. 나는 절하고 그것을 삼가 받았다. 중전이 주찬酒饌을 내와서 대접해주셨다. 먼동이 튼 뒤에 물러 나왔다.

《갑신일록》 1884년 11월 29일

청일전쟁이 나면 조선이 전쟁터가 될 것은 누구나 예상할 수 있는 일이었다. 그러나 이에 대한 조선의 대비는 전무했다. 조선의 국방력이 사실상 존재하지 않았음을 보여주는 기록은 많으며 외국인 관찰자의 눈에도 쉽게 띄었다. 다음은 영국의 정치가 조지 너대니얼 커즌George Nathaniel Curzon* 경이 조선군을 평가한 것이다.

> 이미 살펴본 대로 조선의 군대는 개혁되지 않은 조선 군주의 가장 덜 부패한 부속물은 아니었다. 외국인에 의해 훈련된 보병 연대는 4,000명의 건장한 군인으로 구성되어 있었고 훈련과 기율을 갖추고 있다고 했다. 1884년 갑신정변 때까지는 일본인에게 훈련을 받았으나 그 후에는 두 명의 미국인 교관에게 훈련받았다. 그러나 그들은 지휘권이 없었으며 전투에 참가하지도 않았다. 병력은 3개 대대로 나뉘어 있었고 여러 종류의 소총으로 무장하고 있었다. 조선인 장교들은 보잘것없었다. 서울에는 기기국이라는 외국 무기를 저장하는 무기고가 있었으나 단지 무기를 수선하는 데 사용되었다. 순수한 조선의 연대들은 상비군이라기보다는 차라리 우스갯소리였다. 조선의 기마병은 어렵지 않게 유럽에서 지방의 2류 판토마임극의 단역을 따낼 수 있을 것이다.
>
> (《Problems of the Far East》)

조선 정부도 군사력 강화에 관심을 두지 않은 것은 아니었다. 이에 따라 징병제에 대한 관심이 고조되었다. 1881년 일본에 파견된 조사시찰단은 일

---

* 영국 정치가이다. 인도 차관과 외무 차관을 거쳐 인도 총독이 되어 주변 지역을 둘러싼 대 러시아 강경노선을 추진했다. 또한 인도의 민족운동을 철저히 탄압했다. 1905년 벵골 분할책을 강행, 20세기 초 최대의 반 영국 투쟁의 도화선이 되었다. 귀국 후 1907년 옥스퍼드대학 총장이 되었고, 이어 보수당 소속으로 정계에 복귀했다. 1919년 외무장관이 되었는데 로이드 조지 수상과 외교 정책을 둘러싸고 종종 대립했다. 제1차 세계대전 후 폴란드·소련 국경선 확정에 주도적 역할을 했다.

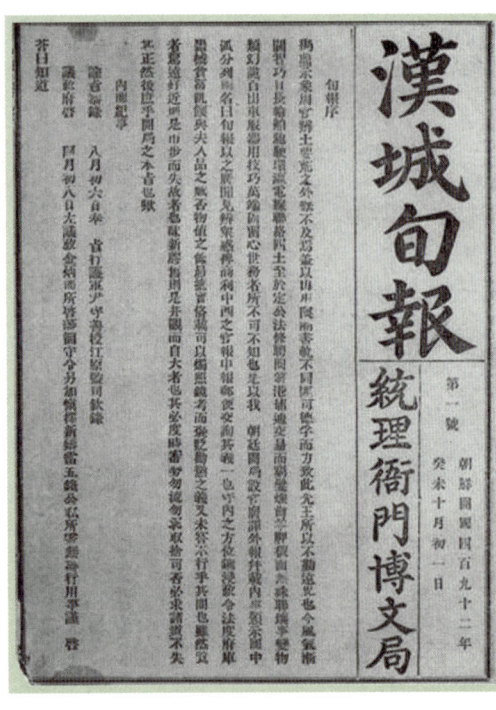

《한성순보》
1883년 9월 20일에 창간된 한국 최초의 근대 신문이다. 10일에 한 번씩 발간되는 순보旬報로 "외국 신문을 번역하여 게재하고 국내 사건도 실으며, 좋고 나쁜 것을 구분해서 취사선택하도록 하고, 신문으로서 옳바름을 견지할 것"을 모토로 삼았다. 1884년 12월 갑신정변이 일어나자 한때 중단되었지만, 《한성주보》가 발간되어 신문의 맥을 이었다.

본이 징병제를 시행하고 있음을 파악하여 귀국 후 이를 고종에게 보고했다. 조사시찰단의 일원이었던 어윤중은 일본의 군사력 확충에 깊은 인상을 받아 양반을 포함한 전 국민에게 병역의무를 부과하는 국민 개병제를 실시하자고 건의했다.

《한성순보漢城旬報》와 《한성주보漢城週報》도 1880년대에 유럽 각국의 징병제를 소개하며 홍보하고 있었다. 특히 《한성순보》는 장차 징병제 채택에 대비한다는 기술을 할 정도로 징병제에 큰 관심을 가졌고, 일본의 징병령 전문을 소개하기도 했다. 다음은 1884년 1월 11일 《한성순보》가 서양의 징병제를 다룬 기사이다.

구미 각국에서 징병하는 법은 세 가지가 있다. 그 첫째는 상비병, 그 다음은 후비병後備兵, 그 다음은 국민병이다. 비상시나 평상시는 물론, 빈부귀천 없이 남자는 모두 병적에 편입되어 반드시 훈련을 받는데, 정부에서 비용이 지급되어 날마다 공격술 등 병술을 배우는 자는 상비병이고, 혹 내란이 있어 장차 외적의 침입이 있게 될 경우에는 전일에 상비병으로 군대 생활을 마친 자를 다시 징발하여 함께 방어하는데, 이를 후비병이라 한다. 만약 상비병과 후비병으로 방어하기 부족하면 전국에 명命을 내려 병역에 복무할 만한 남자는 모두 후원하게 하니 이것이 국민병이다. 그래서 그 나라에 사는 모든 남자는 누구나 병兵이 아닌 자가 없고, 또 훈련받지 않는 때가 없기 때문에 하루아침에 갑자기 전쟁이 나더라도 수십 수백만의 군대를 동원하기가 어렵지 않아 내란이나 외침을 두려워하지 않아도 된다. 해군의 제도 역시 이와 똑같다.

《한성주보》는 일본 징병제의 모델이었던 프로이센 징병제에 대해 상세히 소개했으며, 전시에 국민군을 총동원하여 외침에 대비할 수 있는 체제로 높이 평가했다. 1880년대 조선이 극심한 외압을 받고 있는 상황에서 이를 극복하는 수단으로 징병제에 대한 관심이 높아진 것이다.

두 신문은 모든 병사들이 문자를 해독할 수 있다고 하여 징병제와 국민교육이 밀접한 연관이 있다는 점을 지적했다. 즉, 이탈리아 군대는 모든 병졸들에게 읽고, 쓰고, 계산하는 세 가지 과목을 학습하게 하여 교화教化가 크게 퍼졌으며 민심도 단결되고, 프로이센은 모든 병졸이 문자를 해독할 수 있어 다양한 활동을 수행하고 있다고 강조했다.

또한 두 신문은 징병제가 약소국의 자주독립에 기여하고 있음을 강조했다. 유럽에서 가장 작은 나라인 스위스는 징병제를 채택하여 강대국의 외압을 극복해 나가고 있으며, 유럽 열강의 극심한 외압을 받고 있는 오스만투르크 제국도 징병제를 실시하고 있음을 지적했다.

그러나 근대적인 징병제는 조선 왕조의 틀 내에서는 수용하기가 불가능한 제도였다. 조선의 왕들은 대부분 희한한 유전병인 '위화도회군 공포증'에 걸려 있었으며 대군 육성을 꺼렸다. 외침은 사대교린으로 막는다는 방침이었으며 국지적인 반란이나 진압할 수준의 군사력만 선호했다. 고종 역시 군사력의 존재를 전제왕권을 유지하는 데만 필요한 것으로, 국토방위와는 무관한 것으로 인식하고 있었다.

조선의 군 제도는 임오군란 이후 훈련도감이 폐지되고 친군親軍이 설치되었는데, 친군은 국왕을 호위하는 상비군으로 인식되고 있었다. 고종은 모병제로 양성한 군대가 국왕에 충성심이 강하다고 보아 모병제를 선호하고 징병제를 기피했다. 그러나 재정이 열악한 가운데 모병제로 양성한 군대는 소수였고 전투력도 매우 약했음이 곧 드러났다.

화적이 없는 날이 없고 없는 곳이 없다

조선 지배층의 가혹한 농민 수탈과 동학의 성장은 결국 전국적인 농민항쟁을 불러 일으켰고 이에 외세가 개입하여 청일전쟁이 일어났다. 화적火賊의 활동은 19세기에 두드러졌는데, 이는 백성에 대한 국가의 수탈이 가혹했음을 입증하는 사회현상이었다. 19세기 주요 사회현상의 하나인 화적의 활동은 1862년경부터 일상적이고 전국적인 현상이 되었다. 개항 이후에는 화적이 '없는 날이 없고 없는 곳이 없다'고 표현될 정도로 활발했다. 1880년대에는 삼남지방에서 화적의 활동이 두드러졌는데 지리산이 그들의 소굴이 되었다.

이들의 출신 배경은 몰락 농민·도시 빈민·승려·영세 상인·군인·전직 관리·노비 등 다양했다. 19세기에는 농민층 분해가 가속화되어 대규모로 유민이 발생했는데 개항 이후에는 이러한 추세가 더욱 확대되었다. 지배층의 가혹한 수탈뿐만 아니라 1876~1877년과 1888~1889의 대흉년 등을 비롯한 자연재해도 농민을 농촌에서 내몰았다. 고향을 떠난 농민들은 다른 농촌 지역·산간 지대·도시로 흘러 들어가기도 하고 노비로도 팔려갔다.

도시 지역으로 들어온 유민들은 행상·노점상 등을 생계수단으로 삼았다. 그러나 국가 기관이나 지방관들이 임의로 각종 무명잡세를 신설하여 징수하고 이들의 상업 활동에 타격을 주었다. 1882년경부터는 외국 상인이 들어오고 개항장 중심으로 유통 경제가 재편되면서 이에 적응하지 못한 상인들이 대거 몰락했다. 이러한 상황에서 많은 상인들과 수공업자들이 생업을 버리고 화적이 되기도 했다.

1882년 임오군란 이후에는 군란에 참여했던 군인과 서울의 빈민층이 대거 도망하여 화적이 되었다. 1882~1886년 사이에는 많은 수의 화적이 체포되었는데 이는 이 시기에 화적이 급증했음을 보여주는 것이다. 1884년 갑신정변의 강령 가운데 '조속히 순사巡査를 두어 도적을 방지할 것'이라는 조항이 들어 있었던 것도 이러한 현실의 반영이었다. 또한 개항 이후 1건 뿐이던 군현 단위의 민란이 1883~1885년 사이에는 8건이나 발발했다. 이 시기에 화적이 급증하고 민란이 빈발한 주요 원인 가운데 하나가 정국의 불안이었다. 1885년에 윤치호는 시국을 평하여 "안으로는 도적이 봉기하여 민심이 불안하고 밖으로는 이웃 강대국이 호시탐탐 넘보고 있다"고 했다.

화적은 주로 부호·대상인·관청 등을 습격하여 재물을 탈취했고 중앙으로 보내지는 진상품도 약탈했다. 1880년대에는 외국공관과 상인들도 새로운 약탈의 대상이 되었다. 1884년에는 경상도 창원에서 화적 30여 명이 일본 상인의 집을 약탈했고, 1890년에는 청나라 상인과 프랑스인이 약탈당하는 등 외국인을 상대로 한 강도 사건이 자주 벌어졌다. 1880년대 후반 이후에는 이들의 활동이 한층 대담해졌다. 1890년대 초에 오면 서울에 거주하는 사대부들과 정부 고위 관료들도 약탈당했고 1892년에는 국왕에게 올리는 물품까지 약탈되었다.

정부는 화적의 횡행을 국가적 위기로 인식하고 강경하게 대응했다. 잡힌 화적을 즉시 효수했으며 오가작통五家作統*을 시행했다. 그러나 화적을 발생시키는 사회적 모순을 제거하거나 이들의 생계수단을 창출하지 않는 가운데, 강경 일변도의 대응이었으므로 효과가 없었다. 오히려 포졸을 동원하고 오가작통법을 실시하는 과정에서 이들이 민간을 토색하여 주민의 반발을 샀으며 그 비용이 전가되어 농민의 부담만 늘어났다.

1889년 이후에는 화적을 체포한 예가 거의 없는데, 이는 국가 공권력의 붕괴를 여실히 보여주는 일이었다. 지방 수령들은 화적의 봉기를 막을 도리가 없다고 아우성이었다. 지방관들이 화적을 보고도 수수방관하거나, 화적에게 뇌물을 받은 뒤 체포한 화적을 풀어주는 일마저 일어났다. 경찰력과 군사력이 거의 없는 나라, 이것이 청일전쟁이 벌어지기 직전 조선의 현실이었다.

---

* 오가작통은 1455년(단종 3년) 절도와 강도 방지를 위해 평민의 다섯 집을 1통統으로 조직하여 연대 책임을 지운 것이 기원이다. 《경국대전》에 따르면 서울에는 5호戶를 1통으로 하여 통주統主를 두고, 지방에는 5통을 1리로 하여 이정里正을 두었으며 몇 개의 리里로 면面을 두어, 면마다 권농관勸農官을 두었다. 이 법은 호패법과 향약의 실시와 밀접한 관계가 있는데 시행 과정에서 많은 어려움이 있어 오랫동안 논란의 대상이 되었다. 19세기에 천주교도와 동학교도 색출과 화적을 잡기 위해 통의 연대 책임을 강화했다. 1896년 전국의 호적 작성을 할 때 10집을 1통으로 편성했다.

동학, 농민전쟁의 기반이 되다

1864년(고종 원년) 3월 교조教祖 최제우崔濟愚가 조선 정부에 의해 처형되어 동학은 커다란 타격을 입었다. 그리하여 한때 재기가 불가능해 보였으나, 제2대 교주 최시형의 활동으로 다시 기반을 굳혔다. 최시형은 최제우의 일족이었다. 그는 일찍 부모를 여의어 고생하며 성장하게 되어 제대로 교육을 받지 못했다. 최제우와는 달리 학식은 갖추지 못했으나 근면하고 의지가 강하여 수난시대의 지도자로서 적합했다.

최시형은 정부의 박해를 피해 태백산맥 깊은 산 속으로 들어갔다. 이때가 동학으로서는 가장 어려운 시기였다. 그러나 1870년대 후반부터 활발히 교세를 확장할 수 있었다. 조선 정부가 문호 개항과 임오군란과 갑신정변 등 복잡한 대내외 문제에 부딪친 가운데 동학에 대한 감시가 소홀해졌고 동학은 이를 잘 활용했다.

교세가 확장됨에 따라 경전의 편찬과 교단 조직을 갖출 필요성이 절실해졌다. 그리하여 1880년 5월 최시형은 강원도 인제군에 간행소를 설치하여 《동경대전東京大典》과 《용담유사龍潭遺詞》를 간행했다. 또한 교단을 조직하여 교도의 1단을 포包라 하고 그 통솔자를 접주接主, 여러 포의 통솔자를 도접주都接主라 했다.

조선 왕조는 민란과 변란이 그치지 않았지만 고식적인 대책만 내놓을 뿐 근본적인 개혁을 할 역량이 없었다. 교세를 확장하던 동학은 변란을 도모하던 지식인과 민란을 일으키던 농민을 결합시키는 터전을 제공했다.

동학은 1880년대 중반 무렵부터 강원도의 산간 지방을 벗어나 충청·경상·경기·전라 지방 등 평야지대로 진출하면서 교세가 확장되었다. 동학

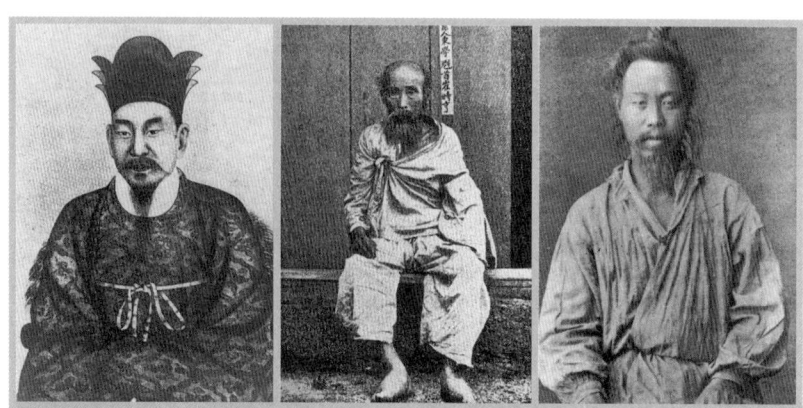

동학 교주인 최제우와 2대 교주 최시형과 김개남
1864년 최제우는 사도난정의 죄로 처형되었지만, 1907년에 신원되었다. 제2대 교주 최시형은 동학농민전쟁을 이끌다 1898년 원주에서 체포되어 처형되었다. 한편 장령 김개남은 농민군을 지휘했다.

교세의 확장과 더불어 주목되는 것은 동학을 이용하여 자신들의 '야심'을 펼치려는 인물들과 '도道보다는 난리'에 관심이 많았던 이들이 대거 교단에 들어간 현상이다. 이는 지배층의 수탈에 시달리며 세상이 바뀌기를 바라던 민중들과 저항적 지식인이 동학 조직을 매개로 결합해가기 시작했음을 뜻했다. 동학은 정치의식은 결여되었으나 반외세의 이념과 전국적인 조직을 갖추고 있었다.

저항적 지식인 가운데 한 사람인 전봉준全琫準은 동학을 통해 '간악한 관리를 없애고 보국안민輔國安民의 업을 이룰 수 있는 가능성을 보았기 때문에' 동학에 입교했다. 변란을 이끌던 저항적 지식인들이 동학에 들어가면서 동학의 전국적 조직과 반외세 이념은 전국적 규모의 농민전쟁이 일어나는 기반이 되었다.

동학교도의 교조신원운동

1892년 12월 충청도 관찰사로 부임한 조병식趙秉式이 동학교도에 대한 탄압을 강화하고 또 여기에 편승하여 서리와 군 장교들이 양민을 동학교도로 몰아 침탈하자 동학은 교조신원운동을 벌이기 시작했다. 최시형은 접주들에게 통문을 보내 전라도 삼례역에 교도들을 모이게 했다.

곧 수천 명의 교도들이 삼례역에 모여들었다. 손천민孫天民을 대표로 하여 충청도 관찰사 조병식과 전라도 관찰사 이경직李耕稙에게 교조의 신원伸冤과 동학교도에 대한 박해를 금지해달라는 소장을 제출했다. 조병식과 이경직은 교조신원은 지방관의 권한 밖의 일이라 처리할 수 없으나 도내의 동학교도에 대한 침탈은 금단하겠다고 언약했다. 이에 따라 동학교도들은 해산했다. 이처럼 집단시위가 어느 정도 성과를 거두자 동학의 간부들은 고종에게 교조신원을 직소하기로 결정했다.

1893년 3월 25일 박광호朴光浩 이하 40여 명은 과거에 응시하려 상경하는 지방 유생에 섞여 서울에 들어와 모였다. 3월 29일 경복궁 광화문 앞에 엎드려 3일 밤낮으로 교조신원을 호소했다. 이를 복합상소伏閤上訴라 한다.

복합상소에 참여한 수는 40여 명에 지나지 않았으나 서울에 잠입한 교도는 수천 혹은 수만이라는 소문으로 조선 조정은 매우 긴장했다. 또한 복합상소와 때를 같이하여 외국 공관과 교회와 외국인 주택에 '척왜양斥倭洋'이라 쓴 글이 나붙어 각국 외교관들도 불안을 느꼈다. 미국 공사 오거스틴 허드Augustine Heard는 외아문독판外衙門督辦 조병직趙秉稷과 회견하여 이에 대해 해명을 요구했고, 영국 총영사 월터 힐리어Walter C. Hillier는 위안스카이에게 군함 파견을 요청했다. 일본 영사도 거류 일인들에게 제물포로 갈 준비를 하라고 지시했다. 위안스카이의 요청에 따라 청은 즉시 순양함 2척을 제물포에 파견했다. 그러나 동학교도들은 "각기 귀가하여 안심하고 생업에 종사하면 소원대로 시행하겠다"는 고종의 약속을 믿고 4월 14일 물러갔다.

　복합상소가 실패로 돌아가자 동학의 지도자들은 대규모 집회로 대응했다. 교주 최시형은 각 도의 접주들에게 통문을 보내 교도들을 보은에 집결하게 하고 4월 26일 집회를 열었다. 수만 명의 이들은 돌로 성을 쌓으며 척왜척양의 기치를 들고 농성했다. 정부는 어윤중을 양호선무사兩湖宣撫使로 파견하여 선무하도록 하고 조병식과 이경직을 경질했다. 충청도에는 조병호趙秉鎬를, 전라도에는 김문현金文鉉을 관찰사로 임명했다. 어윤중은 현장을 방문하여 최시형 등과 면담하고 해산을 권유했다.

　보은에 모인 동학교도는 성분이 다양했다. 어윤중은 이들을 뜻을 얻지 못한 불평분자, 관리의 탐학을 제거하려고 나선 자, 외국의 침략에 반대하는 자, 악질 관리의 침탈을 받고도 호소할 길이 없었던 자, 중앙과 지방 권력의 무단적 탄압으로 살 수 없는 자, 죄를 짓고 도망했던 자, 의지할 데 없는 아전, 극빈한 농민과 상인, 지상천국의 풍문을 듣고 들어온 자, 부채에 쪼들려 견디지 못하는 자, 상민과 천민 가운데 출세를 바라고 있는 자로 분류했다. 다시 말해 보은 집회는 불만 세력이 결속한 것을 의미했다. 또한 경기·강원·충청·경상·전라 등 광범위한 지역에서 참여한 것이 특징이었다.

　5월 10일 고종은 영의정 심순택沈舜澤, 좌의정 조병세趙秉世, 우의정 정범조鄭範朝 등을 불러 협의하는 중에 청나라군의 힘을 빌려 진압하는 안을 내놓았다. 심순택과 정범조가 반대 의사를 보이자 고종은 고집하지 않았으나 비밀리에 박제순朴齊純을 위안스카이에게 보내 협의하게 했다. 위안스카이는 동의하지 않았는데 조선의 경군京軍을 동원하면 무기도 양식도 없는 동학교도들을 쉽게 진압할 수 있을 것이라는 의견을 내놓았다.

5월 13일 고종은 홍계훈洪啓薰에게 경군 600명과 개틀링Catling 기관포 3문을 이끌고 청주에 출동하도록 했다. 5월 16일 어윤중은 고종의 윤음綸音을 선포하고 동학교도의 무조건 해산을 명했다. 동학교도들은 관군의 무력시위와 해산 종용에 따라 일단 해산을 결정했다. 5월 17일 해산하기 시작하여 다음날에 완전히 해산했다. 교주 최시형 이하 간부들도 행방을 감추었다. 동학교도의 해산 소식을 들은 고종은 동학 지도부의 체포를 명했다.

전봉준이 창의하다

1894년 2월 17일 고부古阜에서 농민들이 고부 군수 조병갑趙秉甲의 탐학에 대항하여 궐기했다. 조병갑은 조병식·조병호의 일족(양주 조씨)으로 전형적인 탐관오리였다. 전봉준의 지휘 아래 궐기한 군중들은 무기고를 부수고 조병갑이 불법으로 차지한 수세곡水稅穀을 원주인들에게 돌려주었다. 조병갑은 달아나 정읍을 거쳐 전주에 도착하여 관찰사 김문현에게 민란을 보고했다. 조병갑의 탐학을 아는 김문현은 정부에 조병갑의 처벌을 건의했다. 조병갑은 체포되고 장흥 부사 이용태李容泰*가 안핵사로 임명되었다.

---

* 군수로 재직 중인 고종 22년(1885) 증광 문과에 병과로 급제했다. 장흥 부사 등을 지낸 뒤 1894년 안핵사가 되어 동학교도를 탄압하여 사태를 악화시켰다. 1899년 평리원 재판장, 1901년 주미 공사를 지냈으며, 중추원 부의장을 거쳐 내부대신이 되었다. 궁내부 특진관으로 있으면서 한일합방에 협조하여 남작 작위와 많은 은사금을 받았다. 노론의 중심인물로 숙종과 경종 때 좌의정을 지낸 이건명李健命의 6세손이다.

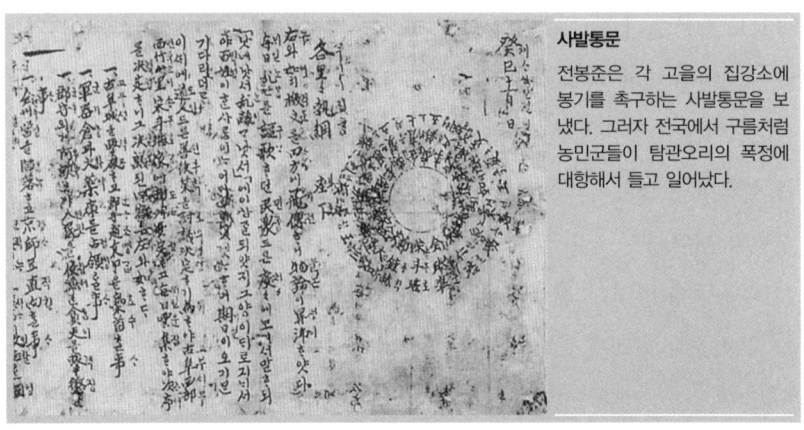

사발통문
전봉준은 각 고을의 집강소에 봉기를 촉구하는 사발통문을 보냈다. 그러자 전국에서 구름처럼 농민군들이 탐관오리의 폭정에 대항해서 들고 일어났다.

    고부군에서 동학 접주 전봉준이 창의倡義하여 군수를 추방하고 불법을 바로잡았다는 소식이 인근 지역에 전해지자 동학교도와 농민들은 술렁거렸다. 그러나 이용태는 동학교도를 잡아들이고 그들의 집을 불태우고 동학교도를 못 찾을 경우에는 그 처자까지 잡아다 살해하는 등 악랄한 행동을 자행했다. 이에 전봉준 등은 격분하여 4월 하순 인근 지방의 동학 접주들에게 통문을 보내 보국안민輔國安民을 위해 일어설 것을 요청했다.

    조선 정부는 처음에는 농민 궐기를 종래의 민란과 동일시하여 지방관의 수탈 탓으로 일어났다고 판단했다. 뒤늦게 사태의 심각성을 깨달은 조선 정부는 5월 7일 홍계훈을 지휘관으로 하여 경군 800명을 파견했다. 홍계훈은 장위영 병사 800명과 야포 2문과 기관포 2문을 이끌고 서울을 떠나 제물포로 갔다. 제물포에서 청나라 군함을 탄 정부군은 5월 10일 군산에 상륙했다.

    농민군이 5월 8일 부안 군아郡衙(군청)을 습격했고 다시 고부군으로 이동했다. 전라도 관찰사 김문현은 급히 전라 감영의 군과 보부상들을 이끌고 농민군을 추격했다. 관군은 농민군을 추격하면서 연도에서 닥치는 대로 노략질을 하여 백성들의 원성을 샀다. 5월 10일 오후 4시부터 농민군과 전라감영군은 황토현黃土峴에서 대치했는데, 농민군은 조직력과 전투력이 뛰어났고 일반 민중의 지지를 받고 있었던 반면 관군은 재정 피폐로 훈련과 장비를 제대로 갖추지 못해 전투력이 미약했다.

5월 11일 새벽 4시경 농민군은 기습 공격을 하여 대승을 거두었다. 이날 전투에서 관군은 1,000명이 넘는 사상자를 냈다. 그리고 홍계훈이 이끄는 정부군은 전주성에 들어갔다. 황토현 전투에서 대승을 거둔 농민군은 정부군을 피해 전주성으로 가지 않고 기수를 남쪽으로 돌려 정읍·흥덕·고창·무장·영광·함평·장성 등 전라도 서남부 지역을 차례로 제압했다.

전주화약을 맺다

전주에 입성한 경군은 동학농민군의 수가 엄청나게 많고 기세 또한 드높다는 풍문을 듣고 사기가 몹시 떨어졌다. 점차로 탈영하는 자가 늘어나 일주일 만에 800명이 470여 명으로 줄어들었다. 홍계훈은 황토현 전투에서 관군이 패배한 직후인 5월 14일경부터 증원군 요청과 동시에 청나라군의 차병借兵 방안을 정부에 건의했다. 홍계훈은 조선 정부가 농민군을 진압할 능력이 없다는 것을 절실히 느끼고 있었다.

5월 18일 대신회의에서 청에 진압군을 요청하는 문제가 논의되었다. 민영준閔泳駿은 적극적으로 청군을 부르기를 주장했으나 다음과 같은 세 가지 이유를 들어 반대 의견이 우세했다.

(1) 나라의 근본이 백성인데 외국군에 의해 수많은 생명이 절멸되게 내버려 둘 수 없다.
(2) 국내로 진입한 청국 군대가 통과하는 지역에 막대한 폐단이 생겨 민심이 동요한다.
(3) 청군의 입국을 빌미로 일본과 서구 열강이 공관 혹은 거류민 보호를 명분으로 군대를 파견할 우려가 있다.

결국 이날의 논의에서 청나라에 차병하자는 제안은 부결되었다. 그러나 위안스카이의 후원을 받는 민영준은 별도로 차병에 대한 협상을 진행하고 있었다. 5월 19일 증원군으로 장위영 병사 300명과 강화도 수비병 500명이 제물포를 떠나 영광 법성포로 향했다. 홍계훈도 증원군이 출발했다는 보고를 듣고 5월 22일 전주를 출발 남진하여 5월 25일에는 영광에 이르렀다.

농민군이 장성長城 월평촌에 진을 친 이틀 후인 5월 27일 홍계훈 군과 증원군은 장성에 도착했다. 곧 이어 황룡강黃龍江 가에서 전투가 벌어졌는데 지형에 익숙한 농민군은 무장이 훨씬 나은 경군을 격파했다.

조선의 최정예부대인 경군이 농민군에 패배했다는 것은 의미가 컸다. 조선의 군대는 처음부터 농민반란을 진압하기 위해 존재한 것이지 외침을 막기 위해 있는 것은 아니었다. 외침에는 무방비였어도 민란 진압은 할 역량이 있었으나 이때에 와서는 그것마저 어려워진 것이 드러났다.

경군을 물리친 전봉준은 전주 공격을 결심하고 5월 28일 장성을 출발했다. 홍계훈도 장성의 향리에게서 전봉준 군이 정읍 방면으로 향했다는 정보를 얻고 목적지가 전주일 것으로 예상하여 추격했다. 5월 31일 아침 농민군은 전주성 공략에 나섰다. 감영의 군사들이 홍계훈에게 배속되어 있어 전주는 무방비 상태였다. 농민군은 별다른 전투 없이 전주성을 함락시켰다.

농민군이 전주를 함락시키자 조선 지배층의 위기의식은 더욱 커졌다. 이날 민영준은 위안스카이를 방문하여 파병을 논의했다. 위안스카이는 고종을 적극적으로 설득했고 그는 이를 받아들였다. 결국 6월 2일 열린 긴급 대신회의에서 청에 병력 파견을 요청하기로 결정이 났다. 다음은 조선이 청에 보낸 청병문請兵文이다.

본국의 전라도 관할의 태인과 고부 등 고을은 백성의 습속이 사나워 원래 다스리기가 어려운 곳이라고 일컬어졌습니다. 근래에 동학에 붙은 동비東匪들 1만여 명이 무리를 이루어 공격하여 함락된 고을이 10여 곳이나 되며 지금 또다시 북진하여 전주성을 함락했습니다. 전에 선발한 연군練軍이 가서 진정시키려 했으나, 그 동비들이 끝끝내 감히 죽음을 무릅쓰고 싸워 연군이 패전하기에 이르러, 잃어버린 병기도 많았습니다. 이 흉악한 무리들이 오래도록 소요하면 매우 염려스러울 뿐 아니라, 더구나 한성과의 거리가 400수십 리에 불과하니 그들이 다시 북진하도록 내버려둔다면 경기 지방이 동요할 것이니, 손상되는 바가 적지 않을 것입니다. 본국이 새로 조련한 각 군의 현재 숫자가 겨우 도회都會를 포위할 만한 정도인데다가 싸움을 경험하지 못하여 적을 전멸하는 데에 쓰기는 매우 어렵습니다. 흉악한 무리들을 오래도록 번창하게 놓아둔다면 중국에까지 우려를 끼치는 바가 더욱 많을 것입니다. 임오년과 갑신년에 일어난 본국의 두 차례 내란을 보면 모두 중국의 군사가 와서 평정해준 데에 힘입었습니다. 이에 원군 문제로 귀 총리(위안스카이)를 번거롭게 하니 신속하게 북양대신(이홍장)에게 전보를 쳐서 몇 개 부대를 파견하여 속히 와서 토벌하도록 해주십시오. 아울러 본국의 각 군에 따라가서 함께 군무를 익히게 하여 앞으로의 방위 계책을 삼겠습니다. 흉악한 무리가 꺾어지기를 기다려서 즉시 회군하기를 요청하고 감히 계속 머물러 있어 대군이 밖에서 오래 머물러 있는 수고를 끼치지는 않겠습니다. 아울러 귀 총리에게 청하오니 속히 계획을 세워 이 급박함을 구제해주기를 간절히 바랍니다.

청과의 전쟁을 준비하고 있던 일본은 조선의 비상시국을 이용하여 청과 전쟁을 벌이기로 결정하고 청에 출병을 권유했다. 이홍장은 일본의 진의를 오판하고 출병에 동의했다. 6월 1일부터 홍계훈이 이끄는 경군과 전봉준 군의 전투가 시작되었다. 경군은 전주성 남쪽인 완산完山에 진을 치고 곧바로 전주성에 포격을 했다. 농민군 수백 명이 성을 나와 반격했으나 많은 사상자를 내고 성 안으로 후퇴했다. 성 안팎의 수천 호가 불탈 정도로 관군의 포격이 심했다.

이후 며칠간 공방전이 계속되었다. 6월 2일에는 농민군이 북문으로 나와 황학대黃鶴臺를 공격할 때 관군이 회선포를 쏘아 수백의 농민군이 전사했다. 6월 4일에도 농민군은 남문으로 나와 공격했으나 회선포에 300여 명이 전사했다.

6월 6일 대규모 전투가 벌어졌다. 오전 10시 농민군은 서문과 북문으로 나와 유연대油然臺에 주둔한 관군을 공격했다. 농민군은 유연대와 황학대를 지나 관군의 본영이 있는 완산으로 진격했다. 홍계훈이 칼을 뽑아 큰 소리로 병사들을 격려했고 관군은 맹렬히 포격했다. 농민군은 500명의 전사자와 500여 자루의 총검을 잃고 전주성으로 패주했다. 농민군은 전열이 흔들려 도망자가 속출했고 일부에서는 전봉준을 잡아 홍계훈에게 바치고 목숨을 빌어보자는 논의까지 일어났다.

제물포에 상륙한 일본군
일본은 조선이 청에 청병한 것을 알고 1894년 6월 8일 해병대를 이끌고 제물포에 상륙했다. 그리고 이틀 후에는 서울에 들어왔다.

　일본은 조선 주재 공사관의 보고를 통해 조선 정부가 청에 청병한 것을 즉시 알았다. 일본 정부는 각료회의에서 교민 보호 명목으로 파병하기로 결정하고 청에 선제공격을 한다는 방침을 정했다. 6월 5일 대본영 大本營(전시에 설치되는 군 통수기관)을 설치하여 전쟁 준비를 완료한 일본은 6월 7일 청에 제물포조약 제5조에 따라 파병을 준비하고 있음을 통보했다. 이날 전봉준은 폐정개혁안이 포함된 휴전 제안을 했다. 고종은 국제분쟁을 우려하여 신임 전라관찰사 김학진 金鶴鎭에게 신속히 사태를 수습할 수 있는 전권을 주었다. 전봉준은 청일 양국에 군사 주둔의 빌미를 제공하지 않기 위해 폐정개혁의 실시를 요구했다.

　6월 8일 일본 해군육전대 海軍陸戰隊(해병대) 488명이 제물포에 상륙하여 서울로 향했다. 6월 9일에는 청군이 아산만에 상륙하기 시작했다. 6월 10일 27개 조항으로 된 농민군 측의 요구를 김학진과 홍계훈이 받아들여 '전주화약'이 비공식적으로 성립되었다. 이날 일본 해군육전대가 서울에 들어왔다.

6월 11일 농민군은 전주성을 관군에게 비워주고 '귀화' 형식으로 자진해산했다. 관군도 며칠 뒤에는 200명만 남겨 전주성을 지키게 하고 대부분 철수했다. 6월 12일 청군이 아산만 상륙을 마쳤는데 총 병력이 2,000여 명이었다. 일본군도 계속 제물포에 상륙하여 6월 16일에는 4,500명에 이르렀다. 청과 일본의 조선 출병은 농민 반란의 판도를 변전시켰다.

농민군이 휩쓸었던 지역에는 치안과 행정이 마비되어 복구되기도 어려웠다. 농민들은 들떠 있었고 상당수의 수령들은 도피하여 없었다. 그러므로 전라도 관찰사 김학진은 전봉준을 불러 타개책을 합의했다. 그리하여 전라도 53개 읍의 관아에 집강소執綱所라는 일종의 민정 기관을 설치하여 동학교도들이 치안을 담당하게 되었다. 전주에는 집강소의 총본부인 대도소大都所를 두었다.

집강소는 일률적으로 쉽게 설치되지는 않았다. 읍에 따라서는 수령이 반발하여 나주·남원·운봉에서는 설치를 허용하지 않았다. 전주의 대도소에서는 처음에는 이들을 설득하다가 나중에는 농민군을 이끌고 공격했다. 나주 목사는 최경선崔景善이 이끈 동학군에 대항했는데, 지세가 험준하고 관군이 성을 굳게 지키자 동학군은 어찌할 수 없었다. 이 소식을 들은 전봉준은 나주로 달려가 목사와 담판했다. 그는 국내외 정세, 전주화약의 내용, 집강소 설치의 연유 등을 설명하여 나주 목사를 설득했다. 그리하여 나주에도 집강소가 설치되었다.

남원과 운봉은 사정이 달랐다. 남원을 공격한 김개남金開南은 남원성을 함락시키고 남원 부사 김용헌金龍憲을 처형했다. 운봉도 김봉득金鳳得의 계략에 의해 쉽게 함락되었다. 전봉준은 전라우도에 호령했고 김개남은 남원을 근거로 전라좌도에 호령했다.

　동학이 세력을 떨치고 일부 지역의 행정까지 담당하게 되자 권세를 누리려 동학에 입문하여 교도가 되는 자가 많았는데, 이들이 지주나 양반에게 보복하는 일이 빈번히 발생했다. 더욱이 일반 농민에게도 횡포를 부리는 일도 많아 교주 최시형은 매우 우려했다.

"어떠한 수단도 가리지 말고 개전의 구실을 만들도록 하라"

청과 일본의 군사배치 목적은 달랐다. 동학농민군 진압과 종주권 수호에 주안점을 둔 청은 농민군의 근거지와 가까운 아산에 주둔했다. 이에 비해 조선 지배를 목적으로 한 일본군은 제물포와 서울에 주둔했다. 동학농민군이 해산하여 집강소를 설치하던 시기에 청군과 일본군은 대치 상태에 들어갔다. 청은 일본에 공동 철병을 제의했지만, 일본은 청일 양국이 조선 내정을 같이 개혁하자고 역으로 제의했다.

　6월 21일 청이 일본의 제안을 거절하는 공식 회답을 보내자 다음날인 6월 22일 일본은 "현재 조선에 주둔하고 있는 일본군은 결코 철수하지 않을 것이다. 금후 청국이 어떠한 방향을 취하든지 일본은 단독으로라도 자신이 생각하는 방향으로 해나갈 것이다"는 내용의 절교서를 청에 전달했다.

　6월 23일 일본 외무대신 무쓰 무네미쓰陸奧宗光는 조선 주재 일본 공사 오토리 게이스케大鳥圭介에게 '조선의 개혁안'의 내용과 그동안 정 성부와 교섭한 과정을 통보했다. 일본은 처음부터 청과 전쟁을 벌일 계획이었으나, 서구 열강의 간섭을 우려하여 신중한 태도를 취했다. 그러자 러시아가 먼저 견제했다. 6월 25일 니콜라이 기르스Nikolai K. Giers 외무장관의 훈령에 따라 주일 러시아 공사 미하일 히트로보Mikhail Hitrovo는 무쓰 무네미쓰에게 질의했다.

> 청국은 일본과는 달리 조선 정부의 요청에 따라 병력을 조선에 보냈다. 동학란도 진압되어 파병의 명분도 없어졌는데, 일본은 계속 철병을 거부하고 있다. 그렇다면 일본이 제시한 조선의 내정개혁안은 도대체 어떤 것인가? 요컨대 일본은 청과 동시 철병할 의사가 있는가? 한마디로 답변하라.

무쓰 무네미쓰는 철병에는 이의가 없으나 이를 위해서는 청이 조선에 재출병하지 않는다는 보장이 있어야 한다고 대답했다. 또한 조선 내정개혁안을 청이 수용하는 등의 선행조건을 말했다. 즉, 그는 러시아의 철병 요구를 완곡히 거절한 것이다.

6월 26일 오토리 게이스케는 고종을 면담하여 조선의 내정개혁을 요구했다. 고종은 일본군의 철병을 요구했다. 6월 27일 서울에 도착한 서기관 가토 마스오加藤增雄는 오토리 게이스케에게 "어떠한 수단도 가리지 말고 개전의 구실을 만들도록 하라"는 일본 정부의 훈령을 전달했다.

이홍장은 전쟁이 나면 청군이 승산이 없다는 것을 잘 알고 있었다. 일본의 개전 결심이 확고하다는 것을 깨달은 이홍장은 열강의 개입으로 전쟁 발발을 막으려 했다. 우선 러시아에 중재 요청을 했다. 주청 러시아 공사 카시니 백작Cassini Count는 청일 분쟁의 조정은 동아시아에서 러시아의 위신을 높일 기회이므로 일본에 대한 간섭을 강화해야 한다고 본국에 보고했다. 6월 30일 러시아 정부는 위협적인 내용의 공문을 일본 정부에 전달했다.

조선 정부는 조선의 내란이 이미 진정되었다는 것을 공식적으로 조선 주재 각국 사신들에게 알렸고, 또 청일 양국의 군대를 함께 철수시키는 일에 각국의 지원을 바라고 있기 때문에, 러시아 정부는 일본 정부에 조선의 요구를 받아들일 것을 요구한다. 만약 일본 정부가 청과의 동시 철병을 거절한다면, 일본 정부는 스스로 중대한 책임을 면하기 어렵다는 사실을 충고한다.

그러나 러시아는 강경책을 뒷받침하기 위해 무력 동원을 할 준비가 되어 있지 않았다. 7월 1일 러시아 육군장관 반노프스키P. S. Vannovskii는 기르스 외무장관의 질문에 대해 군사력 시위를 위해서는 대병력이 필요한데 조선 인근 지역으로 파병하기에는 시간이 없다는 견해를 밝혔다.

일본은 7월 1일 내각 회의를 거쳐 7월 2일 러시아의 권고를 완곡히 거절하면서도 조선을 종속시킬 의도가 없다는 내용의 회신을 보냈다. 러시아 정부는 이에 만족하여 7월 10일경 일본이 극동에서 러시아의 이익을 침범하지 않는 한 청일 간의 분쟁에 간섭하지 않기로 결정했다.

일본이 내정개혁을 계속 강요하자 조선 정부는 시간을 끌려고 일본의 제안대로 7월 7일 중신 몇 명을 내정개혁 조사위원으로 임명하여 일본에 통고했다. 이후 일본 측과 몇 차례 회담이 있었으나 7월 16일 조선 정부는 일본군이 철수하면 반드시 개혁을 단행하겠다고 말했다.

7월 중순에는 영국도 청일 간의 중재를 포기했다. 이에 따라 전쟁 발발은 시간문제가 되었다. 조선의 상인들도 일본의 전쟁방침을 감지하여 일본인에게서 상품 주문을 중단하고 잔금 회수에 분주했다. 7월 19일 위안스카이가 본국의 소환령을 받아 내빼듯 돌아갔다(위안스카이가 이홍장에게 간청하여 소환령이 내려졌다). 이날 일본 정부는 오토리 게이스케에게 개전 방법을 일임했다. 일본 대본영은 3개의 작전 계획을 정했다.

(1) 해전에서 승리하여 제해권을 수중에 넣을 때는 육군 주력을 발해만에 상륙시켜 야전에서 결전한다.
(2) 해전의 승패가 미결될 때는 조선을 점령하여 이곳에서 방비한다.
(3) 크게 패하여 제해권을 상실할 경우는 육군 주력을 일본에 두고 예상되는 청의 내공에 방비하고 조선에 파견된 5사단은 계속 보급을 하여 추이를 엿본다.

7월 20일 오토리 게이스케는 조선이 청과 체결한 통상에 관한 여러 가지 조약을 폐기할 것을 요구하는 최후통첩을 조선 정부에 보냈다. 회답 기한은 7월 22일 자정이었다. 7월 23일 새벽 4시 20분, 일본은 오래전부터 계획하고 있던 군사 행동을 개시했다. 일본군 2개 대대 2,000병력이 경복궁을 습격했다. 평양 출신의 평양병 500명이 왕궁을 수비하고 있었다. 7시 30분 일본군은 경복궁을 점령했는데 조선군 30명, 일본군 2명이 전사했다.

일본군은 동시에 경군 병영에 침입하여 조선 관군의 무장을 해제시켰다. 경복궁 안에 들어온 일본군은 경회루 부근에 주둔하면서 국왕과 관료들을 위협하여 그들의 뜻에 따르도록 했다. 고종은 일본군의 포로가 되어 격리되었고 4대문도 봉쇄되었다. 조선의 주권은 일본에 넘어간 셈이었다. 일본은 흥선대원군과 개화파 인사들을 내세워 신新정권을 수립했다. 이어 일본군 제9보병여단 3,000명은 청군을 공격하기 위해 아산 방면으로 신속히 남하했다.

일본이 청에 선전포고하다

7월 25일 일본 해군이 아산 앞바다에 정박한 청의 군함 2척에 기습공격을 하여 청일전쟁이 시작되었다. 이 해전에서 청의 군함 1척이 격침되고 1척은 피해를 입은 채 퇴각했다. 아산으로 병력을 수송하던 영국 상선 고승호高陞號도 일본 함대의 어뢰 공격을 받아 침몰했다. 고승호에 탑승한 청군 900명 중 700명이 죽거나 다쳤으나 영국인 선장은 구조되었다.

이홍장은 이 소식을 접하고도 영국의 견제를 기대하여 즉각 대일 선전포고는 하지 않았다. 그러나 일본이 신속하게 영국에 대해 사과와 배상을 약속하여 청의 희망은 물거품이 되었다. 아산에 상륙한 섭지초葉志超 휘하의 청군 3,000명은 성환成歡과 천안에 분산하여 포진하고 있었다. 아산 동북쪽에 있는 성환에는 섭지초의 부장인 태원진 총병太原鎭 總兵 섭사성攝士成이 지휘하는 병력 2,000명이 있었다.

7월 29일 새벽 일본군은 성환에 주둔하고 있던 청군을 공격하고 섭사성의 주력군을 패퇴시켰다. 300명의 전사자를 내고 섭지초와 섭사성은 2,000여 패잔병을 이끌고 평양으로 퇴각했으며 청 조정에는 승리했다고 허위보고했다. 청의 패잔병 일부는 조선 농민군에 투속投屬했다. 청의 패잔병 500명이 전봉준이 있던 논산 대본영으로 와서 받아들이기를 애원하자 이를 받아들였다. 경복궁에서 일본군에 무장해제된 조선 수비대도 평양으로 가서 청군에 합류했다.

8월 1일에는 일본과 청이 서로 선전포고를 했다. 일본이 선전포고를 하자 광서제光緖帝*는 이홍장에게 신속히 병력을 조선에 파견하여 일본군을 공격하도록 명령했다. 그러나 이홍장은 구체적인 전략을 세우지 못한 상태

아산만에서 일본군에 격침된 고승호
1894년 7월 영국 상선 고승호는 일본 함대의 공격을 받고 침몰했으며, 청군의 손실도 막대했다.

에서 소극적인 대응으로 일관했다. 청의 추가 병력 투입도 늦어 8월 초가 되어서야 청의 증원군이 평양에 도착했다.

청은 전쟁이 장기화될 것으로 판단하고 제3국의 개입을 유도하려는 외교에 노력을 기울였다. 조선 문제는 열강의 이해관계와 밀접한 관련이 있었기 때문이다. 반면 인력이나 경제적으로 여유가 없던 일본은 속전속결을 목표로 했다. 일본은 평양에 주둔하고 있는 청군을 공격하기로 하고 8월 중순에는 중국인과 조선인으로 변장한 첩자를 서북 지역에 침투시켜 청군의 동태를 파악했다.

8월 17일 일본은 조선의 보호국화를 정책으로 결정하고 8월 20일 강제로 '잠정합동조관暫定合同條款'을 체결했다. 이 안은 일본이 요구한 조선의

---

* 청나라 제11대 황제로 묘호는 덕종德宗이다. 도광제道光帝의 제7남인 순친왕醇親王의 아들이다. 동치제同治帝 사후 서태후西太后가 옹립하여 4세의 나이로 즉위했다. 정권은 서태후가 장악하여 실권이 없었다. 치세 중 서구 열강에 시달리고 청일전쟁에 패했다. 청일전쟁 후 위기에서 벗어나기 위해 캉유웨이康有爲 일파의 지지로 일본의 메이지유신을 본떠 변법자강變法自疆 운동을 벌였으나 1898년 이에 반대하던 서태후 일파가 일으킨 무술정변戊戌政變으로 유폐되었다.

내정개혁을 조선이 급선무로 이행할 것을 약속한다는 것이었는데, 경부철도와 경인철도는 일본이 건설하고 상당수 일본인을 조선 정부의 고문으로 채용한다는 내용도 들어 있었다.

8월 20일 고종의 명을 받은 평안 감사 민병석閔丙奭은 개화 내각을 부정하고 원병을 재차 청원하는 전보를 청에 보냈다. 며칠 후 고종은 자신이 발표한 정령政令은 일인의 핍박으로 인한 것으로 자신의 의지와 하등 관계가 없다는 뜻을 외무참의 민상호閔商鎬를 통해 청에 전달했다.

8월 21일 러시아 정부는 궁정에서 특별회의를 소집했다. 회의 결과 영국을 비롯한 열강과 공동보조를 취하기로 하고 조선 문제에 대해서는 청일전쟁 전의 현상 유지 정책을 추구하기로 결정했다. 8월 25일 일본군은 경복궁에서 철수했으나 무장을 하지 못하고 겨우 방망이를 든 조선군이 경비를 섰다. 일본군은 여전히 궁궐문과 인접 건물을 장악했다. 8월 26일 일본은 조선 정부를 강압하여 '조일양국동맹'을 체결했다.

(1) 청국군을 조선 국경 밖으로 철퇴시켜 조선의 자주 독립을 공고히 하며 조선·일본 양국의 이익 증진을 도모한다.
(2) 청군의 공격시에 일본이 전쟁을 담당하고 조선은 일본군의 활동에 전폭적으로 협조한다.
(3) 청과 화약이 성립되면 조약을 파기한다.

8월 말 원산에 상륙한 일본군 제3사단은 9월 1일 평양을 향해 출발했다. 용산을 출발한 일본군 선발대는 9월 6일 황해도 황주를 점령했다. 평양에 포진한 청의 병력은 1만 6,000명이었는데 야포 38문을 보유했다. 작전을

평양 행정청인 선화당宣化堂을 점거한 일본군
1894년 9월 15일 0시를 기해 평양성 전투가 시작되었다. 하루 뒤 일본군은 평양 행정청인 선화당을 강제로 점거했다.

통어할 사령관이 임명되지 않다가 8월 말 섭지초를 총사령관으로 임명했다. 심약한 섭지초는 이홍장의 측근이라는 이유만으로 임용되었다. 일본군 1만 7,000명은 사방에서 평양으로 접근하고 9월 13일에는 평양성을 포위했다.

9월 15일 0시를 기해 평양성 전투가 개시되었다. 섭지초는 처음부터 싸우지 말고 퇴각하자고 주장하여 다른 장군들의 의심을 받았다. 좌보귀左寶貴는 섭지초의 탈출을 경계하여 자신의 직속 친병을 섭지초에게 수행하여 감시하게까지 했다. 오전 8시 30분 '현무문玄武門의 영웅'이라는 일본군 결사대 17명은 현무문 일각을 점령했다. 이에 섭지초는 다시 성을 열어 항복하자고 했다. 그러나 청군은 일본군의 공격을 잘 막아 일본군은 12시 30분에 퇴각했다.

이 공방전에서 좌보귀가 일본군의 포탄에 낙마하여 절명했다. 반대자가 없어지자 섭지초는 오후 4시 40분 백기를 걸었다. 그러나 전세가 전혀 일본군에 유리한 것이 없었으므로 일본군은 이를 속임수라고밖에 생각할 수 없었다. 일본군은 청군의 역습을 우려해서 더욱 경계를 강화했다.

섭지초는 백기를 게양하여 성을 열 뜻을 전했다고 판단하여 야간에 포 40문과 소총 1만 여 정을 버리고 북으로 탈주했다. 일본군은 청군이 성문을 열고 나오자 역습한다고 판단하여 서북 방면을 포위하고 공격하여 1,000명을 전사시키고 600명을 포로로 잡았다. 청군과 일본군은 조선 민중에 매우 대조적인 태도를 보였다. 다음은 황현黃玹*의 기록이다.

> 이 전쟁에서 왜인은 모든 군수물자를 다 자기 나라에서 수송해왔는데, 시탄柴炭까지도 그러했다. 저들은 이르는 곳마다 물을 사서 마셨고, 군령이 매우 엄하여 우리 백성들이 군대가 와 있다는 것을 의식하지 못할 정도였다. 그래서 모두 기꺼이 그들을 위하여 향도嚮導가 되었던 것이다. 청국군은 음행과 약탈을 자행하고 날마다 징발하기를 일삼아 관민이 모두 곤란을 당하여 그들을 원수 보듯 했다. 평양이 포위되었을 때 문을 열고 왜를 인도한 자도 있었

---

* 구한말의 학자이며 자는 운경雲卿, 호는 매천梅泉이다. 1888년 과거에 급제했으나 정국의 경색과 민씨 척족의 부패를 목격하고 구례로 귀향하여 학문에만 전념했다. 이때 3,000여 권의 서적을 열람하며 시문과 역사를 연구하는 한편, 지역의 학교 설립을 주도하기도 했다. 1905년 을사조약이 체결되자 김택영과 국권회복운동을 전개하고자 청으로 망명을 시도했으나 실패했다. 1910년 대한제국이 일본에 병탄되자 아편을 먹고 자결했다. 저서로 《매천야록》, 《매천시집》, 《오하기문梧下記聞》 등을 남겼다.

고, 청국군이 패하여 도망가 숨어 있으면 성 안의 백성들이 그 숨은 곳을 가리켜주어 벗어날 수 있는 자가 드물었다.

(《매천야록梅泉野錄》 권2, 갑오년甲午年)

9월 17일 황해에서 대해전이 벌어졌다. 이 해전은 최초의 근대적 해군 간의 접전으로 일본 연합함대의 군함 12척과 청의 북양함대 소속 군함 14척이 교전했다. 일본 해군과 북양함대는 척수와 톤수에서는 비슷했으나 속도와 화력에서 일본 해군이 월등했다.

12시 50분 두 함대의 발포가 시작되었고 저녁 6시 가까이 되어 일본 연합함대는 퇴각했다. 잠시 추격하던 북양함대는 랴오둥반도의 뤼순旅順 항구로 회항했다. 청의 피해는 4척 침몰, 1,000여 명의 사상자였으며 일본은 5척이 대파되었고 600여 명의 사상자를 내었다. 산술적으로는 일본의 승리였으나 지나치게 과장되어 알려졌다. 이홍장이 이 해전 이후 북양함대의 출전을 허락하지 않아 황해의 제해권은 자연스레 일본에 넘어갔다.

"문명의 가면을 벗고 야만의 모습을 드러내다"

황해 해전까지의 전쟁 1단계에서 예상 밖으로 승전보를 올린 일본은 9월 21일 청의 본토 침공을 결정하고 오야마 이와오大山巖가 지휘하는 제2군을 편성했다. 평양 전투 이후 함경도 지방은 일본이 지배하여 일본을 따르는 관리가 부임했으며, 9월 말 무렵부터 일체의 문보文報는 일본 연호를 사용했다. 또한 개화파 정부와 일본이 농민군 토벌 계획을 세웠다는 소식이 전국에 알려졌다.

  10월 6일 영국은 영국·러시아·독일·프랑스·미국 5국에 의한 공동 간섭을 제안했다. 이 제안은 조선 독립에 대한 열강의 공동보장과 일본에 대한 배상을 전제로 했다. 영국의 제안이 실현되면 조선에서 영국과 일본의 영향력이 증대될 것으로 본 러시아는 이 제안이 불리하다고 판단했다. 미국은 참여하지 않으려 했고 독일과 러시아는 반대하여 영국의 제안은 무산되었다.

  10월 초순 전봉준의 결단에 따라 남접 농민군이 다시 봉기했다. 일본 공사 오토리 게이스케는 외무대신 김윤식에게 일본군을 보내 동학농민군을 진압하겠다는 내용의 서신을 보냈다. 일본군 병력 일부가 조선 농민군을 진압하기 위해 남쪽으로 이동했다. 동학농민군이 전신선을 절단하고 보급 부대를 습격하는 등 일본군에 저항하자 일본은 군수물자 수송을 위해 노동자 1만 명을 조선에 파견했다. 10월 16일에는 최시형이 기포령起包令을 내려 동학의 무장 활동을 승인했다. 오토리 게이스케는 전라도와 충청도의 농민군이 연합하여 서울로 올라온다는 보고를 받고 10월 17일 대본영에 진압 병력의 증강을 요청했다. 10월 20일 일본 정부는 동학교도 진압을 위해 병력을 추가로 파견했다.

  10월 25일 일본군 제1군은 압록강을 건너 청의 영토로 진격했고 같은 날 제2군도 랴오둥반도에 상륙했다. 상륙 당일인 25일에 주롄청九連城과 안둥安東을 점령한 일본군은 파죽지세로 진격하여 11월 7일에는 진저우金州를 다음날에는 다롄大連까지 점령했다. 청은 화의를 모색했으나 서구 열강과 일본에 거절당했다.

  11월 6일에는 농민군 토벌 전담 부대인 일본의 후비 보병 독립 제19대대

청일전쟁 당시의 일본군
미국 언론은 "일본은 지금 문명의 가면을 벗고 야만의 모습을 드러낸 괴물"이라고 맹렬히 비난하며 일본의 양민학살을 비난했다. 한편 당시의 일본군은 서양식 군복과 총검과 약상자를 메고 있어 근대식 군대의 성격을 풍기고 있었다.

의 본부와 제1·2중대가 제물포에 도착했고 11월 10일에는 제3중대가 도착했다. 11월 12일부터 제19대대는 농민군 토벌을 위해 남하했다. 11월 17일 일본군은 뤼순 항구를 포위하여 공격하고 11월 22일에 함락시켰다. 일본군 전사자는 300명에 불과했다. 뤼순은 1880년대부터 청 해군의 요람이었다. 거액의 비용과 십수 년 동안 전력을 다해 구축한 당시 동아시아 최대의 도크를 갖춘 군사 요새였다. 뤼순을 점령한 일본군은 뤼순 거주 주민을 대량 학살했다.

미국의 《뉴욕월드The NewYork World》는 11월 28일자에서 점령 직후 부녀자와 유아를 포함하여 모두 6만 명이 살해되었다고 보도했다. 뤼순에서 생존한 주민은 36명에 불과했다고 한다. 《월드The World》의 제임스 크릴만 James Creelman 기자는 "일본은 지금 문명의 가면을 벗고 야만의 모습을 드러낸 괴물"이라고 맹렬히 비난했다. 이 사건은 일본의 언론 공작으로 실상이 축소되어 알려졌으나 일본 제국주의의 잔학성을 여지없이 드러낸 사건이었다.*

11월 23일 청 조정은 랴오둥반도 궤멸의 책임을 물어 이홍장을 파면시켰으나 직무는 계속 맡게 했다. 군사와 외교 역량에서 그를 대신할 만한 인물이 없었던 까닭이다. 11월 24일 일본은 조선 정부와 공수동맹을 체결했다. 이 동맹안의 표면적 내용은 청과의 전쟁을 위한 것이지만 실제로는 조선 농민군 토벌을 위한 것이었다.

일본군은 12월 13일 하이청海城을, 16일에는 복주復州를 점령하여 계속 산하이관山海關 방면으로 진격했다. 전황이 극히 불리해지자 청 조정은 강화를 하려 12월 22일 호남 순무 소우렴邵友濂과 호부시랑 장음환張蔭桓을 전권대신으로 일본에 파견하고 미국의 전 국무장관 존 포스터John W. Foster를 초빙하여 대표단의 고문으로 삼았다. 그러나 포스터는 청 주재 미국 공사를 역임한 경력이 있으나 무쓰 무네미쓰와 상당한 친분이 있는 등 일본에 가까운 인물이었다. 일본은 수상 이토 히로부미와 외무상 무쓰 무네미쓰를

---

* 청일전쟁에서 유럽·미국 여론은 대체로 일본을 지지했다. 이는 전쟁 이전부터 일본 정부가 유럽·미국 언론매체를 상대로 선전공작한 것이 주효했기 때문이다. 제2차 이토 내각(1892년 8월 8일~1896년 8월 31일)의 외무성이 외국신문사와 통신원에 대한 공작을 담당했다. 선전공작에는 외국인, 특히 영국인과 미국인이 다수 동원되었다. 대표적인 인물로는 알렉산더 시볼트Alexander Siebold, 더럼 스티븐스Durham W. Stevens, 하우스E. H. House 등을 들 수 있다. 일본 외무성에 고용된 시볼트와 스티븐스는 각각 영국·독일과 미국에서 현지 일본 공사와 협력하여 현지 신문의 기사와 논조를 조종했다. 미국인 스티븐스는 《워싱턴 포스트The Washington Post》에 접근하여 일본의 대 조선 정책에 비판적이었던 논조를 바꾸어 일본을 지지하는 방향으로 이끌었다. 또한 《유나이티드 프레스United Press》 워싱턴 지국장을 통해 유리한 정보를 가맹 신문사에 게재하도록 했다. 《뉴트리뷴The New Tribune》과 《월드》의 일본 특파원인 하우스는 일본 외무대신 무쓰 무네미쓰와 친교를 맺으며 일본에 유리한 기사를 송고했다. 청일전쟁에 직접 특파원을 파견했던 《타임스The Times》, 《월드》, 《뉴욕 해럴드The NewYork Herald》에 대한 공작은 매우 중요했다. 특히 크릴만 특파원은 뤼순 학살에 대한 규탄 기사를 썼듯이 일본에 불리한 정보를 보도하던 대표적 인물이었다. 하우스는 《월드》에서 크릴민의 기사를 뉴욕으로 전송하는 위치에 있었기 때문에 크릴만의 통신 내용을 무쓰 무네미쓰에게 알려 일본에 불리하다고 판단되는 기사를 누락시키거나 발송을 지연하는 수법으로 일본을 도왔다. 하우스는 1894년 12월부터 크릴만의 후임으로 《월드》의 정식 통신원이 되었고 이후 뤼순 학살에 대한 무쓰 무네미쓰의 변명 등 일본을 옹호하는 통신, 이홍장 저격 사건이나 명성황후 시해 사건 등에 대해 일본을 면책시키는 기사를 내보냈다. 이들 3인은 일본 외무성과 내각에서 활동 자금을 받았으며 나중에는 훈장과 연금까지 받았다.

강화회담 대표로 임명했다. 강화 회담 장소는 일본의 주장대로 히로시마로 결정되었다.

　일본 지도부는 강화조약의 내용에 대해 의견이 엇갈렸다. 육군은 랴오둥반도의 할양을 요구했고, 해군은 타이완과 펑후澎湖열도의 할양을 요구했다. 대장성 대신(재무장관) 마쓰카타 마사요시松方正義는 배상금 10억 엔만 받고 영토 요구는 하지 말자고 주장했다.

　앞으로의 전쟁 계획에 대해서도 의견이 일치하지 않았다. 대본영은 베이징을 점령한 후 베이징에서 강화조약을 체결하자고 주장했다. 이는 보불전쟁에서 승리한 프로이센가 파리에서 강화조약을 체결한 것을 모방하는 것이었다. 이토 히로부미는 그리하면 청에서 혁명적 사태가 나거나 열강의 간섭을 초래하여 승리가 수포로 돌아갈 위험성이 있다고 하며 반대했다. 이토 히로부미는 랴오둥반도, 타이완, 펑후열도의 점령을 주장했는데 제2군 사령관 오야마 이와오도 찬성했다.

동학농민전쟁, 우금치에서 막을 내리다

동학농민군과 관군은 11월 20일부터 공주를 둘러싸고 20여 일간 치열한 전투를 벌였다. 12월에 들어서 논산과 공주 사이의 길목인 우금치를 사이에 두고 치열한 전투가 벌어졌다. 일주일 가까운 격전에서 농민군은 수많은 사상자를 내고 퇴각하여 공주를 둘러싼 공방전은 농민군의 패배로 끝났다.

　1,000여 농민군을 이끌고 전라도로 후퇴한 전봉준은 12월 15일 전주로 들어갔으며 12일 19일에는 금구 방면으로 이동했다. 12일 21일 원평에서

서울로 압송되는 전봉준
1894년 12월 30일 전라도 순천에서 체포된 전봉준은 서울로 압송되어 1895년 4월 23일에 처형되었다.

전봉준이 이끄는 농민군은 일본군 또는 관군과 접전했다. 7시간의 전투에서 농민군은 37명의 전사자를 내고 태인으로 후퇴했다. 12일 23일 태인 전투에서 패한 농민군은 더는 전투에 임할 대오조차 갖출 수 없었다. 전봉준은 여기서 농민군을 해산할 수밖에 없었다. 전봉준은 김개남과 만나기 위해 순창 피로리로 잠입했다가 12월 30일 밤 주민 한신현韓信賢 등이 끌고 온 주민들에게 체포되었다(전봉준에게는 거액의 현상금과 군수 자리가 걸려 있었다. 한편 제2대 교주 최시형은 1898년에 처형되었다. 그는 역적으로 수배 중이었는데, 포상금을 탐내 위장 입교한 송경인宋敬仁의 밀고로 3월 하순에 체포되었다. 72세의 노령으로 중병을 앓던 최시형을 조선 정부는 서둘러 6월 2일 교수형에 처했다).

손병희가 이끄는 북접 농민군은 공주 전투에서 패배한 뒤 논산·전주를 거쳐 원평·태인 전투까지 전봉준과 행동을 같이했다. 태인 전투 이후에는 최시형이 머물고 있는 임실로 가서 합류했다. 이후 북상하면서 1895년 1월 에는 여러 차례 전투를 치렀다. 결국 1월 21일 충주 무극 장터에서 관군의 공격을 받고 농민군은 사방으로 흩어졌다.

농민군이 다시 일어설 때 그 역량은 일본군과 맞설 수는 없었다. 농민군의 무장은 조총이나 창이나 죽창에 불과하여 농민군 측에서도 농민군 100명 정도가 일본군 1명을 당해낼 수 있다는 계산을 했다.

농민군 내부 또한 심각한 문제점을 안고 있었다. 전봉준은 전주에서 철수한 이후 양반층에 대한 농민군의 사적인 복수를 엄금하고자 했다. 반외세 투쟁을 위해 모든 계층을 망라한 거족적 연합의 필요성을 인식했기 때문이다. 그러나 집강소가 설치되면서 천민층이 집중적으로 동학에 들어와 교도가 되어 양반과 농민을 상대로 약탈 행위를 자행하는 일이 많았다. 이 때문에 양반 계층은 물론 일반 농민들과도 유리되었다.

농민군 지도부도 이러한 점을 잘 인식하여 일본군과의 전투에서 승산이 없다고 보았다. 전봉준은 재봉기 직전인 9월 말 "무리가 비록 많으나 오합지중이어서 쉽게 무너져 소망했던 것을 끝내 이루지 못할 것이다"라고 말했으며, 손화중孫華仲도 농민군이 "어리석고 천하여 화禍를 즐기거나 빼앗고 훔치는 일을 즐겨하는 무리들이어서 일이 성사되기 어렵다"고 평가했다.

역사 속의 역사 7

전봉준을 사형에 처하노라

전봉준, 손화중, 최경선은 재판을 받고 1895년 4월 23일에 교수형으로 처형되었다. 다음은 전봉준의 판결문이다.

전라도 태인군 산외면 동곡거 농업 평민

피고 전봉준 연사십일年四十一

위에 기록한 자 전봉준에 대하여 형사피고사건을 심문하여 본즉 피고는 동학당이라 칭하고 비도匪徒의 거괴巨魁로 접주라 부르고 개국 501년 정월에 전라도 고부 군수 조병갑이가 처음 부임하여 자못 학정을 행하매 그 지방민 등이 질고疾苦를 견디지 못하고 다음해 11·12월경에 군수를 향하여 그 가정苛政을 고쳐 달라고 애원했더니 도리어 다 잡히고 옥에 갇히고 그 후에도 수삼차 청원했건만 즉시 물리치고 터럭만큼도 효험이 없는 고로 인민 등은 매우 분하게 여겼다. 수십 명이 못되는 수로 장차 거사하려 할 때 피고도 마침내 그 무리에 들어 드디어 중인衆人에 의해 접주로 뽑혀 작년 3월 상순에 그 무리를 영솔하여 고부의 외촌外村 창고를 털고 전곡을 빼앗아 무수히 인민에게 배급하고, 1·2처에 행패를 부린 후 한 번 해산했으나, 그 후 안핵사 이용태가 고부로 내려와서 행패를 부린 것은 모두 동학당의 소위所爲라 하고 동학 수도하는 자를 잡아 살육을 지나치게 하므로, 이에 피고는 다시 그 무리를 규합하여 모집하되 만일 불응자는 불충불의한 사람이니 반드시 벌을 주리라 하고 다른 사람을 협박하여 그 무리 4,000여 명을 얻어 가지고 각기 소유한 흉기를 가지고 양식은 그 지방 부민富民에게 거두어 그 해 4월 상순경에 피고가 친히 그 무리를 영솔하여 전라도 무장에서 일어나 고부·태인·완평·금구 등처를 갈 새 전라감영 포군砲軍 1만여 명이 동도東徒를 치러 온다는 말을 듣고, 한 번 고부로 물러갔다가 하루 밤낮을 접전 후 영문 포군을 격파하고 전진하여 정읍·흥덕·고창·무장·영광·함평을 지나 장성에 이르러 경군 70여 명을 만나 격파하고, 주야겸행晝夜兼行으로 행군하여 4월 26·27일경 관군보다 먼저 전주성에 들어가니 그때 전라감사는 이미 도망하여 간 곳을 모르거늘, 그 익일에 이르러 초토사 홍재희洪在羲가 군사를 거느리고 성 밑에 박도迫到하여 성 밖에서 거포를 놓고 공격하기로 피고가 그 무리와 더불어 응전하여 자못 관군을 괴롭게 하니라. 이에 초토사가 격문을 지어 성중城中에 던지고 피고 등의 소원을 들어줄 터이니 속히 해산하라 효칙曉飭했는데, 피고 등이 곧, 전운소轉運所는 혁파할 것, 국결國結은 증가시키지 말 것, 보부상인의 작폐를 금단할 것, 도내 환곡還穀으로서 전前 감사가 이미 징수한 것은 민간에서 다시 징수하지 말 것, 대동미 상납 전에 각 포구의 잠상潛商들이 쌀을 사는 것을 금단할 것, 동포전洞布錢은 매호 춘추에 2냥씩 정할 것, 탐관오리는 모두 파면하여 쫓아낼 것, 임금의 총명을 가리고 매관매작을 일삼으며 국권을 조롱하는 인사들은 모두 쫓아낼 것, 관장官長은 자기 임지 내에서 분묘를 쓰는 것을 금하고 전답을 사들이는 것을 금할 것, 전세田稅는 이전의 예에 따라 행할 것, 연호잡역烟戶雜役은 줄일 것, 포구의 어염세는 혁파할 것, 보세洑稅와 관방전官房田은 시행하지 말 것, 각 읍 군수가 민인民人의 산지에 내려와서 강제로 표식하여 투장偸葬하지 말 것 등 27조목을 내어 가지고 상주하기를 청했더니, 초토사가 즉시 승낙한 고로 피고는 동년 5월 초 5·6일에 쾌히 그 무리를 해산하여 각기 취업就業하게 하고, 또 그때에 피고는 최경선 이하 20여 명을 데리고 전주에서 금구·태인·장성·담양·순창·옥과·창평·순천·남원·운봉 등 각처를 두루 돌아다니며 유세하여 7월 하순 자기 집으로 돌아가니라. 그 후 피고는 일본 군대가 대궐로 들어갔다는 말을 듣고 필시 일본인이 우리나라를 병합코자 하는 것인 줄 알고 일본병을 물리치고 그 거류민을 나라 밖으로 쫓아낼 마음으로 다시 기병起兵을 도모하여 전주 근처 삼례역이 토지가 광활하고 전라도의 요충지이기로 동년 9월경에 태인을 떠나서 완평을 지나 삼례역에 이르러 그곳을 기병하는 대도소로 삼고 진안에 거주하는 동학접주 문수팔·김영동·이종태, 금구에 거주하는 접주 최대봉·송일두, 정읍에 거주하는 손세옥, 부안에 거주하는 김석원·김세중·최경선·송희옥 등과 동모하여 상년 3월 이후 피고와 일을 같이 한 비도 거괴 손화중 이하 전주·진안·흥덕·무장·고창 등처 원근 각 지방 인민에게 혹 격문을 돌리며 혹 사람을 시켜 유세하고 전라도에서 군사를 모으기를 4,000여 명이 되매 곳곳의 관아에 들어가 군기軍器를 강탈하고 또 각 지방 부민에게서 전곡을 거둬들여 삼례역을 지나면서 도당을 모집하고 은진·논산을 지나 1만 여 명의 도당을 거느리고 동년 10월 26일쯤 충청도 공주에 다다랐더니 일본병이 먼저 공주성에 웅거하고 있기에 전후 2차 접전하여 보았지만 두 번 다 대패했는지라, 그러나 피고는 더 일본병을 치려 했더니 일본병이 공주에 있어 움직이지 않고 그간에 피고의 포중包中이 점점 도산逃散하여 수습지 못하게 되었기로 부득이하여 한 번 고향으로 돌아가 다시 모병하여 전라도에서 일본병을 막으려 했더니 응모자가 없는 탓으로 동모同謀 35인과 의론하고 각기 변복變服하여 가만히 서울로 들어가 정탐코자 하여 피고는 상인 모습으로 변장하고 단신으로 상경, 태인을 떠나 전라도 순창을 지날 때 민병民兵에게 잡힌 것이다. 위에 기록한 사실은 피고와 그 동모자 손화중·최경선 등이 자복한 공초供招, 압수한 증거 문적에 분명할지라. 그 소행은 《대전회통》 형전 중의 군복기마작변관문자 부대시참軍服騎馬作變官門者 不待時斬이라 하는 율律을 조照한 것이니라. 위의 이유로써 피고 전봉준을 사형에 처하노라.

개국開國 504년 3월 29일

법무아문권설재판소선고法務衙門權設裁判所宣告

법무아문法務衙門 대신大臣 서광범徐光範

협판協辦 이재정李在正

제8장

청일전쟁의
후폭풍이 불다

일본이 승승장구하다

청일전쟁이 시작된 지 얼마 지나지 않아 영국과 미국 등 열강의 중재 아래 1894년 10월부터 강화 논의가 본격적으로 시작되었다. 그런데 동아시아 문제에 큰 관심을 보이던 러시아의 알렉산드르 3세는 9~10월에 이미 임종 직전이었다. 알렉산드르 3세가 1894년 11월 1일 사망하자 황태자가 제위에 올랐다. 그가 러시아의 마지막 황제가 되는 니콜라이 2세다.

새로 즉위한 니콜라이 2세는 매우 바빴다. 제위 계승에 따르는 여러 가지 복잡한 일 외에도 결혼식도 올려야 했다. 부친의 유언에 따라 결혼식은 11월 26일 거행되었다. 기르스 외무장관도 1892년부터 중병을 앓고 있었는데도 알렉산드르 3세의 뜻에 따라 외무장관직에 머물러 있었다. 그는 1895년 1월 26일 사망했고 이반 쉬슈킨Ivan Shishkin이 외무장관 서리에 임명되었다. 청군은 1895년 1월 17일과 22일 두 차례에 걸쳐 하이청을 탈환하려고

청의 북양함대 순양함
일본은 예상과 달리 청일전쟁에서 승전을 거듭하고 있었다. 일본군은 웨이하이웨이, 룽쉬다오, 류공다오 등 청군의 군사 거점을 장악했다.

공격했으나 실패했다.

일본은 요충지 뤼순을 장악한 이후 청의 해군을 소멸시킬 작정으로 북양해군의 제2기지인 산둥반도의 웨이하이웨이威海衛 군항 공격을 준비했다. 이때 청은 수도인 베이징 방어에 치중했다. 산하이관에 10만 이상의 병력을 배치하고 톈진에도 병력을 집결시켰다. 산둥반도에 남아 있는 수비 병력은 1만 7,000명뿐이었다. 특히 웨이하이웨이 인근의 룽청榮城을 방어하는 병력은 1,400명뿐이었다. 웨이하이웨이에는 육군 1만여 명과 신식 대포 60문이 있었으며 북양해군 소속 함선 20여 척이 정박하고 있었다.

1월 23일 오야마 이사오를 사령관으로 하는 일본의 산둥 작진군 2만 병력은 일본 연합 함대가 호송하여 청산자오成山角 부근의 룽쉬다오龍須島에 상륙했다. 곧바로 방어가 허술한 룽청을 점령한 일본군은 이틀간 휴식을 취했다. 1월 25일 일본군은 웨이하이웨이를 남북 두 갈래에서 공격했다. 1월 30일에 남쪽 방포대를 함락시킨 일본군은 2월 1일 북쪽 방포대를 파괴했다. 이로써 청군은 웨이하이웨이의 육상 거점을 모두 잃었다.

웨이하이웨이 전투가 벌어지던 1월 31일 청 대표는 일본이 지정한 장소인 히로시마에 도착했으나 일본은 회담을 거절했다. 최초의 전쟁 목표를 훨씬 넘어서는 전과를 올리고 있던 일본은 영토 할양을 요구할 예정이었으므로 최고위급이 청의 대표로 오기를 바랐다.

청일전쟁에서 일본이 러시아의 예상을 초월하는 일방적인 전과를 올리고 있는 가운데 1895년 2월 1일 러시아 정부는 두 번째로 특별회의를 열었다. 세르게이 위테Sergei Witte 재무장관의 영향력이 커지고 있던 때였다. 이 회의에서 다음과 같은 결론을 내렸다.

> 전쟁 결과 일본이 청에 대해 러시아의 필수적인 이익에 침해되는 요구를 하게 된다면 일본에 대항하여 공동 행동을 취한다. 이에 대한 협조를 얻기 위해 영국과 다른 열강, 특히 프랑스와 협력한다. 러시아가 추구해야 할 주요 목표는 조선의 독립 유지이다. 태평양 지역의 러시아 해군 전력을 일본 해군 이상으로 증가시킨다.

이에 따라 러시아의 지중해 함대가 이동하여 태평양 함대에 통합되었다. 2월 3일 룽청에서 출발한 일본 연합 함대와 남쪽 포대를 점령한 일본 육군은 북양함대와 류공다오劉公島를 수륙 양면으로 공격했다. 양측의 함선 다수가 격침되는 치열한 전투 끝에 2월 8일 일본 해군은 류공다오를 장악했다.

최초의 시가전이 벌어지다

2월 12일 생존한 북양함대의 군함에서는 외국 고용인들이 반란을 일으켜 일본에 투항할 것을 협박했다. 결국 잔존한 북양함대는 일본군에 투항했고 북양함대 사령관 정여창은 자결했다. 이로써 북양함대는 전멸했다. 2월 16일 청군은 3만 병력으로 3차 룽청 공격을 했으나 실패했다. 이날 일본 정부는 4가지 강화조건을 결정했다.

(1) **조선의 독립** 이것은 조선의 일본 예속을 뜻한다.
(2) **영토의 할양** 타이완과 랴오둥반도의 할양을 요구했다. 이것은 경제적 이유가 아니라 정치·군사적인 것이었다. 일본 육군은 조선과 북중국 지배를 위해 랴오둥반도가 필요하다고 했고 일본 해군은 타이완 할양을 요구했다.
(3) **배상금의 지불** 일본은 배상금을 받음으로써 금본위제도를 확립할 수 있었고 또 러시아에 대비하는 군비증강 자금을 확보할 수 있다.
(4) **통상특권의 획득** 개항장의 획득, 연해무역권의 인정, 개항장에서 일본 상인이 제조업에 종사할 권리를 보장받는다.

이것은 너무나 엄청난 요구였다. 청은 아편전쟁 이후 제국주의 열강과 여러 차례 전쟁을 치르고 강화조약을 체결했으나 이 정도로 불리한 조건으로 강화한 적은 없었다. 일본은 강화조건을 비밀에 부쳤다. 총리대신(수상) 이토 히로부미나 외무대신 무쓰 무네미쓰는 일본의 요구가 공식적으로 알려진다면 반드시 열강의 개입이 있을 것이라고 보고 있었다. 일단 청에는 무리한 요구를 하고 그 후의 일은 그때 가서 처리하기로 방침을 잡았다.

2월 17일 일본군은 웨이하이웨이 점령을 완료하고 2월 21일 청군은 4차 롱청 공략을 시도했으나 역부족이었다. 2월 21일 주러 일본 공사 니시 도쿠지로西德二郞는 러시아 외무성을 방문하여 쉬슈킨 외무장관 서리와 면담했다. 쉬슈킨은 러시아의 간섭 여부는 일본이 청의 어느 영토를 요구하는지에 달려 있다고 말했다. 니시 도쿠지로는 사적인 견해라면서 일본은 해군기지로서 뤼순을 선호한다고 말했다.

　2월 27일 무쓰 무네미쓰는 일본은 명실공히 조선의 독립을 인정한다고 러시아에 통보했다. 그러나 실제로는 일본 공사 이노우에 카오루에 의해 조선은 일본의 보호국이 되고 있었다. 2월 말 진격을 계속하고 있던 일본군은 안샨鞍山을 점령했다. 러시아가 일본의 랴오둥반도 점령에 대해 간섭 정책을 확정하지 못하고 있는 상황에서 독일의 빌헬름 2세는 열강의 공동 간섭에 반대했다. 이에 따라 일본은 계속 전선을 확대할 수 있었다.

　3월 4일에는 일본 제1군 예하 2개 사단 1만 2,000명이 5,000명의 뉴좡牛莊 수비대를 협공했다. 청군이 완강히 저항했으나 끝내 함락되었다. 일본군의 사상자는 400명이었고 청군의 사상자는 2,000명이었다. 3월 7일 일본군은 잉커우營口마저 점령했다. 양측 모두 2만 명을 동원한 이 전투는 청일전쟁 최초의 시가전이었다.

　3월 8일 일본 주재 독일 공사 굿슈미트F. von Gutschmidt는 일본 외무차관 하야시 다다스林董를 만나 그때까지 열강이 간섭하지 못한 것은 독일이 반대했기 때문이라며 일본이 강화 조건을 완화하라고 충고했다. 굿슈미트는 일본의 청 영토 할양 요구는 열강의 간섭을 초래할 것이라고 경고했다. 3월 9일 일본군이 톈좡타이田庄台를 함락하여 랴오둥반도의 주요한 군사 거점은 일본군이 점령하게 되었다.

일본군이 베이징으로 진격하는 것이 시간문제가 되자 청은 일본이 원하던 데로 이홍장을 강화 회담 전권대표로 임명하고 시모노세키下關로 파견했다. 3월 19일 청의 전권공사 이홍장이 일본에 도착하여 다음날부터 시모노세키에서 회담이 시작되었다. 일본 정부는 그때까지 점령하지 못한 톈진, 산하이관, 다구 등지를 일본에 넘길 것을 요구했다. 베이징의 목구멍이나 다름없는 이 지역을 청이 포기할 수는 없는 일이었다.

3월 23일 일본이 랴오둥반도의 할양을 요구하는 것을 알게 된 독일은 즉시 러시아와 공동으로 간섭하기로 결정했다. 3월 24일 3차 회담을 마치고 돌아가는 길에 이홍장은 강화 교섭 중단과 전쟁 계속을 주장하는 배외주의 단체 소속의 일본 청년 고야마 로쿠노스케小山六之助에게 총격을 받아 중상을 입었다. 일본 정부는 이 사건을 계기로 국제여론이 청을 동정하는 방향으로 급전할까 우려하여 타이완과 펑후열도에서 치른 전투를 제외한 전 지역에서 21일간(3월 30일에서 4월 19일까지)의 휴전을 제안했다. 그리고 3월 30일 휴전협정이 체결되었다.

조선과 중국 본토에서 일본군 사망자는 8,388명으로 전사자는 1,264명, 병사자(주로 콜레라)가 7,124명이었다. 이는 일본이 근대에 치른 전쟁 가운데 가장 가벼운 손실이었다. 청군의 사망자는 훨씬 많았으나 대략의 숫자조차 알 수 없었다. 청은 사상자를 조사할 수 있는 행정체계를 갖추지 못했기 때문이다.

청이 굴욕적인 강화조약을 맺다

4월 1일 일본 정부는 강화조약안을 정식으로 제의하고 이를 구미 열강에 통보했다. 일본의 강화 조건에 가장 민감한 반응을 보인 나라는 러시아였다. 이날 하야시 다다스가 히트로보 러시아 공사에게 강화조건을 알리자 그는 불쾌한 표정으로 열강의 간섭이 있을지 모른고 말했다. 시베리아 횡단철도가 준공되면 러시아는 동북아에 대대적으로 진출하려 했는데, 일본에 랴오둥반도가 넘어가는 것은 러시아에 큰 도전이었다. 4월 3일 독일은 일본에 대한 간섭 정책에 참여할 것을 러시아 정부에 공식 통보했다.

    4월 6일에 러시아의 신임 외무장관 로바노프 로스토프스키Lobanov Rostovsky는 프랑스 대사에게 일본의 조약안을 알려주고 프랑스의 견해를 물었다. 또한 열강의 견해를 알아보도록 각국 공사들에게 훈령했다. 4월 8일 로바노프는 열강에 강화 조건에 개입하자는 제의를 했다. 프랑스와 독일이 이에 찬성했고 영국은 반대했다. 4월 9일 이홍장이 역제안을 했고 이에 일본도 수정안을 다시 제의했다. 4월 11일 러시아 정부는 다시 특별회의를 소집했다. 위테 재무장관은 다음과 같이 간섭 정책을 주장했다.

> 일본에 의한 이 전쟁은 우리가 착수한 시베리아 철도 건설로 일어난 것이다. 일본이 남만주에서 자행한 적대 행위는 주로 우리에게 위협이 될 것이고 그 결과 조선은 일본에 병합될 것이다. …… 곤경에 빠지면 타이완·펑후다오澎湖島, 심지어 뤼순항 그리고 한반도 남부까지도 양보하려 하지만 만주만은 결코 안 된다.

    위테는 러시아에 두 가지 선택이 있다고 보았다. 일본의 랴오둥반도 점령을 용인하든지 아니면 결단코 반대해야 한다는 것으로 위테는 후자를 지지했다. 4월 15일 청국은 불가피한 경우 일본의 수정안을 수락하라는 훈령을 보냈다. 4월 16일 니콜라이 2세는 다시 궁정에서 회의를 소집했고 위테는 그의 뜻을 관철시켰다. 4월 17일 이홍장과 일본의 전권공사인 총리대신 이토 히로부미와 외무대신 무쓰 무네미쓰 사이에 강화조약이 조인되었다. 흔히 시모노세키 조약으로 불리는 이 조약의 골자는 다음과 같다.

(1) 청국은 조선국이 완전무결한 독립자주국임을 확인한다. 따라서 이 독립자주를 손상시키는 조선국의 청국에 대한 공헌貢獻·전례典禮 등은 장래 완전히 이를 폐지한다.
(2) 청국은 랴오둥반도·타이완·평후열도 등을 일본에 할양한다.
(3) 청국은 전비 배상금으로 고평은庫平銀 2억 냥(약 3억 엔)을 7년에 걸쳐 지불한다.
(4) 청국은 일본에 구미 열강이 청국에서 향유하는 것과 동등한 통상 상의 특권을 부여함을 승인한다.

이 조약은 어느 정도 평등한 조약이었던 청일수호조규를 부정하고 청에서 일본의 위치를 서구 열강과 같은 차원으로 인정한 것이었다. 또한 청의 조선에 대한 종주권을 공식적으로 부인하여 전통적인 중화제국 체제를 결정적으로 무너뜨렸다. 일본은 조선 식민지화의 발판을 구축하고 랴오둥반도를 획득하여 대륙 침략의 근거지를 확보했다. 그리고 타이완을 점유하여 비백인非白人계 국가로서는 유일하게 식민지를 영유하는 제국주의 국가가 되었다.

그러나 정식으로 비준서가 교환되기도 전에 일본은 난관에 봉착했다. 랴오둥반도 할양을 반대하는 러시아·프랑스·독일에 의한 간섭과 조약 파기

청국과 일본의 강화회담
1895년 3월 일본의 시모노세키에서 시작된 청일 강화회담은 결국 청에 불리한 조약으로 4월 17일에 체결되었다.

를 주장하는 청 정부 내의 여론이었다. 이홍장은 조약교섭 과정에서 열강의 간섭을 기대하며 그 경과를 러시아 등에 통보하고 있었다.

　러시아는 이 조약을 절대로 인정할 수 없다는 반응이었고 프랑스는 1894년 1월 비준한 러시아와의 동맹을 유지하기 위해 러시아의 주장에 동의했다. 중국에서 해군 정박지를 구하려는 독일도 청 정부에 반대급부를 바라면서 러시아에 동조했다. 삼국은 조약 체결이 알려지자 즉각 행동 개시에 나서 4월 18일에는 영국이 불참한 가운데 삼국만이 일본에 랴오둥반도 철수를 권고하기로 합의했다. 당시 일본의 무쓰 무네미쓰는 와병 중이어서 도쿄를 떠나 있었다. 4월 23일 일본 주재 3국 공사들은 외무차관 하야시 다다스를 찾았다. 삼국 공사들이 일본에 넘겨준 각서들은 내용은 거의 동일했으나 개별적으로 하야시 다다스에게 전달했다.

제일 먼저 히트로보 러시아 공사가 방으로 들어가 본국 정부의 각서를 읽어 내려갔다. "랴오둥반도의 점령은 중국 수도인 베이징에 대한 영원한 위협이며 동시에 조선의 독립을 유명무실하게 만들 것이고 따라서 동북아 평화에 영원한 장애가 될 것이었다. 이에 러시아 정부는 일본에 대한 진정한 우호의 표시로 랴오둥반도 할양을 철회할 것을 권고한다"는 내용이었다. 히트로보 공사는 각서를 낭독한 후 일본이 랴오둥반도 할양 요구를 철회하면 러시아와 우호 관계를 유지하게 될 것이라는 외교적인 언사를 덧붙였다.

다음으로 프랑스 공사 쥘 아르망Jules Harmand이 들어가 비슷한 내용의 각서를 낭독하고 또 비슷한 외교적 발언을 하고 나왔다. 이어 독일 공사 굿슈미트가 들어갔다. 러시아와 프랑스의 각서는 프랑스어로 작성되었으나 독일의 각서는 독일어로 쓰여 있었다. 하야시 다다스는 영어와 프랑스어를 알았고 굿슈미트 공사도 두 언어를 알고 있었으나 굳이 독일어로 각서를 작성했다. 독일 각서에는 특이한 점이 있었다.

러시아와 프랑스의 각서에는 일본이 삼국의 권고에 저항Resistance하지 말 것을 권유한 데 반하여, 독일 각서는 '투쟁Kampf'이라는 단어를 썼다. 그리고 굿슈미트 공사는 각서를 낭독한 후 매우 강경한 어조로 자신의 견해를 표명했다. 일본이 3국의 권고를 받아들이지 않는 경우 '필요한 조치'를 취하겠다고 말해 무력간섭을 시사했다.

타이완, 아시아 최초의 공화국을 지향하다

4월 24일 일본 정부는 대본영이 설치되어 있던 히로시마廣島에서 어전회의를 열었다. 이 회의에서 이토 히로부미는 일본이 취할 수 있는 3가지 방안을 제시하여 이에 관해 토의했다. 첫째는 삼국의 간섭을 절대적으로 거부한다. 이 경우 병력으로 대결하는데 3국의 강력한 함대에 어떤 방어책을 수립할 수 있는가? 둘째는 랴오둥반도 철수문제는 열강회의를 개최하여 그 회의에서 결정한다. 이 경우 어떤 형식의 회의를 어디에서 개최하느냐를 삼국과 협의하여 결정한다. 영국과 청의 참여 여부도 결정한다. 회의 개최는 청일강화조약이 비준된 이후에 하기로 하고 랴오둥반도 철수의 대가를 청에서 받는다. 셋째는 삼국의 권고를 전부 수락한다. 이 경우 청국 정부에 은혜를 베푼 것으로 하여 다른 조건을 얻는다.

이 회의에서 일본 정부는 첫째 안은 군사 사정으로 보아, 셋째 안은 일본 국내 여론으로 보아 채택할 수 없다고 판단하여 둘째 안으로 결정했다. 그러나 와병으로 이 회의에 참석하지 않았던 무쓰 무네미쓰는 열강회의가 일본에 이로울 것이 없다고 생각했다. 일본이 취할 수 있는 선택은 삼국의 권고를 받아들이는 것 외에는 없었다.

일본이 대응에 골몰하는 동안 삼국은 조약의 비준 예정지에 군함 20척을 동원하여 무력시위까지 벌였다. 삼국의 공사는 4월 28일 다시 일본 외무성을 방문하여 회답을 촉구했다. 4월 30일 일본은 수정의견을 삼국에 제출했으나 즉시 거부당했다. 결국 일본은 굴복하여 5월 5일 랴오둥반도를 청에 돌려준다는 회답서를 삼국 공사에게 전달했다. 5월 8일 청과 일본은 시모노세키 조약 비준서를 교환하여 강화조약의 효력이 발생했다.

1885년에 성으로 승격되었던 타이완은 시모노세키 조약으로 일본의 식민지로 넘겨졌는데, 타이완 주민은 이에 반발하여 5월 24일 청에서 독립하는 것과 타이완민주국 수립을 선포했다. 5월 29일 일본군이 타이완에 상륙하자 타이완민주국 정규군과 민중은 유격전으로 맞섰다. 그러나 타이베이臺北가 함락되고 9월 7일에는 장화彰化가 함락되어 타이완민주국은 붕괴했다. 이후 잔존세력에 의한 저항은 계속되었으나 점차 일본의 지배가 확립되었다. 하지만 이 사건은 타이완민주국이 아시아 최초로 공화국을 지향했다는 데 의의가 있다.

11월이 되어 이홍장과 하야시 다다스가 랴오둥반도 교섭을 진행했다. 일본은 11월 21일 랴오둥반도 반환을 완료하면서 3,000만 냥을 보상금 형식으로 추가로 받았다. 삼국간섭으로 조약 원안에 비해 커다란 손실을 입은 것에 대해 일본 여론은 '와신상담'을 소리높이 내걸었고 삼국간섭을 주도한 러시아와 전쟁을 해야 한다는 주전론이 수면 위로 떠올랐다.

이후 일본은 시베리아 횡단철도가 완공되기 전에 러일전쟁을 치르고자 했고, 이를 위해 10개년 계획의 군비확장에 박차를 가했다. 상비군 15만 명과 전시병력 60만 명, 22만 톤의 해군력이 달성 목표였다. 이를 위해 청에서 약취한 2억 3,000만 냥과 정부 예산의 4퍼센트 이상을 매년 투입했다. 청이 일본에 지불한 금액은 청의 2년치 예산, 일본의 3년치 예산보다 많은 거액이었다. 일본 정부는 청일전쟁에서 군사비로 2억 엔을 지출했는데 청에서 받은 배상금은 이것의 1.8배가 넘었다. 재정 상태가 나빴던 청은 배상금 지불을 위해 해외에서 차관을 얻어야 했다. 1896~1897년 사이만 보아도 일본의 군 예산은 일본이 청일전쟁 기간 중(1894~1895) 투자한 군비에 비해 3~5배에 이르렀다.

역사 속의 역사 8

빌헬름 2세, 삼국에 선전포고하다

1859년 1월 프리드리히 3세의 장남으로 태어났다. 모친인 빅토리아 에델레드 메리 루이즈Victoria Adelaide Mary Louise가 영국 빅토리아 여왕의 장녀이므로 빅토리아 여왕의 외손자가 된다. 1888년 3월 9일 조부인 빌헬름 1세가 사망하여 프리드리히 3세가 즉위했다. 이미 57세였던 그는 식도암에 걸린 상태였다. 프리드리히 3세가 재위 99일 만에 세상을 떠나자 빌헬름 2세는 29세의 나이로 즉위했다.

독일 통일의 업적을 세운 비스마르크 수상을 존경했으나, 곧 그와 정책을 놓고 충돌했다. 빌헬름 2세는 비스마르크의 신중한 대외정책에 반대하고 훨씬 적극적이고 팽창적인 대외정책을 선호했다. 1890년 초 비스마르크가 포괄적인 반反사회주의 정책을 실시하려 하자, 이것에 반대하여 갈등이 심화되었고 3월 비스마르크는 수상직을 사임했다. 이후 레오 폰 카프리비Leo von Caprivi와 뷜로우Bülow를 수상으로 임명하고 정책에 적극 간여했다. 그리고 1890년 비스마르크가 1887년에 러시아와 체결한 재보장조약Reinsurance Treaty을 연장하지 않았다. 또한 사회주의에 관용적이었으나 1894년 이후에는 탄압정책을 폈다.

독일의 미래는 바다에 있다고 보아 적극적인 대외 팽창정책을 폈다. 1897년 중국 산둥성을 독일 세력권으로 얻었고 발칸반도와 중동으로 진출하려 노력했다. 그의 '세계정책'은 다른 열강과 마찰을 증대시켜 1904년 영국은 프랑스에 접근했고 1907년 러시아도 여기에 참여하여 삼국협상이 이루어졌다. 또한 고립에서 벗어나려 1905년과 1911년 두 차례에 걸쳐 모로코 사건을 일으켰으나 영국과 프랑스의 결속은 더욱 굳어졌다.

1914년 6월 28일 사라예보에서 오스트리아 황태자 부부가 세르비아 청년에게 암살되었다. 한 달 후 오스트리아 제국은 세르비아에 최후통첩을 보냈는데 세르비아가 일부 거절하자 7월 28일 선전포고를 했다. 7월 30일에는 오스트리아와 세르비아의 후원자를 자처하던 러시아가 각각 총동원령을 내렸다. 8월 1일 빌헬름 2세는 러시아에 총동원령 취소를 요구했으나 이것이 거절되자 동맹국인 오스트리아 편을 들어 독일군에 총동원령을 내리고 오후에는 러시아에 선전포고를 했다. 이에 러시아와 동맹한 프

▌아버지 프리드리히 3세와 빌헬름 2세
프리드리히 3세가 재위 99일 만에 사망하자 그의 아들 빌헬름 2세가 29세의 나이로 즉위했다.

랑스도 동원령을 내렸는데 독일의 중립 요구를 거절했다. 독일은 8월 4일 프랑스에 선전포고를 했다. 프랑스의 동맹국 영국도 이날 독일에 선전포고를 했다.

단기전이 되리라 예상되던 제1차 세계대전은 장기소모전이 되었으나 전세는 대체로 독일과 오스트리아에 유리했다. 그러나 독일의 무제한 잠수함 작전으로 미국은 1917년 4월 독일에 선전포고를 했다. 미국은 전쟁준비가 되어 있지 않아 1917년에는 소수의 병력만 전장에 보낼 수 있었다.

1917년 10월혁명으로 러시아가 영국·프랑스 진영에서 이탈하자 전세는 더욱 독일에 유리해졌다. 1918년 봄 서부전선에 360만의 병력으로 총공세를 폈으나 미국이 대규모로 침전하여 가을에는 전력이 바닥났다. 반전 기운이 거세지는 가운데 키일Kiel 군항의 폭동을 시발로 혁명이 일어나 11월 빌헬름 2세는 퇴위하고 네덜란드로 망명하여 1941년에 사망했다.

제9장

을미사변과
아관파천

미우라가 제시한 3가지 방안

1894년 7월 일본군의 조선 왕궁 점령 이후 친일정권이 수립되고 나서 친청 반일적인 왕실과 민씨 척족 세력은 '궁중과 부중府中(정부)의 분리'라는 명분으로 취해진 내정 개혁에 의해 권력에서 축출되었다. 일본의 권위가 삼국간섭으로 추락하자 이 세력을 중심으로 러시아를 끌어들여 일본의 세력을 몰아내려는 움직임이 나타났다. 명성황후가 러시아 공사 카를 이바노비치 베베르Karl Ivanovich Veber를 인견하여 국정을 상담하기도 했고, 박정양·서광범·이완용李完用·이범진李範晉 등을 주요 인물로 하는 반일 친러적인 정치 집단인 정동파貞洞派가 생겼다.

삼국간섭 이후 일본 공사 이노우에 카오루의 힘이 약화되면서 친일 정권 내부에서도 알력과 갈등이 드러났다. 급진개화파인 내부대신 박영효가 '자주 독립' 노선을 천명하면서 이노우에 카오루와 대립하고 온건 개화파인 총리대신 김홍집과 다투었다.

1895년 5월 말 친일파인 군부대신 조희연趙羲淵의 해임 문제로 김홍집과 박영효가 심각하게 대립각을 세웠다. 결국 김홍집이 총리대신 자리를 사퇴하고 박영효가 임시 총리대신이 되었다가 6월 2일에는 정동파인 박정양이 총리대신에 취임했다. 7월에는 박영효가 축출되어 일본으로 망명했고 이후 친러파의 정권 장악은 확연해졌다. 그러나 일본군이 서울에 계속 주둔하는 등 일본의 조선 보호국화 가능성은 계속 존재했다.

한편 청나라에 대한 차관 문제로 러시아와 독일 관계는 크게 악화되어 삼국간섭 동안 있었던 협력 관계는 완전히 무너졌다. 영국은 러시아를 견제하기 위해 일본의 조선 점령을 찬성하고 있었다. 러시아와 영국이 동북아시아에서 대결하기를 바라는 독일 황제 빌헬름 2세도 일본의 한반도 점령을 원했다. 영국과 독일이 일본의 조선 점령에 동조한 것은 일본이 육군 중장 미우라 고로三浦梧樓를 조선 주재 공사로 임명하여 을미사변乙未事變을 일으키는 배경이 되었다.

이제 일본의 조선 침략을 견제할 이해관계를 가진 나라는 러시아뿐이었다. 1895년 여름 조선의 내각은 친러적이 되었으나, 러시아 정부는 조선 내정에 적극적으로 개입할 형편이 아니었다. 베베르 공사만이 조선 정부를 적극 지지했다. 7월 고종은 비밀리에 권동수權東壽를 블라디보스토크로 파견하여 일본의 점령에서 조선을 해방시켜줄 것을 러시아 정부에 요청했으나 권동수는 9월까지 아무런 회답을 받지 못하고 귀국했다.

러시아가 조선에 대해 미온적인 정책을 취하고 있는 동안 일본은 정변을 준비하고 있었다. 7월 중순경 조선 주재 일본 공사로 발탁된(8월 17일 정식 임명) 미우라 고로는 조선에 대해 3가지 방안을 제시하면서 일본 정부의 명확한 방침을 요구했다.

(1) 일본은 조선의 독립을 인정하고, 단독으로 조선의 개혁을 실시한다.
(2) 일본은 열강과 함께 조선을 공동 보호한다.
(3) 일본은 조만간에 반드시 강대국과의 분쟁이 불가피함으로 아직 일대난사 一大難事가 야기하지 않은 오늘날에 차라리 단호한 결의로 하나의 강국(러시아)과 더불어 한반도를 분할점령한다.

미우라 고로가 제시한 3개의 안은 쉽게 말해 (1) 일본의 조선 단독지배 (2) 공동보호국화 (3) 러시아와 일본의 조선 분할점령이었다. 미우라 고로는 (1)안을 채택할 경우 1~2개의 강대국과 전쟁을 할 결심이 필요하다고 보았으며, (3)안을 채택할 경우 러시아에 북방의 부동항不凍港이나 함경도 정도를 양여하면 만족할 것으로 생각했다. 러시아 주재 일본 공사 니시 도쿠지로는 조선을 러시아와 분할하자는 방안을 제시했다. 9월 말경 이토 히로부미는 일본 주재 영국 공사 어니스트 사토우Ernest Satow에게 일본이 조선을 점령해야 한다고 말했다.

조선 왕조는 어느 외국이 지나치게 조선에 영향력을 끼치려고 하면 이를 견제하려 다른 국가와 교섭을 해왔다. 임오군란 이후 청이 지나치게 내정 간섭을 할 때도 러시아와 비밀 교섭을 했고 이에 청은 고종을 폐위하려고 한 적이 있었다. 결국 일본은 조선을 단독으로 지배하기로 했다.

명성왕후를 암살하다

9월 1일 서울에 도착한 미우라 고로는 왕실의 중심인 명성황후를 암살하는 흉모에 착수했다. 이것은 단순한 암살 음모가 아니라 친러 내각을 무너뜨리고 친일정권을 세우려는 음모였다. 미우라 고로는 서울 주둔 일본군, 자객, 조선의 친일파 등을 총동원하여 10월 8일 새벽 명성황후 시해에 성공했다. 이때 홍계훈은 광화문을 지키다 피살되었다. 또한 이 사건으로 다시 김홍집을 총리대신으로 하는 내각이 들어섰다.

이날 아침 러시아 공사 베베르와 미국 대리공사 호러스 알렌Horace N. Allen은 경복궁으로 가서 고종을 알현했다. 고종은 미우라 고로 공사가 옆에 있어 아무 말도 못하고 겁에 질려 있었다. 고종은 독살을 두려워하여 캔으로 된 연유와 내실에서 만든 달걀 이외에는 아무것도 먹지 않았다. 의사인 올리버 에이비슨Oliver Avison 박사와 미국 선교사들이 교대로 왕의 침전을 지켰다. 왕이 식사로 고생한다는 소식을 들은 각국 공사관의 직원과 부인들은 음식을 만들어 단단한 통에 넣어 자물쇠를 채워 대궐로 보냈다.

10월 9일 윤치호는 새로 성립된 내각이 죽은 명성황후를 서인으로 폐하려 한다는 소식을 듣고 외무대신 김윤식을 방문하여 맹렬히 비난했다. 윤치호는 두 사람 사이에 오간 대화를 이렇게 전했다.

윤치호 외국인들은 중전마마의 참혹한 죽음에 크게 분노하고 있습니다. 만약에…….

김윤식 그러나 외국인들은 정의롭지도 공정하지도 않소. 중전이 술을 하사하고 악수해주므로 그들이 중전을 높이 평가하는 것이오. 그들 가운데도 공

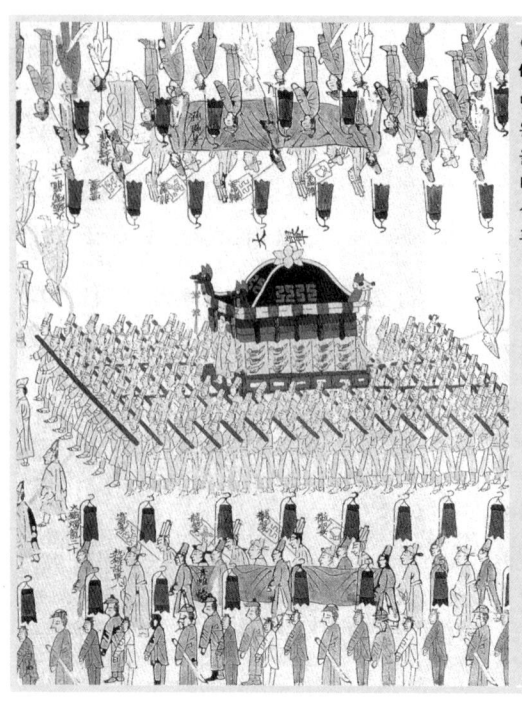

《명성황후국장도감의궤明成皇后國葬都監儀軌》 중 〈발인반차도發靷班次圖〉 부분
명성황후는 고종의 비이자 16세 때에 왕비가 되었다. 흥선대원군과 대립각을 세우며 정치를 했으며, 일본 공사 미우라 고로에 의해 살해되었다. 장례식은 명성황후가 사망한 지 26개월 후에 치러졌다. (서울대학교 규장각 소장)

정한 마음을 지닌 사람은 중전이 나쁘다는 것을 인정하오.

윤치호 예, 그것은 사실입니다. 중전이 세도를 부리던 시기에 일어난 비행에 관해 나와 대화한 외국인 가운데 중전이 나라를 망치고 있다는 것을 부정한 사람은 없었습니다. 그러나 참혹하기 짝이 없는 중전의 죽음으로(이것은 가장 비열한 범죄자도 죽고 싶을 정도로 수치스러운 행위입니다) 외국인들은 중전을 동정하고 분노하고 있습니다. 예를 들면 김옥균은 이름난 역적입니다. 우리 정부가 적법 절차에 따라 그를 처벌했다면 누구도 그의 죽음에 말 한마디 하지 못했을 겁니다. 그러나 그가 암살되고 그의 시신이 능지처참이 되자, 세상 사람들은 그의 죄악을 잊고 그 잔인한 조치와 조선 정부의 비겁과 기만행위만을

기억하고 혐오할 뿐입니다. 이제 공은 중전마마가 김옥균만큼 나쁘다고 말할 수 없습니다. 김옥균은 역적의 신분인 반면에 그이는 일국의 왕비였습니다. 외국인들이 중전의 불행한 운명에 그토록 애도하는 것이 놀라운 일입니까?

김윤식 그들이 마음껏 애도하라고 하시오. 외국인들이 무엇을 할 수 있소? 미국인들은 오직 입으로만 떠들 뿐이오. 러시아인들은 야단법석만 떨뿐 일본에 대적하지 못하오. 우리는 독립국이오. 외국인들은 우리의 정책에 이래라 저래라 할 권리가 없소.

윤치호 우리가 정말로 독립국입니까? 우리가 정말로 외국의 간섭에서 자유롭습니까? 아이구! 일본인들이 궁궐을 습격하여 우리 왕비를 살해하는데, 독립국입니까? 일본이 간섭하는 것처럼 다른 나라도 간섭할 것입니다. 이보시오! 중전마마의 죽음을 공표하는 것이 공소이 할 수 있는 최선의 일입니다. 가능한 한 중전에게 최대의 의례를 베푸시오. 그러면 외국인들의 감정을 누그러뜨릴 수 있습니다. 그러나 가장 잔인하게 살해된 중전을 서인으로 폐하고 비행을 선전하는 식으로 모독한다면 서구 세계는 공의 적이 될 것입니다. 일본은 외국인들의 호평을 잃었으므로 조선에서 실패한 것입니다. 외국인의 우호적 평가 없이 무엇을 할 수 있으리라 생각합니까?

명성황후 암살 이후 고종은 다시 자신의 궁 안에서 일본의 포로가 되었다. 경복궁은 일인이 훈련시킨 훈련대가 호위했으며 궁 밖에는 1,000명의 일본군이 막사를 치고 주둔하고 있었다. 명성황후가 시해된 지 이틀 만에 고종을 만나본 《뉴욕헤럴드The NewYork Herald》의 특파원 커널 코커릴 Colonel Cockerill은 그때의 모습을 다음과 같이 증언했다.

계단을 몇 발자국 올라가 낭하를 건너 작은 방으로 들어가 다시 왼편으로 돌아갔다. 방문을 여니 한식으로 볼품없이 꾸며진 더 작은 방이 그 안에 있었다. 방 안에는 안짱다리의 왕이 창백한 얼굴로 초라하게 서 있었으며, 그 옆에는 명색이 세자라는 그의 아들이 무기력하게 서 있었다. 왕은 체구가 작고 야위었으며, 혈색이 없어 보였다. 최근 며칠 동안에 있었던 일들은 그를 더욱 창백하게 만들었는데, 신경쇠약이 된 그의 모습은 보기에도 딱할 지경이었다. 그는 통역을 맡고 있는 존스Johns를 향해 우리와 악수를 해도 좋은지 물었다. 그는 매우 반갑게 우리와 악수를 한 다음, 그의 옆에서 이를 내놓고 히죽거리며 웃고 있는 저능아인 그의 아들에게 방문객과 악수를 하도록 했다. 이때 러시아 공사가 크고 두툼한 통을 왕에게 주면서 과일과 음식이 약간 들어 있다고 설명했다. 시간마다 독살의 공포 속에 살아온 왕은 그 통을 받았다. 열쇠도 전달되었다. 왕은 믿음직한 윌리엄 다이William Dye 장군이 자기의 곁을 떠나지 않도록 해달라는 듯한 몸짓을 하면서 무엇인가를 갈망하는 눈길로 베베르 공사를 바라보았다. 그는 무도병舞蹈病으로 고통을 받고 있는 사람처럼 몸에 경련을 일으키고 있었으며, 슬픈 눈길로 무엇인가를 애원하고 있었다.

왕을 보위하던 각료들은 미국 공사관과 러시아 공사관으로 피신했다. 이완용 · 이윤용李允用* · 이하영李夏榮 · 이채연李采淵 · 민상호閔商鎬 · 현흥택玄

---

* 조선 말기의 문신으로 이완용의 서형庶兄이다. 고종 6년(1869) 돈녕부 참봉을 지냈고 흥선대원군에게 인정을 받아 그의 사위가 되었다. 1881년 양덕 현감을 거쳐 1884년 한성부 좌윤, 1886년 병조참판 등을 지냈고, 1894년에는 형조판서로 포도대장을 겸임했다. 1896년 아관파천을 성공시키고 군부대신과 농상공부대신을 지냈다. 그 뒤 의정부 찬정 · 경상남도 관찰사 등을 거쳐 1907년에는 궁내부대신이 되었다. 일본에 협력한 공으로 일본 훈1등 욱일대수장 · 욱일동화대수장 등을 받고 국권 피탈 뒤에는 남작의 작위를 받았다.

興澤 등은 미국 공사관으로, 이범진·이학균李學均 등은 러시아 공사관으로 도피했다. 친한파 영국 기자인 프레더릭 매켄지Frederick McKenzie는 이를 가리켜 "모든 관리들과 군인들은 침몰하는 배의 쥐새끼처럼 잽싸게 도망쳤으며, 자신이 궁궐 안에 있었다는 모든 징표를 없앴다"고 표현했다.

춘생문 사건

이 사건은 조선 주재 각국 외교관을 통해 세계에 알려졌고 미국·영국·러시아 등 열강은 야만적 살인행위로 비난하면서 사태의 추이를 주시했다. 10월 25일에는 미국·영국·러시아·독일·프랑스·오스트리아·이탈리아가 일본군의 철수와 조선에 대한 불간섭을 촉구하는 성명을 발표했다.

명성황후 시해에 대한 복수와 단발령의 결사반대를 외치면서 전국 각지에서 반일운동이 일어났다. 강원도 춘천에서는 단발령을 강요하던 춘천부 관찰사 조인승曺寅承이 의병들에게 살해되었다. 김홍집 내각은 서울의 친위대를 각 지방에 파견하여 의병을 진압하게 했다. 이때 일어난 의병들은 불량한 자들이 많아 민중의 비난을 받았다. 황현은 다음과 같은 기록을 남겼다.

상투를 강제로 자르도록 한 당초에 온 나라가 분노하여 의병의 봉기를 촉발시켰다. 그러나 시일이 차츰 지나가자 예기銳氣는 차츰 사라졌고, 경군과 접전하면 곧 패하여 사망자도 셀 수 없이 많았다. 또한 참으로 충의에 뜻을 품은 자는 몇 명에 지나지 않았으며, 명예를 탐하는 자가 앞장을 서면 변란을 좋아하는 자들이 달라붙어서 불량한 백성 수천 수백 명이 무리를 이루어 저마다 의병이라고 일컬었고, 심지어는 동비東匪(동학군)의 잔당이 얼굴을 바꾸고 끼어들어 쫓아다니는 자들이 반이나 되었다. 이에 이들은 잔학하여 함부로 약탈하는 것이 미친 도적떼와 다름없는 경우도 있었다. 남쪽 지방에서 보고 들은 바에 의하면, 노응규盧應奎* 부대는 진주에 주둔해 있으면서 온 지경을 분탕질하니, 그곳 백성들은 "동비를 다시 만났다"고 했다 한다. 안동의 십여 고을은 의병들이 가는 곳마다 약탈을 일삼은 데다 다시 경군에게 유린당하여 관민이 온통 거덜이 났다. 이윽고 김홍집 등이 죽임을 당하고, 윤음綸音이 연이어 선포되고 나서야 거의 잠잠해졌다. 그런데 일을 주동한 이들은 수령을 죽인 것이 후환이 될까 두려워 부대를 유지하고 해산하지 않아 나라 안이 시끄러웠는데, 경기도와 충청도와 강원도 등의 지방이 크게 화를 입었다.

(《매천야록》 권2, 병신년丙申年)

한편 미국과 러시아 공관에 피신하고 있던 이완용·이윤용·이범진·윤웅열·윤치호 등이 호러스 언더우드Horace G. Underwood·윌리엄 다이·호머 헐버트Homer B. Hulbert 등 미국인의 도움을 얻어 고종을 궁궐 밖으로 구출하여 미국 공사관으로 대피시키려 했으나 실패했다(1895년 11월 28일). 이른바 춘생문春生門 사건이다. 일본은 이 사건을 정치적으로 악용했다.

미국 공사관으로 탈출하는 것이 실패한 후 고종은 러시아에 의지할 수밖에 없었다. 춘생문 사건이 있은 후 고종은 베베르 공사를 통하여 러시아군 경비대의 보호를 요청했다.

* 조선 말의 의병장이다. 1895년 을미사변이 나자 1896년 1월 안의安義에서 의병을 일으켰다. 관군을 곳곳에서 격파하고 김해를 공취攻取하는 등 한때 세력이 컸다. 1907년 일본 경찰에 체포되어 한성 경무소에서 옥사했다. 1977년 건국훈장 국민장이 추서되었다.

매천 황현

1910년 일제가 대한제국을 식민지로 만들자 이에 통분하며 절명시絶命詩 4편을 남기고 8월 7일 술에 아편을 타 마시고 자결했다. 그의 절명시 가운데 하나는 이렇다. "새 짐승도 슬피 울고 강산도 찡그리네 鳥獸哀鳴海岳嚬 / 무궁화 온 세상이 이제는 망해 버렸어라 槿花世界已沈淪 / 가을 등불 아래 책 덮고 지난 날 생각하니 秋燈掩卷懷千古 / 인간 세상에 글 아는 사람 노릇하기 어렵기만 하구나 難作人間識字人."

왕비를 시해한 조선 반역자들에게 포위되어 나는 내 생명에 대하여 위험을 느끼고 있다. 새로운 정변이 일어나지 않는다고 하루도 보장할 수 없다. 베베르 공사에게 권한을 부여하여 나에게 러시아군 경비대를 보내줄 것을 간청한다.

그러나 러시아 정부는 이에 대답하지 않았다. 1896년 1월 8일 베베르 공

이토 히로부미와 영친왕
고종의 일곱째 아들이자, 순종의 이복형제인 영친왕은 1907년 12월 11세의 나이에 이토 히로부미에 의해 일본에 인질로 끌려갔다.

사 후임으로 알렉시스 스페이에르Alexis de Speyer 공사가 부임했다. 스페이에르는 1885년에 러시아 군사교관의 조선 파견을 적극 추진했으며, 1885~1890년 사이에 주일 러시아 공사를 역임했다. 멕시코 주재 공사로 발령받은 베베르도 계속 서울에 머물렀다. 두 명의 러시아 공사가 서울에 머물게 된 것은 을미사변 후 조선의 정세에 대응책을 강구해야 했던 러시아 정부가 의도적으로 취한 조치였다. 스페이에르는 부임 도중 도쿄에 들러 주일 러시아 공사 히트로보와 총리대신 이토 히로부미를 만나 조선에 대한 의견을 들었다. 이토 히로부미는 조선의 내정에 간여할 생각은 없으며 조선의 독립을 존중한다고 했다. 또한 조선 문제에 대해 양국의 협정체결을 희망한다고 했다.

스페이에르가 도착하여 본 조선의 사정은 일본 고위층에게 들은 바와 전혀 달랐다. 조선 전역에 걸쳐 의병의 항일운동이 전개되고 있었고 죽임을 당하는 일인들도 많았다. 흥선대원군이 권력을 장악하고 있지도 않았고 대신들은 일인 고문관들의 지시에 움직이고 있었다. 이에 스페이에르는 "일본이 주장해온 조선의 독립은 사기극"이라고 하면서 미우라 고로 후임으로 온 신임 조선 주재 일본 공사 고무라 주타로小村壽太郞를 맹비난했다. 스페이에르는 조선 국왕은 전혀 권력이 없고 일본의 괴뢰들만이 명령을 내리고 있으며 왕세자를 일본으로 보내려 한다고 본국에 보고했다.

아관으로 파천하다

1896년이 되면서 고종의 불안과 공포심은 더 심해졌다. 명성황후 시해 책임자로 해임되었던 조희연이 군부대신에 재임용되었다. 1월 20일 일본 정부는 미우라 고로 등 을미사변 관련자 50명 전원을 '증거불충분'이라는 명목으로 무죄 방면했다. 일인들은 이들을 개선장군으로 대우했다. 일왕은 미우라 고로가 석방되어 도쿄에 도착하자 시종을 보내 노고를 치하하고 위로했다. 이 상황에서 일본이 고종을 살해하고 흥선대원군의 손자인 이준용李埈鎔을 왕으로 앉힌다는 소문이 나돌았다. 이때 반일운동은 전국적으로 확산되고 있었으나 국왕을 친일파에게서 해방시킬 능력은 없었다.

두 러시아 공사는 러시아가 조선을 일본에 완전히 양보하기를 원치 않는다면, 러시아가 적극적인 역할을 해야 한다고 본국 정부에 역설했다. 베베르와 스페이에르는 조선의 독립을 보장하는 유일한 수단은 서울에 주둔한 일본군 병력만큼 러시아군을 파견하는 길이라고 본국에 타전했다. 러시아 외무성은 이 제의를 거부했다.

2월 2일 고종은 이범진을 통해 두 러시아 공사에게 아관俄館(러시아 공사관)으로 피신할 계획을 통보했다. 고종은 친일 반역자들이 자신과 세자를 살해

러시아 공사관
1896년 2월 2일 고종은 신변보호를 이유로 아관俄館으로 피신했다. 하지만 러시아 공사는 위험하다며 거부했으나, 결국 러시아 정부의 승인을 받았다.

하려 한다고 하여 아관파천俄館播遷 후의 신변보호를 요청했다. 두 러시아 공사는 아관파천이 너무 위험하다고 했으나 고종은 왕궁에 남아 있는 것이 더 위험하다고 판단하고 러시아 공사관으로 피신하겠다고 통보했다. 마침내 두 공사는 동의하여 러시아 정부에 승인을 요청했다. 니콜라이 2세는 이에 동의하여 러시아 군함의 제물포 입항을 명령했다.

2월 10일 밤 제물포에서 러시아 수병 100명과 대포 1문이 서울에 도착했다. 2월 11일 조선 국왕과 세자는 궁녀의 가마를 타고 아침 7시 30분 러시아 공사관에 도착했다. 고종은 즉시 경무관 안환安桓을 러시아 공사관으로 불러 김홍집(총리대신)·유길준(내부대신)·정병하鄭秉夏(농상부대신)·조희연(군부대신)·장박張博(법부대신) 등 '5대 역적'을 포살捕殺하라고 명령했다. 서울 거리에는 "역괴逆魁 조희연·우범선禹範善·이두황李斗璜·이진호李軫鎬·권영진權濚鎭은 불문장단不問長短하고 즉각 참수 내헌來獻하라"는 포고문이 나붙었다.

그리고 아관파천에 참여한 정동파가 새 내각에 등용되니 이완용은 외부대신, 이윤용은 군부대신, 이범진은 법부대신, 박정양은 내부대신, 윤치호는 학부협판學部協辦(교육부 차관)으로 임명되었다. 새로 구성된 내각은 단발령은 자유의사에 맡긴다고 포고했고 의병의 자진 해산을 권고했다. 그리고 민생고를 감안하여 밀린 조세의 탕감을 발표했다.

역적으로 몰린 친일 개혁파 관료들은 대부분 서울 주둔 일본군과 일본 공사관의 도움을 받아 일본으로 망명했다. 그러나 망명하지 않은 총리대신 김홍집과 농상부대신 정병하는 당일 체포되어 이송 도중 군중에게 피살되었고 탁지부대신度支部大臣(재무부 장관) 어윤중은 잠시 몸을 피했으나 2월 17일 용인에서 피살되었다.

2월 14일 고종은 베베르와 스페이에르에게 조선의 운명을 러시아에 맡기고 싶다고 했다. 그는 계속해서 조선의 독립이 유지되는 것이 러시아에 유익하기 때문에 조선 내각에 배치될 고문의 파견과 3,000명의 조선 군대를 조직하기 위해 러시아 교관을 파견해줄 것을 요청했다. 이에 대해 러시아 외무성은 회답하지 않았다.

스페이에르는 조선의 보호자가 되자고 러시아 정부에 건의했으나 시베리아 철도의 만주 통과를 결정한 러시아 정부는 조선에서 더는 세력을 확장하는 것은 시기적절하지 않다고 보았다. 로바노프 외무장관은 "조선 국왕에게 조언을 해줄 의향은 있으나, 복잡한 조선 내외의 정세에 비추어 조선 정부의 고문이나 군사교관 문제를 제기하는 것은 시기상조"라 하여 스페이에르의 제안을 거절했다. 스페이에르는 휴가를 받아 귀국하는 히트로보를 대신하여 일본 주재 러시아 공사로 발령받았다. 서울에 머물고 있던 베베르가 다시 조선 주재 공사로 유임되었으며 동시에 특명전권공사로 승격되었다.

러시아에 크게 당한 일본은 당시의 군사력으로는 러시아를 상대할 수 없었으므로 타협의 길을 모색했다. 그리고 5월 26일 거행되는 니콜라이 2세의 대관식에 정계의 원로인 야마가타 아리모토山縣有朋를 전권대사로 파견했다.

역사 속의 역사 9

조선을 근대적인 체제로 개혁하다

갑오개혁은 1894년(고종 31년) 개화파 정권이 구체제를 서양식의 근대적인 체제로 개혁하려 실시한 일련의 정책이다. 청일전쟁이 개시된 시기부터 아관파천 때까지, 즉 1894년 7월 말부터 1896년 2월 초까지 3차례에 걸쳐 시행되었다.

갑오개혁은 조선을 부강하게 하려는 개화파의 의지와 조선 내정을 개혁하여 식민지화에 기초가 되게 하려는 일본의 의지가 결합되어 단행되었다. 개화파가 일본의 득세를 배경으로 성립했으나 청일전쟁을 치르는 와중이라 일본이 세세한 부분까지 개입할 수 없어, 개화파의 구상이 어느 정도 실현되었으므로 자율적 측면이 있었다.

1894년 7월 27일부터 12월 17일까지를 1차 개혁이라 한다. 1차 개혁은 김홍집을 총재로 하는 입법·행정 기구인 군국기무처軍國機務處가 설치되어 각종 정책을 마련하고 집행했다. 개혁의 주요 내용은 청과의 사대관계 단절을 명기한 것, 관제 개혁, 양반과 평민의 법률상 평등, 노비제 철폐, 과거제 폐지 등이었다.

12월 17일에는 일본에 망명하고 있던 박영효와 미국에 망명하고 있던 서광범이 참여한 2차 김홍집 내각이 성립되어 2차 개혁이 실시되었다. 지방제도의 개편과 사법제도의 변혁이 주된 내용이었다. 종래의 도道·부府·목牧·군郡·현縣 등 대소의 행정구역을 철폐하고 23부 337군으로 했다. 종래 관찰사와 군수 등이 가지고 있던 사법권을 박탈하고 재판소 구성법, 법관 양성소 규정을 제정하고 사형은 교수형만 가능하도록 했다.

삼국간섭으로 일본의 위신이 추락한 것을 계기로 1895년 8월에는 친러적인 성격

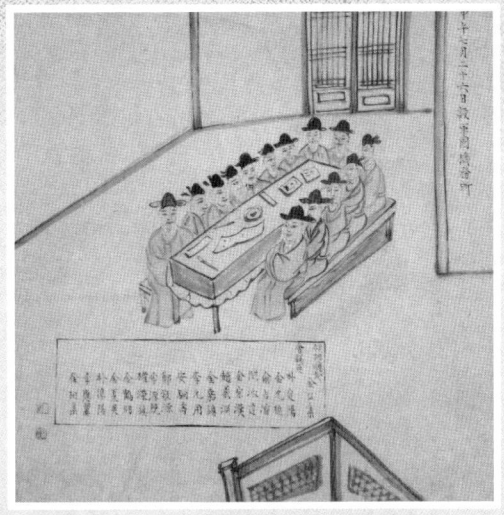

군국기무처 회의도

구한말의 대표적 화가 조석진趙錫晉이 그린 갑오경장 당시 군국기무처 회의 모습이다. 당시 군국기무처는 21명으로 구성되었다. 그림 하단에 총재 김홍집을 비롯해서 박정양·김윤식·유길준 등 '회의원' 명단이 수록되어 있다.
(이화여자대학교 박물관 소장)

의 3차 김홍집 내각이 들어섰다. 이어 을미사변으로 10월 4차 김홍집 내각이 성립했는데, 이른바 을미개혁으로 부르는 급진적인 개혁을 실시했다. 주요 내용은 양력 사용, 소학교 설치, 종두법 실시, 단발령 등인데 반일 감정이 들끓던 때이므로 민중의 반발이 심하여 의병운동이 일어났다. 1896년 2월 아관파천으로 김홍집 내각은 무너지고 그때까지의 거의 모든 개혁이 무효화되었다.

갑오개혁은 근대화를 위한 과감한 시도였으나 개혁 추진 과정에서 일본 공사 이노우에 카오루가 40명 가까운 일인을 각 부서에 고문으로 배치하여 감시하고 개화파와 충돌이 많아 소기의 성과를 거두지 못했다.

제10장

대한제국이
수립되다

윤정효의 상소문

아관파천 이후 조선이 해결해야 할 당면문제는 국왕의 환궁이었다. 부득이한 사정에 의한 것이지만 일국의 군주가 남의 나라 공사관으로 피신한 것은 독립국가로서는 있을 수 없는 너무나 수치스러운 일이었다. 아관파천 직후부터 국왕의 환궁을 요청하는 상소가 쇄도했다. 다음은 윤정효尹孝定의 상소다.

아아! 지난 8월 20일의 일을 어찌 차마 말로 다할 수 있겠습니까. 안으로의 화란禍亂과 외부의 기세가 서로 뒤얽혀 만고에 없었던 큰 변괴를 만들어낸 것입니다. 온 나라의 하늘에 머리를 두고 땅을 밟고 사는 사람이라면 뉘라서 피눈물을 뿌리고 울음을 삼키며 우리 국모國母의 원수를 갚고 싶지 않겠습니까. …… 그러나 그날 폐하께서 외국의 공사관으로 나가신 것은 한때의 임기

응변이면 만부득이 한 지경으로 빚어진 것이었으나, 절대로 정상적이며 온당한 일이라고 할 수 없습니다. 이로써 민정民情이 황망하고 국체國體가 위태롭게 된 것을 어찌 한두 마디로 말할 수 있겠습니까. …… 현재 안위安危의 대관건은 폐하께서 돌아오시는 날짜의 지속에 달렸습니다. …… 삼가 폐하에게 바라노니 안으로는 어리석은 백성들의 동요를 깊이 걱정하시지 말고 밖으로는 틈을 엿보는 강대국을 너무 염려하지 말아서, 여론을 살피시고 곧장 환어還御하시어 종사를 편안케 하고 민심을 안정시키소서.

그러나 당위와 현실 사이의 괴리는 너무나 컸다. 고종은 국왕의 안전을 보장할 군사가 없는 가운데 러시아 공사관을 떠날 수 없었다. 1894년 일본군의 경복궁 습격과 1895년 을미사변에서 잘 드러났듯이 조선군의 전투력은 전무한 것이나 다름없었다. 당시 전체 조선군의 숫자는 서류상으로 7,500명으로 경군은 4,000명, 지방군은 2,500명 정도였다. 지방군은 유명무실했으므로 실제로는 경군 4,000명이 전부였다. 이들 중 반 정도는 지방의 '소요'로 각지에 파견되어 2,000명 정도만이 서울의 치안과 궁성의 수비를 담당했는데, 장비마저 보잘것없어 경찰 구실도 하기 어려웠다. 아관파천 무렵 서울에 남아 있던 일본군은 불과 500명이었으나, 조선의 미약한 군사력으로는 이들을 제압할 수 없었다.

여기에 1895년 내정개혁의 명분으로 일본이 제공한 차관 300만 엔의 이자·상환·담보 등의 가혹한 조건은 만성적인 재정난에 처한 조선 정부를 압박했다. 아관파천 직후 고종의 내밀한 명을 받아 영국인 재정고문 존 맥리비 브라운John McLeavy Brown이 정부 재정을 조사했는데, 조선은 파산 직전이라는 평가를 내렸다. 이처럼 조선 국왕의 환궁은 재정과 군사 문제를

러시아 니콜라이 2세 대관식에 참석한 민영환
고종은 1896년 5월 26일에 거행될 러시아 황제 대관식에 민영환을 특명전권공사로 임명하여 파견했다.

선결해야 가능했다.

바로 이러한 때에 적절한 기회가 왔다. 러시아는 1896년 5월 26일에 거행되는 니콜라이 2세 대관식에 세계 20여 개국의 사절을 초빙했다(니콜라이 2세가 황제가 된 것은 1894년이지만 대관식은 1896년에 거행되었다). 고종은 민영환閔泳煥을 특명전권공사로 임명하여 파견했다. 민영환은 임오군란 때 피살된 민겸호의 아들이다. 러시아에 파견된 민영환 특사 일행은 학부협판 윤치호(영어 통역 담당), 2등 참서관參書官 김득련金得鍊(중국어 통역), 3등 참서관 김도일金道一(러시아어 통역), 수행원 손희영孫熙榮과 러시아인 안내자 예브게니 페도로비치 슈타인Evgenii Fedorovich Stein을 포함하여 모두 6명에 불과했다. 이는 청의 특사 이홍장이 수십 명의 요리사를 포함하여 수백 명의 일행을 대동한 것과 크게 대조가 되었다.

"서양 신사들은 참으로 짐승 같은 자들이로다"

민영환 일행은 4월 1일 서울을 출발하여 제물포, 상하이, 요코하마, 밴쿠버 Vancouver, 몬트리올Montreal, 뉴욕NewYork, 리버풀Liverpool, 런던London, 플러싱Flushing, 베를린Berlin, 바르샤바 등을 거쳐 5월 20일 모스크바에 도착했다. 이들 중 유교 이념으로 무장하고 서양을 '오랑캐 나라'로 인식한 중국어 통역 김득련의 눈에 비친 서양의 모습은 이러하다.

> 동방예의지국의 나라 조선을 떠나 난생 처음 거대한 서양 여객선에 몸을 싣고 보니 진기한 것 일색이었다. 이상한 색깔이지만 눈 하나는 시원한데, 옷이 거추장스러워 보이는 서양의 아가씨들. 내가 잘 생겨서일까. 아니면 남녀칠세부동석을 몰라서인가. 겁도 없이 남정네들의 옆자리에 앉아 깔깔거리고……. 점잖게 진지를 드시는데 웬 쇠스랑과 장도가 나오는가. 입술을 찢기지 않으면서 접시의 물건을 입에 넣는다는 것은 참으로 고역이로다. …… 희고 눈 같은 가루(설탕)가 달고 달기에 이번에도 눈 같은 것(소금)을 듬뿍 떠서 찻종지에 넣으니, 그 갈색의 물(커피)은 너무나 짜서 삼킬 수도 뱉을 수도 없더라. …… 노르스름한 절편(치즈)은 맛뿐 아니라 향기도 고약하구나. …… 청중이 모인데서 웬 신사가 목에 힘줄이 돋을 정도로 소리를 지르니(테너 가

수), 모두 그를 우러러보더라. 서양에서 신사 노릇하기란 저렇게 힘드는가 보다. 벌거벗은 것이나 다름없는 가냘픈 소녀가 까치발을 하고 빙빙 돌며 뛰기도 하고 멎기도 하는데(발레), 가녀린 소녀를 학대하다니 서양 신사들은 참으로 짐승 같은 자들이로다.

통역으로 간 3인 중 김도일과 김득련은 자질이 모자랐다. 특히 김도일이 심했다. 김도일은 블라디보스토크에서 자랐는데 러시아 공사관의 통역으로 조선에 온 지 수개월 만에 고종의 눈에 들어 특사 일행이 되었다. 고종은 러시아에서 모든 중요한 협상에 김도일을 통역으로 하라고 민영환에게 지시했지만, 김도일은 한문은 물론 한글도 읽을 줄 몰랐다. 또한 한국어 어휘도 매우 빈약했다. 민영환은 김도일이 황태후라는 단어를 몰라 니콜라이 2세의 어머니 마리아 표도르브나Maria Fyodorvna를 가리켜 "황제 에미"라고 말하는 것을 보고는 통역으로 쓰기를 포기했다.

5월 20일 오후 2시 니콜라이 2세와 황후 일행이 대관식을 위해 상트페테르부르크에서 모스크바로 들어왔다. 대관식에 초대받은 각 나라의 외교사절들이 그 행렬을 지켜보았다. 윤치호는 그토록 화려한 행렬은 처음 보았다고 술회했다.

5월 22일 민영환은 윤치호와 같이 니콜라이 2세와 황후를 알현하여 조선 국왕의 감사편지를 전달했다. 니콜라이 2세의 영어는 발음이 명확하고 뛰어났다고 윤치호는 일기장에 썼다. 니콜라이 2세는 조선 사절단에 각별한 호의를 보였다. 이날 조선 사절단과 같이 온 슈타인은 다음과 같은 조선 정부의 5개 요구사항을 러시아어로 옮겨 러시아 외무부의 아시아 국장인 카파니스트Kapanist 백작에게 전달했다.

(1) 만족할 만한 수준의 조선 군대가 창설될 때까지 국왕의 호위를 러시아 군대가 맡아줄 것.
(2) 군사와 경찰의 훈련을 위해 다수의 교관(200명)을 파견해줄 것.
(3) 내각과 산업·철도 분야를 지도할 고문을 보내줄 것.
(4) 300만 엔의 차관을 허용해줄 것.
(5) 조선과 러시아를 연결하는 전신선 설치에 동의해줄 것.

5월부터 러시아 정부는 청, 일본, 조선을 상대로 비밀 교섭을 시작했다. 동아시아 삼국의 협상 목표는 차이가 있었다. 청은 서방세계에 문호를 개방한 이후 이이제이 정책을 고수했으나, 청일전쟁의 패배로 확고한 동맹국이 필요하다는 것을 절감하고 러시아와 동맹을 체결하려 했다. 조선의 목표도 청과 비슷했다. 그러나 조선의 형편없는 국력 탓에 러시아에 동맹을 요구했어도 실제로는 보호자 소임을 바라는 것이었다. 일본은 시간을 벌기 위해 러시아의 세력 확대를 양해하고 그 이상의 팽창을 막는 것이 목적이었다.

못된 당나귀 같은 이홍장

먼저 5월 3일부터 청의 대표 이홍장과 위테 재무장관이 회담을 시작했다. 이때 만주 횡단철도(둥칭東淸철도) 부설권이 쟁점이 되었다. 5월 24일 오후 조선 사절단은 러시아 귀족들과 각국 대사관을 공식 방문했다. 조선 사절단은 이홍장 일행과 조우했는데 조선을 여전히 속방으로 보는 듯한 이홍장의 천박한 질문이 조선 사절단의 심사를 자극했다. 윤치호는 이날의 일기에서 그 내용을 다음과 같이 전한다.

이홍장 언제 서울을 떠났소?

민영환 음력 2월 19일에 서울을 떠났습니다.

이홍장 그때 국왕은 러시아 공사관에 있었소?

민영환 그렇습니다.

이홍장 대원군은 여전히 정력적으로 활동하오?

민영환 그렇습니다.

이홍장 나이가 얼마요?

민영환 78세입니다.

이홍장 민영환 공은 대원군 당에 속하오, 그를 반대하오?

민영환 공은 머뭇거리다가 완곡한 말로 질문을 묵살했다.

이홍장 왕비는 누가 살해했소?

민영환 공식보도가 나가면 알게 될 것입니다.

이홍장 김홍집은 왜 살해되었소? 그는 좋은 사람이었는데…….

민영환 그는 왕후의 시해 사건에 연루되어 있었습니다.

이홍장 그대는 일본당이지 않소?

민영환 나는 어느 당에도 속하지 않습니다.

이홍장 믿을 수 없소. 조선인들은 친일적이지 않소?

민영환 어떤 이는 친일적이지만, 어떤 이는 그렇지 않습니다. 청국인들이 그런 것처럼.

마지막 응수가 이 노인을 침묵시켰다.

이 대화가 오고 간 것은 각국 외교관들이 지켜보는 자리에서였다. 이홍장은 민영환의 한 마디 응수에 입을 다물었다. 속으로 울분을 삼키던 윤치호도 민영환의 다부진 응수에 시원해 했다. 윤치호는 이홍장을 다음과 같이 평했다.

나는 이홍장에게 크게 실망했다. 그가 정말로 위대한 인물이라면 사람들이 가득 찬 (그들 가운데 러시아 고위 관리들이 많았다) 그 방에서 그러한 미묘한 질문을 하지 말았어야 했다. 나의 이홍장에 관한 견해는 이렇다. 그는 명민하고 유능한 중국 고관 중의 한 사람이다. 그는 서양 문명이 중국 문명에 비해 우월한 것을 알만큼 지각이 있고, 그 자신이 서양 문물을 수용하는 문제에 관계할 만큼 현명하다. 일찍이 그는 모험을 즐기는 유능한 외국인들 다수를 넉넉한 보수를 주어 자기 주위에 포진시켰다. 이 사람들이 자연스럽게도 그들의 후원자에 대한 칭찬을 해외에 떠들썩하게 퍼트렸는데, 이 때문에 사람들이 그가 결코 지니지 못한 자질이 있다고 믿게 되었다. 이렇게 시간과 돈, 영향력, 그리고 측근 외국인에 의해 (위대한) 이홍장이라는 가공의 인물이 만들어졌다. 그러나 이 전형적인 인물의 능력과 위대함은 일본인 때문에 뤼순항, 웨이하이웨이, 그리고 북양함대와 함께 허공으로 날아가 침몰했다. 오늘 우리 앞에는 그처럼 못된 당나귀 같은 연출을 하는 진짜 이홍장만이 남아 있다.

5월 24일부터 러시아와 일본의 비밀 교섭이 시작되었다. 일본 군부를 대표하는 인물로 전권대사로 파견된 야마가타 아리토모는 일본의 협상안을 로바노프에게 제시했다. 일본 제안의 핵심은 39도선을 경계로 조선을 러시아와 일본이 분할하자는 것이었다. 5월 26일에는 니콜라이 2세의 대관식이 성대하게 거행되었다.

　5월 30일 모스크바 교외에서 황제 대관식을 기념하여 축제가 열렸다. 축제에 온 민중은 50만 명이 넘었는데, 음식과 맥주가 나누어지자 군중이 몰려들어 1,429명이 압사하고 1만 명이 넘게 부상했다. 이 사고는 니콜라이 2세의 불길한 징조로 여겨졌다. 6월 3일 러시아와 청의 비밀동맹조약이 체결되었다. 이 조약의 내용은 다음과 같은 6개 조항으로 구성되었다.

(1) 일본이 극동의 러시아 영토, 청국, 조선을 침략하는 경우 상호 원조한다.
(2) 단독으로 강화하지 않는다.
(3) 전쟁 중에는 청국의 모든 항만을 러시아 군함에 개방한다.
(4) 청국은 러시아의 시베리아 철도가 헤이룽장성 黑龍江省, 지린성 吉林省을 횡단하여 블라디보스토크에 이르도록 하는 철도 건설에 동의한다.
(5) 러시아는 전시나 평시나 이 철도를 이용할 수 있다.
(6) 유효 기간은 철도 건설이 발효한 때부터 15년으로 한다.

　이 조약 내용을 보면 알 수 있듯이 청 정부는 러시아의 만주 진출을 인정하는 대신 러시아의 힘을 빌려 일본의 침략을 막으려 했다.

외국인 호위병에게 보호를 구걸하다

6월 5일 민영환 특사는 로바노프 외무장관과 만나 조선이 요구한 5개항에 대한 러시아 정부의 생각을 물었다. 그러나 로바노프는 조선의 요구사항을 처음 들어보는 듯했다. 6월 6일 민영환과 윤치호는 니콜라이 2세를 알현하여 조선의 요구사항을 직접 전달했다. 니콜라이 2세는 흥선대원군을 언급하는 등 조선의 정세를 잘 아는 것 같았다. 그는 일본이 조선에 영향력을 행사하는 데 거부감을 여러 차례 표시했다.

이날 로바노프 외무장관은 야마가타 아리토모에게 역으로 제안했다. 조선 분할 조항을 삭제하고 조선 국왕의 호위병은 러시아가 조직하자는 것이었다. 야마가타 아리토모는 이를 거절했다. 6월 7일 민영환은 위테 재무장관을 방문했다. 이날의 만남을 윤치호는 자세히 기록했다.

6월 7일 일요일. 더운 날. 모스크바. 10시 30분에 위테 재무장관을 방문했다. 민영환 공은 이미 로바노프 공과 차르에게 한 말을 거의 그대로 되풀이하여 말했는데, 무엇보다도 조선 국왕의 호위 문제를 차르가 허가해주도록 영향력을 발휘해줄 것을 요구했다. 위테가 영어를 못하므로, 슈타인이 나에게 재통역을 해야 했다. 재무장관이 말한 요지는 이랬다.
"러시아는 코리아의 질서와 평화를 지키고 일본이나 그 외의 어떠한 나라도 코리아를 점령하거나 곤경에 빠뜨리지 못하게 할 결의로 충만합니다. 그러나 시베리아 철도가 완성되기 전까지는, 러시아는 매우 느릿느릿 행동해야 합니다. 그러므로 외무성이 극동문제에 대해 어떠한 조치를 취하든, 그것은 잠정적인 것입니다. 지금은 러시아보다 100배나 국력이 약한 일본이 지리적 근접성으로 인하여 코리아에 더 큰 영향력을 행사할 수 있는 위치에 있습니다. 그러나 결국에는 러시아가 우세할 것이란 점은 의심할 수 없는 사실입니다. 당신의 요청에 대해 답변하겠습니다. (1) 군사 교관은 파견될 가능성이 높습니다. (2) 고문 문제로 말하면, 서울에 있는 우리 공사관 직원을 늘릴 수 있습니다. 당신들에게 도움이 될 것입니다. (3) 코리아의 재정 상황을 조사하기 전에는 차관을 제공할 수 없습니다. 코리아의 재정은 관세 수입이 대부분이므로, 러시아가 관세에 더 많은 영향력을 가져야 차관에 대한 보증을 얻을 수 있는 것입니다. (4) 국왕 호위 문제로 말하면, 국왕이 자신을 지키기에 충분한 강직함이 없는데, 어떻게 타인이 그를 지켜줄 수 있습니까? (옳소, 옳소!) 내가 그라면 흥선대원군부터 시작하여 나의 모든 적을 처벌할 것입니다."

12시 재무성에서 나와 군사 퍼레이드를 보러 갔다. 잘 무장한 병사들이 (보병, 포병, 기병) 생기 넘치는 군악대의 음조에 맞추어 아주 질서정연하게 행진했다. 민영환 공은 군사 퍼레이드에 관심을 보이지 않았고 날이 덥다고 투덜댔다. 그는 민씨들이 세도를 부리던 시기에 거의 10년 동안이나 장군직을 맡았다.

오후 2시경에 숙소로 돌아왔다. 슈타인은 위테가 자신에게 은밀히 말하기를 조선 국왕이 자신의 조선인 원수들을 처벌할 힘이 없다면, 어떻게 타인이 그를 외국의 적들에게서 보호해줄 것을 기대할 수 있겠느냐고 했다고 나에게 말했다. (옳소! 옳소!) 위테의 말은 통렬하고 굴욕적이지만, 부정할 수 없는 진리를 말했으므로 더욱 그러하다. 정말로 그렇다! 조선 국왕이 용감하게 일어설 용기와 남자다움이 있어, 백성의 충성심에 의지한다면, 백성들은 그에게 헌신할 것이다. 그러나 그 많은 쓰라린 경험에도 조금도 깨달음이 없는 그는 여전히 여인, 환관, 무뢰배 들과 더불어 음모를 꾸미고 놀면서 시간과 정력을 낭비하고 있다. 그러면서 신변의 안전을 위해 외국인 호위병의 보호를 구걸하고 있다.

6월 8일 조선 사절단은 상트페테르부르크로 향했다. 그리고 6월 9일 로바노프-야마가타 의정서가 체결되었다. 이 협약의 내용은 대체로 아관파천을 인정한 가운데 조선 군주의 신변 문제와 군사·재정 등에 관해 일정한 한계를 지은 것으로 일시적이고 잠정적인 타협이었다. 조선의 요구사항은 러시아가 조선을 적극 지원해달라는 것인데 일본과 비밀리에 협상을 진행하고 있던 러시아는 일본과 갈등을 유발할 가능성이 있는 조선의 제안을 그대로 수용할 수는 없었다.

제정 러시아의 사정으로 보아 민영환 특사의 요청 중 가장 수용하기 곤란한 것은 차관이었다. 시베리아 횡단철도 건설비용을 프랑스 차관에 의존하고 있던 러시아는 재정도 넉넉하지 않은데다가 조선의 상환 능력에 의문을 품었다. 6월 30일 로바노프 외무장관은 초조하게 기다리던 민영환에게 반쯤 약속하는 태도를 취해 '회답 메모' 형식으로 5개 조항을 약속했다.

(1) 국왕은 원하는 한 러시아 공사관에 체류할 수 있다. 환궁해야 할 경우 러시아 정부는 안전을 보장한다. 서울 주재 러시아 공사의 판단에 따라 경비병을 공사관에 둔다.

(2) 군사 교관에 대해 러시아 정부는 조선 정부와 협상하기 위해 고위의 유경험자를 서울에 파견한다. 첫째 목적은 국왕을 위한 조선군 경비병의 조직이다. 조선의 재정 상태를 조사하고 필요한 재정 수단을 모색하고자 다른 전문가를 파견한다.

(3) 이 두 전문가는 서울 주재 러시아 공사의 지휘 아래 (조선 정부의) 고문으로 활동한다.

(4) 차관 문제는 조선의 재정 상태와 그 필요성이 확인될 때 고려한다.

(5) 러시아 정부는 러시아와 조선 간의 육로 전선 연결을 승인한다. 이 계획

의 실현을 위해 모든 가능한 한 지원을 한다.

조선군, 러시아식 군사교육을 받다

8월 7일 민영환 특사는 로바노프 외무장관에게 조·러 방위동맹을 제안했다. 이것은 일본이 조선의 자주독립을 침해하면 러시아가 이를 막아달라는 뜻이었다. 8월 13일 로바노프는 니콜라이 2세의 재가를 얻어 다음과 같이 회답했다.

> 본대신本大臣은 귀하의 뜻을 주상奏上했고 러시아 정부를 대표하여 조선 정부에 대한 불변의 호의를 보증한다. 앞으로 조선 왕국의 이익을 보호하기 위해 가능한 한 협력을 할 것이다.

이는 어느 정도 조선의 요구를 들어준 것이었다. 로바노프는 얼마 지나지 않아 8월 30일 심장마비로 사망했다. 민영환 특사가 러시아에서 확보한 가시적인 결과는 푸챠타Putiata 대령이 인솔하는 러시아 군사교관 13명의 초빙이었다. 이들 교관단은 위관 2명, 하사관 10명, 군의관 1명으로 구성되었다. 베이징 주재 러시아 공사관의 무관을 지낸 푸챠타 대령은 러시아 군사교관에 의한 조선군의 훈련과 조직 등에 관하여 전권을 위임받았다. 이들은 민영환과 함께 시베리아와 연해주를 경유하여 10월 21일 서울에 도착했다. 이로써 민영환은 한국인으로서는 최초로 세계 일주를 한 사람이 되었다. 윤치호는 프랑스어 공부를 위해 한동안 더 머물렀다.

러시아 교관에게 훈련을 받고 있는 친위대
러시아에 특명전권공사로 파견된 민영환은 러시아 군사교관 13명을 초빙하는 가시적인 성과를 만들어냈다. 이로써 조선군 훈련대는 일본식 군사교육을 받던 것과는 달리 아관파천 이후에는 러시아 교관의 훈련을 받게 되었다.

민영환은 러시아 방문을 통해 징병제의 중요성을 분명히 인식했다. 그는 고종이 러시아의 군제도를 문의하자 러시아 군제는 일체 서양과 유사하며 온 나라가 군무軍務에 전력하여 강대국이 되었다고 답하고 시급히 이를 모방하여 시행할 것을 건의했다.

조선 정부는 2,000명의 훈련을 희망했으나 이들 교관단은 1개 대대 병력인 800명을 선발하여 정예화를 꾀했다. 아관파천 이전까지 조선군 훈련대는 일본식 군사교육을 받고 일본 교관의 지휘를 받았던 것과 달리 이제 궁궐을 경비하게 될 조선군은 모두 러시아 방식을 따랐다.

조선군이 연말까지 소기의 훈련을 마치자 고종은 환궁 준비를 했고 마침내 1897년 2월 20일 명례궁明禮宮(현재의 덕수궁)으로 돌아왔다. 이후 황제 즉

제10장 대한제국이 수립되다 221

위를 간청하는 상소가 쇄도하기 시작했다. 이들의 주장은 고종이 황제로 즉위하여 나라의 위엄을 높이고 자주독립의 기틀을 마련하자는 것이었다.

칭제건원을 상소하다

왕을 황제로 칭하고 독자적 연호를 사용한다는 '칭제건원稱帝建元'라는 말이 이때 처음 나온 것은 아니다. 일찍이 김옥균이 갑신정변 때 조선 국왕을 청 황제와 동등한 지위로 격상하려는 구상을 했다. 이후에도 간간이 이러한 주장이 있었으니 을미사변으로 성립된 3차 김홍집 내각도 칭제건원을 구상했으며 김옥균을 암살한 홍종우도 아관파천 당시에 황제 즉위를 간청했다. 《고종실록》에 나오는 상소문들이 칭제건원을 주장하는 이유는 대략 다음과 같다.

첫째, 황皇·제帝·왕王은 비록 글자는 다르지만 한 나라를 자주하고 독립하여 의지하지 않는다는 점에서 같은 뜻을 지닌다. 제위에 오른다 해도 만국공법萬國公法상 조금도 구애됨이 없으므로 정부에서 의논하여 대책을 세우시고 황제의 존호를 올림으로써 임금을 높이는 여정輿情에 부응하고 문약文弱·의부蟻附하는 습관을 깨뜨려야 될 것이다.
둘째, 갑오개혁 이후 독립의 이름만 있고 독립의 실이 없다. …… 우리나라 국민이 문약한 성품으로 의부依附하는 성습이 멀리는 2,000년, 가까이는 500년으로 이를 떨쳐버려야 할 것이다.
셋째, 우리나라의 의관문물이 모두 명의 제도를 좇아 그 통統을 이었다. 따라서 그 위호位號를 바로 세우는 일이 불가할 것이 없다. 청이 우리와 동양에 처해 있는 것은 독일·오스트리아가 로마에 인접해 있는 것과 다름이 없다.

넷째, 우리나라가 자주독립국임은 만국이 공인하고 있는데 무엇이 두려워하지 못하는가. 우리나라의 강토는 한·당의 옛 땅과 관계가 있고 의관문물은 송·명의 제도를 모두 좇았으니 그 계통을 접수하여 그 존호를 쓴다 해도 불가할 것이 없다.

다섯째, 혹자는 말하기를 왕이나 군君은 한 나라를 다스림을 말하고 황제는 여러 나라를 다스림을 말한다 하여 영토를 개척하고 백성을 늘려 여러 나라를 통합한 상태가 아니면 황제 칭호의 사용이 불가하다고 한다. 그러나 우리나라는 삼한三韓을 통합한 것이고 육지 강토는 4,000리요 인구는 2,000만에 모자라지 않는다. 오늘날 폐하의 신민臣民된 자가 지존한 존호를 씀에 누가 이를 원하지 않는다는 것인가.

이렇듯 상소문의 요지는 갑오개혁 당시 밝힌 자주독립의 이름을 황제 즉위를 통해 보다 구체화하자는 것이었다. 그러나 일부 반대 주장도 있었다. 우선 최익현崔益鉉·유인석柳麟錫 등 위정척사운동을 전개하던 보수유생들은 '서구의 의례에 따라 존호를 바꾸는 것'은 짐승의 제도를 취하는 것으로, 소중화의 나라에서 황제 즉위를 한다는 것은 망령되이 자기 자신을 높이는 행위라고 비난했다.

윤치호 등 서구지향적 지식인들도 반대했다. 윤치호는 황제 즉위는 서구 열강에 아무런 의미가 없는 '유명무실'한 조치이며 "외국 군대가 왕궁을 침입하여 국모를 시해하는 마당에 서구 열강 가운데 아무도 알아주지 않을 그 같은 행사에 재정을 낭비하기보다는 국정의 개선과 효율적 운영을 통해 자

덕수궁 대안문에 모인 민중들
1897년 2월 20일 고종은 아관에서 덕수궁으로 돌아왔다. 이때 국호를 대한제국으로 바꾸고 완전한 독립 국임을 선포했다. 또 대안문大安門도 대한문大漢門으로 개칭했다.

주독립의 기초를 다지는 것이 시급하다"고 했다.

《독립신문獨立新聞》도 이와 비슷한 논조로 반대했다. 논설에서 "나라가 자주독립 되는 데는 꼭 대황제가 계셔야 자주독립되는 것은 아니다. 왕국이라도 황국과 같이 대접을 받으면 권리가 있는 것이다. 지금 조선에 제일 긴요한 것은 자주독립의 권리를 잃지 아니해야 할 터인즉, 관민이 대군주 폐하가 황제 되시는 것을 힘쓰는 것도 옳거니와 제일 자주독립 권리를 찾으며 지탱할 도리를 해야 할 것"이라 했다.

장지연張志淵·정교鄭喬 등 동도서기東道西技적 시각을 가진 지식인들이 두 논리를 모두 비판했다. 보수유생들의 주장에 대해서는 "어리석은 자들의 망령된 주장으로 일고의 가치도 없다"고 반박했고, 윤치호 등의 주장에 대해서는 "청·일 모두 황제·천황을 칭하는데 우리만이 왕을 칭하여(1896년 이후 조선은 '대군주 폐하'라는 칭호를 썼다) 비하할 이유가 없으며, 황제가 없으면 독립도 없다는 일반의 인식을 고려할 때, 우리 군주의 존호도 황제로 높여 쓰는 것이 반드시 필요하다"고 했다.

조선 정부는 이 문제에 대한 각국의 반응을 탐문했다. 대체로 "이 일이 조선의 자주에 속한 일이기 때문에 굳이 이를 저지하거나 방해하지는 않을 것"이라는 반응이었다. 이후 정부에서는 적극적으로 황제 즉위를 추진했다.

8월 16일 연호를 광무光武로 제정했고, 9월에는 문무백관과 성균관 유생들의 상소가 이어졌다. 아홉 번의 사양 끝에 고종은 이를 재가했다. 아홉이라는 숫자는 동양적 의미로는 가장 큰 수로, 사양할 만큼 사양했다는 뜻이었다. 10월 11일과 12일에 걸쳐 황제 즉위식이 거행되었다. 《독립신문》은 고종의 황제 즉위를 다음과 같이 평했다.

> 광무원년 시월 십이일은 조선사기朝鮮史記에서 몇만 년을 지내더라도 제일 빛나고 영화로운 날이 될지라. 조선이 몇천 년을 왕국으로 지내어 가끔 청국에 속하여 속국 대접을 받고 청국에 종이 되어 지낸 때가 많더니 …… 이달 십이일에 대군주 폐하께서 조선사기 이후 처음으로 대황제 위에 나아가시고 그날부터는 조선이 다만 자주독립국뿐이 아니라 자주독립한 대황제국大皇帝國이 되었으니 …… 어찌 조선 인민이 되어 …… 감격한 생각이 아니 나리오.
>
> (《독립신문》 광무원년 10월 14일, 논설)

황제 즉위식이 거행된 다음날 정부는 국호를 조선에서 대한大韓으로 변경하여 대한제국을 선포했다. 국호 변경을 결정한 조선 국왕과 대신들의 견해는 다음과 같다.

> 나라는 옛 나라이나 천명을 새로 받았으니 이제 이름을 새로 정하는 것이 합당하다. 삼대 이래로 황제의 나라에서 이전의 나라 이름을 그대로 쓴 적이 없다. 조선은 기자箕子가 봉해졌을 때의 이름이니 당당한 제국의 이름으로는 합당하지 않다. 대한大韓이란 이름을 살펴보면 황제의 정통을 이은 나라에서 이런 이름을 쓴 적이 없다. 한이란 이름은 우리의 고유한 나라 이름이며, 우리나라는 마한·진한·변한 등 원래의 삼한을 아우른 것이니 큰 한이라는 이름이 적합하다.
>
> 《고종실록》 광무원년 10월 11일

서울에 주재한 각국 외교관들은 황제 즉위와 대한제국 선포에 냉담한 반응을 보여 "1루블의 가치만도 못하게 여긴다", "동전 한 닢의 가치도 못한 것으로 여긴다"고 말하기도 했다. 그러나 공식적으로는 대한제국을 승인하지 않을 수 없었다.

국제법상 한 나라의 성립 자체는 선포로서 효력을 발휘하는 것이고 다른 나라의 승인 여부와는 상관없는 것이었다. 그러므로 서구 열강이 대한제국 선포를 수용한 것은 당연했다. 그러나 청나라로서는 신하국 조선이 상국과 대등하게 되었다는 뜻이다. 유일하게 조선과 사대책봉관계를 맺어온 청은 고종의 황제 즉위를 '망령되이 자기 자신을 높인 것妄自尊大'이라 비난했다. 심지어 청일전쟁의 패배보다 모욕적인 일로 여기기도 했다.

그러나 청은 조선과 청일전쟁 이래 방기된 무역 업무에 대해 별도의 상무 조약을 체결할 필요가 있었다. 대한제국의 황제를 인정하지 않고서는 조약이 성립되지 못하기 때문이었다. 이 문제를 놓고 청국 조정에서는 의론이 분분했다. 자존심은 상하지만 조선에서 활동하고 있는 청국 상인들의 보호를 위해서는 인정해야 한다는 이홍장 등 대신들의 주장과 '괘씸하고 불쾌하다'는 황실 측 주장이 팽팽히 맞섰다. 결국 이홍장의 주장이 받아들여져 1899년 대한제국 황제와 대청제국 황제의 명의로 통상조약이 체결되었다.

역사 속의 역사 10

러시아의 마지막 황제, 니콜라이 2세

니콜라이 2세는 알렉산드르 3세의 장남으로 1868년 상트페테르부르크에서 출생했다. 1881년 황태자가 되었고 1894년 알렉산드르 3세가 49세의 나이로 병사하여 아직 정치적 경험이나 국정 운영 경험이 충분하지 못한 상태에서 즉위했다.

1895년 삼국간섭에 성공하고 1896년에는 시베리아 횡단철도 부설권을 획득하는 등 극동 진출에 힘썼다. 산업혁명이 급속히 진행되던 러시아에서는 농민의 삶이 개선되지 않아 노동자와 농민의 혁명운동이 성장했다. 의화단 사건으로 만주를 점령하고는 반환하지 않아 일본과 대립하여 러일전쟁이 일어났다. 국내에서는 혁명운동으로 봉기가 잇달았고 패전하여 위신이 실추되었다.

1905년 9월 일본과 포츠머스 조약을 체결하여 일본의 대한제국 지배를 용인했으나 북만주에서 자신들의 이권은 보장받았다. 국내에서는 혁명운동이 거세졌으나 1905년 10월 국회 개설을 약속하여 혁명을 억제하고 표트르 아르카데비치 스톨리핀Pyotr Arkad'evich Stolypin을 수상으로 등용했다.

니콜라이 2세의 황후 알렉산드라 표도로브나Aleksandra Feodorovna(처음 이름은 알릭스 헬레나Alix Helena)가 영국 빅토리아 여왕의 외손녀이므로 역시 빅토리아 여왕의 외손자인 독일 황제 빌헬름 2세와는 가까운 인척으로 일찍이 교분이 있었다. 그러나 포츠머스 조약 이후 발칸반도로 진출 방향을 바꾸어 독일과 이해관계가 크게 엇갈렸고, 결국 1907년 8월에는 19세기 이래 경쟁자였던 영국과 동맹을 맺어 독일 포위 체제에 가담했다.

■ 니콜라이 2세

러시아의 마지막 황제 니콜라이 2세는 1918년 7월 17일 무장한 병사 10여 명에 의해 총살되었다. 이로써 300여 년 동안 이어진 로마노프 왕가는 14대를 끝으로 종지부를 찍었다.

　1914년 여름 제1차 세계대전이 일어나자 당숙인 니콜라이 대공을 총사령관으로 임명했다. 독일군의 공세에 러시아군은 후퇴하여 폴란드를 내주었다. 1915년 8월에는 스스로 총사령관이 되어 전선에서 군을 지휘했다. 후방에서 식량 사정이 악화일로가 되어 1917년 3월 수도 상트페테르부르크에서 민중이 봉기했다. 니콜라이 2세는 수도로 돌아와 사태를 수습하려 했으나, 병사들 사이에서도 반전 분위기가 거세져 결국 퇴위했다. 1918년 7월 17일 레닌의 지시로 가족과 더불어 예카테린부르크에서 총살되었다.

제11장

독립협회와
의회 설립 운동

자주독립에 대한 열망

19세기 후반에 들어 조선은 근대화라는 과제와 함께 일본을 비롯한 제국주의 열강의 침략에 직면했다. 외래 자본주의의 경제적 침탈은 조선의 정상적인 경제성장을 막았을 뿐만 아니라 결국 주권을 상실하는 주요 원인이 되었다. 조선은 1876년 쇄국정책을 포기한 후 불과 30년이 못되는 동안 산업화의 바탕이 될 수 있는 대부분의 자원을 외세에 빼앗겼다. 그 중에서도 광산이권 부분의 침탈로 인한 손실은 막대하여 민족자본의 원천을 고갈시켰다. 아관파천으로 조선은 일본의 침략을 일단 견제하기는 했으나 새로이 강화된 러시아의 경제 침략에 시달려야 했다.

아관파천이 일어나서 새로이 친러 정부가 수립되고 고종은 1년간 러시아 공사관에 체류하게 되었다. 조선 국왕이 러시아 공사관에 연금된 모양이 되자 서양 열강은 신변보장을 약속하면서 각종 이권들을 요구했다. 고종은 을

서재필

일본인들이 《한성신보》라는 신문을 발간하여 여론을 제멋대로 조작하고 있던 당시 서재필은 조선 왕조의 온건개혁파와 함께 《독립신문》을 창간하고 독립협회를 창립했다.

 미사변 이후 공포에 질려 신변보장을 약속받으면 국왕의 전제권을 발휘하여 각종 이권들을 할양했다. 러시아는 경원·경성 광산 채굴권, 두만강 연안 삼림 벌채권, 울릉도 삼림 벌채권 등을 얻었다. 한 나라 공사가 이권을 획득하면 다른 나라 공사·영사가 경쟁적으로 고종을 면담하여 '최혜국 조항'을 내세우며 이권을 요구했다. 아관파천 이후에도 열강의 이권침탈은 그치지 않았다.

 조선인들은 열강의 이권침탈을 저지하고 자주독립을 강화해야 할 필요성을 느꼈다. 이에 조선 왕조의 온건개혁파와 서재필徐載弼이 합작하여 1896년 4월 7일 《독립신문》을 창간하고 7월 2일에는 독립협회를 창립했다. 당시 일인들이 서울에서 《한성신보》라는 신문을 발간하여 여론을 제멋대로 조작하고 있어 이에 대항하는 신문의 발행이 절실히 필요했다.

1896년 7월 2일에는 독립협회가 창립되었다. 독립협회를 창립한 주체 세력은 갑오개혁이 일본의 간섭으로 타율적으로 되는 것에 반대하여 참여하지 않은 개화파 인사들로서 그 핵심인물은 서재필·이상재李商在·안형수安駧壽·윤치호·남궁억南宮檍·정교·이건호李健鎬·나수연羅壽淵 등이었다.

독립협회에 정식으로 등록된 회원은 1898년에 4,173명이었다. 회원으로 등록하지 않고 독립협회 활동에 적극적으로 참여한 인사들은 많았으며 독립협회의 큰 행사에는 대체로 약 1만 명이 참석했다. 독립협회가 가장 먼저 수행한 사업은 독립문·독립공원·독립관 건립이었다. 서재필은 1895년 12월 26일 귀국한 지 얼마 지나지 않아 조선이 사대의 굴레를 벗어버리고 완전한 자주독립국이 된다는 상징으로 영은문迎恩門(중국 사신을 맞이하는 문으로 모화관慕華館 앞에 세워졌다. 중국에 대한 사대의 표상이다)을 헐고 독립문과 독립공원을 세울 것을 정부에 제의했다.

이들 사업은 독립협회의 창립과 함께 순조롭게 진전되었다. 자주독립에 대한 민중의 열망이 이미 팽배했기 때문에 각계각층에서 독립협회의 목적을 지지하고 독립문 건립을 위한 보조금을 헌납했다. 그리하여 1896년 11월 21일 성대한 독립문 정초식定礎式이 거행되었으며, 이 자리에서 애국가가 불렸다(애국가의 작사자는 윤치호이다). 독립문은 1897년 11월 완공되었다.

독립공원은 독립문과 이전의 모화관 일대가 공지였으므로 이 지역에 나무를 심어 공원으로 꾸몄다. 독립관은 모화관을 개수한 것이었다. 독립관 개수 작업이 끝나자 1897년 5월 23일 황태자가 국문으로 친서한 독립관의

독립문
독립협회는 자주독립에 대한 민중의 열망과 독립정신을 고취시키기 위해 독립문 건립을 추진했다. 또한 독립문 건립에 수많은 사람들이 보조금을 헌납하기도 했다.

현판식을 거행했고, 8월 8일의 통상회通常會에서는 독립관을 집회장소로 하여 매주 일요일 오후 3시에 회원들이 독립관에 모여 강연회와 토론회를 갖기로 했다.

토론회의 주제는 모두 당시의 정치·경제·사회·문화의 각 부분에 걸친 긴급한 과제들이었다. 독립협회가 토론회를 통해 애국계몽운동을 펴는 동안에도 열강은 이권 획득을 얻기 위해 대한제국에 갖은 압력을 가했다. 그 중 아관파천으로 고종을 보호한 러시아의 압력이 심했다.

"시랑을 사오십 마리 대궐 내에 두는 것보다 위태하다"

1897년 8월부터 러시아는 부산 절영도絶影島의 석탄고 기지 조차租借를 요구해왔다. 친러 수구파 정부는 이를 승인하는 절차를 시작했다. 스페이에르도 9월 2일 다시 주한 러시아 공사로 임명되어 활동했다. 러시아의 압력으로 조선 정부는 10월 영국인 재정 고문(탁지부 고문) 브라운을 경질하고 러시아인 예브게니 이바노비치 알렉세예프Evgeni Ivanovich Alekseev를 대신 임명했다.

1898년 2월 21일 이제까지 계몽단체로 활동하던 독립협회는 구국운동을 선언하는 강경한 상소문을 올리면서 본격적으로 정치 활동을 했다. 독립협회의 국권수호운동과 민권운동에 대해 고종과 친러 수구파 정부는 완강하게 반대했을 뿐만 아니라 계속해서 국권과 국익을 훼손하는 정책을 추구했다.

늘 궁정 호위에 불안을 느껴오던 고종은 1898년 8월 미국인 법무 고문관 클래런스 그레이트하우스Clarence R. Greathouse의 자문을 받으면서 외국에서 외국인 장교와 퇴역군인들을 불러와 특수부대를 편성하여 국왕과 왕실 호위라는 국가 운명과 직결된 중대 임무를 맡기려고 했다.

이에 그레이트하우스와 장봉환張鳳煥을 상하이에 파견하여 외국인 퇴역군인 30명(영국인 9명, 미국인 9명, 독일인 6명, 프랑스인 5명, 러시아인 2명)을 1인당 월급 70원과 왕복 여비를 지불하기로 하고 우선 1년 계약으로 고용했다. 이들은 9월 15일 서울에 왔다.

당시 전제군주제의 대한제국에서 전제권을 가진 국왕의 호위를 유럽 열강 국적의 외인부대에 맡기는 것은 국가의 위신에 관계된 문제일 뿐 아니라 왕실이 외국인 손안에 들어가는 매우 위험한 일이었다.

독립협회는 이 소식을 외신을 통해 처음 듣고는 9월 8일 《독립신문》에 〈믿지 못할 일〉이라는 논설을 게재했다. 그 요지는 외국인 30명을 고용하여 황실을 보호한다는 것은 국권을 해치는 큰 수치이며, 이것은 황제와 정부가 친위대의 대한제국 군인을 해치는 큰 수치이며, 정부가 외국 민간인의 행태도 대한의 법률로 다스리지 못하면서 서양 퇴역 군인들을 고용하여 황실 호위의 대권리를 맡겼다가 잘못되는 일이 있을 때 이를 통제할 수 없게 된다는 점을 들어 통렬하게 비판하고, "이것은 시랑豺狼을 사오십 마리 대궐 내에 두는 것보다 위태하다"고 개탄했다. 독립협회는 외인 용병이 들어오자 강력하게 반대 운동을 전개했다.

9월 17일 군부軍部(국방부)에는 정항모鄭恒謨 등 3인, 외부外部(외무부)에는 조한우趙漢禹 등 3인, 궁내부에는 이승만李承晩 등 3인, 경무청에는 최정덕崔廷德 등 3인을 파견하여 외국인 용병의 즉각 귀환을 요청하는 항의문을 전달했다. 구체적인 정부의 답변이 없자, 독립협회는 9월 18일 외부의 문 앞에서 대규모 민중대회를 열고 6가지 이유를 들어 황실 호위 외인부대를 즉각 추방하도록 강력히 요구했다. 다음날에도 민중대회는 열려 고종의 결단을 촉구했다.

독립협회의 반대운동을 누르지 못할 것으로 판단한 수구파 정부는 고종에게 외인부대의 철수를 주청했고, 고종은 9월 24일 외국인 용병들에게 1년치 고용비 2만 5,200원을 지불하고 돌려보냈다. 이것은 독립협회가 국가의 자주수호를 위해 쟁취한 성과라 할 수 있다.

김홍륙 독다毒茶 사건

비슷한 시기인 9월 11일에 이른바 김홍륙金鴻陸 독다毒茶 사건이 발생했다. 이 사건은 독립협회가 본격적으로 개혁파 정부 수립과 의회 설립을 목표로 활동하게 되는 계기가 되었다. 김홍륙은 국왕의 러시아어 통역으로 활동하면서 고종의 신임을 받아 고위 관직에 올라 온갖 전횡을 자행하여 원성을 샀다. 그리고 8월 25일 해임되면서 곤장 100대에 흑산도에 유배되는 처벌을 받았다. 이에 김홍륙은 원한을 품고 궁중 요리사 공홍식孔洪植에게 고종이 마실 커피에 아편을 넣게 했다.

독립협회는 9월 13일 종로에서 특별대회를 열고 이 반역사건의 철저한 조사를 요구했다. 이 사건을 수사하면서 경무사 민영기閔泳綺는 죄인들을 심문할 때 악형을 남용하여 다리가 부러진 자가 나오고 부녀자까지 고문했다. 9월 23일 다시 열린 중추원은 갑오개혁 때 폐지된 노륙법孥戮法과 연좌법連坐法을 부활시킬 것을 정부에 요청했다.

9월 25일 독립협회는 국민의 생명과 재산의 자유권을 침해하는 것이라 규정하고 이에 대해 반대 의견을 분명히 했다. 평소 죄형법정주의·죄형개인주의·고문 제도의 폐지·공개재판주의·판결증거주의를 주장해온 독립협회는 비록 반역죄를 지은 김홍륙이라 할지라도 법률에 의해서만 처벌해야 하며 연루자들을 고문할 수 없다고 결의했다.

9월 26일과 28일 두 차례에 걸쳐 독립협회는 중추원 의장 겸 법부대신인 신기선申箕善에게 공한公翰을 보내 두 악법의 부활을 요청한 의관議官과 의장의 사직을 요구했다. 신기선은 갑오개혁 이후 역적을 다루는 데 교수형만 적용시키니 역변逆變이 그치지 않으므로 노륙법을 부활시키지 않을 수 없고

덕수궁 정관헌
고종은 커피 마니아였는데, 그는 항상 덕수궁 정관헌에서 커피를 즐겨 마셨다. 한편 김홍륙은 궁중 요리사를 꾀어 고종이 마시는 커피에 아편을 넣게 했다.

대신大臣들의 진퇴는 민회民會에서 논할 바가 못된다고 답변했다.

독립협회는 10월 1일부터 중추원 문 앞에서 민중대회를 열고 신기선의 사임을 요구하고 두 악법의 부활 시도를 규탄했다. 고종은 신기선을 두둔하고 노륙법과 연좌법 부활을 옹호하는 의견을 밝혔다. 이에 크게 실망한 독립협회는 자주독립 강화, 의회 설립, 민권신장을 위해서는 먼저 친러 수구파 정부와 그 대신들을 퇴진시키고 개혁적 성향을 가진 대신들로 정부를 구성해야 한다는 결론을 내렸다.

10월 7일부터 독립협회는 대규모 민중대회를 열어 수구파 7대신의 파면을 요구하는 철야시위를 벌였다. 10월 10일에는 외국어 학교 학생들이 참석했고 시내의 시전 상인들도 철시했다(이날 김홍륙의 사형 집행이 있었다). 고종은 더는 버틸 수 없다고 판단하여 10월 10일자로 법부대신 신기선과 법부협판 이인우李寅祐를 파면하고 군부대신 심상훈沈相薰과 탁지부 대신 민영기를 해임했다. 10월 12일에는 의정부 참정 윤용선尹容善을 해임시켜 수구파 7대신은 모두 면직되었다. 이는 친러 수구파 정부의 퇴진을 의미했다.

고종은 독립협회의 견해에 따라 박정양을 서리 의정사무에 임명하여 정부 수반으로 삼고 군부대신에는 의회 설립을 주장하는 민영환을 임명했다. 뒤이어 개각이 계속되어 독립협회가 바라는 개혁파 정부가 수립되었다. 이것은 독립협회가 10월 1일부터 만 12일간 궁궐을 에워싸고 철야시위를 하면서 쟁취한 성과였다. 각국 외교관들도 민중운동에 의해 개혁정부가 탄생한 사실을 높이 평가했다. 다음은 10월 13일 미국 공사가 본국에 알린 보고서의 일부이다.

> 이 도시는 지금 막 집중적 열광의 시기를 통과했음을 보고한다. 평화적 혁명 Peaceful Revolution이 일어났다. 군중들의 요구에 따라 거의 전면적 개각이 이루어졌다. 이러한 내각의 변동은 1894년 일본이 한국을 실질적으로 장악했을 때 일어난 적이 있었다.

프랑스혁명 같은 의회 설립 운동

1898년 봄부터 독립협회는 의회 설립 운동을 시작했다. 이에 정부대신뿐만 아니라 고종이 결사반대했다. 고종은 의회 설립이 군주의 권한을 약화시키는 것이라 하여 어떠한 종류의 의회 설립도 반대했다. 전제군주제하에서 절대권을 가진 전제군주의 반대를 무릅쓰고 의회 설립 운동을 전개하는 것은 언제라도 반역죄로 처벌받을 수 있었다.

수구파 대신들은 독립협회의 의회 설립 운동을 법국민변法國民變(프랑스혁명) 같은 것을 일어나게 하는 것이라고 공격했다. 이에 대해 독립협회는 대한제국은 아직 민권이 발전되지 않았으며 의회 설립 목적은 나라를 튼튼히 하고 황실도 견고하게 하기 위한 것이라고 반박했다.

당시 상황은 고종의 전제권에 제한을 둘 필요가 절실했다. 고종은 아관파천 때부터 외국의 압력과 회유만 있으면 전제권을 발휘하여 광산채굴권·철도부설권·삼림채벌권 등을 넘겨주었으며 환궁 후에도 그 행태는 여전했다. 1898년 여름 독립협회가 열강의 이권침탈 반대운동을 전개할 때도 이권할양의 책임자는 고종이라는 비판이 나왔고, 최정식崔廷植은 공개연설에서 고종의 이권 양여를 규탄했다.

고종은 최정식을 불경죄로 구속하여 사형선고를 내렸다. 또한 보부상으로 이루어진 폭력단체인 황국협회皇國協會를 만들어 대응했다. 행상行商인 보부상을 주축으로 황국협회를 만든 이유가 있었다. 이들은 외국 상인의 활동으로 경쟁력을 상실하여 어려운 처지였다. 조정에 내지內地 상권의 독점을 청원하고 있었으므로 정부에 순응할 수밖에 없었다. 그리고 이들은 노상강도의 습격에 대비하여 늘 '물미장勿尾杖'이라 불리는 몽둥이를 호신용으로 휴대하고, 봉술棒術에 능숙했으므로 군중 시위 해산에는 적격이었다. 독립협회가 군중집회인 만민공동회萬民共同會를 자주 개최하여 정부를 압박했으므로 군중 해산에 동원할 인력으로 이들을 염두에 두었던 것이다. 그리고 고종은 의회 설립 운동의 명분을 박탈하려 9월 24일에 자문기관으로서 중추원 회의를 개원했다.

독립협회는 철야시위를 벌이는 등 여론을 압박하여 10월 12일 개혁파 내각 수립에 성공했는데, 그 다음날인 10월 13일 내각에 공한을 보내 의회 설립을 위한 협의를 하고자 하니 정부 측에서 시일과 장소를 지정하여 회답할 것을 요청했다. 10월 15일부터 독립협회 총대위원들과 정부대신들의 협상이 시작되었다. 정부 측에서는 박정양과 민영환 등 의회 설립에 동조하는 인물들이 나왔다. 독립협회가 이날 제안한 내용의 핵심은 중추원을 외국의 의회규칙에 따라 의회(상원)로 개편하여 의회를 설립하는 것이었다.

10월 17일 고종은 조병식趙秉式을 의정부 찬정에 임명했다. 10월 20일에는 의정부 의정에 윤용선을 임명했으며 언론과 집회의 자유를 금지하는 조칙을 내렸다. 모두 독립협회를 견제하려는 일이었다. 이에 10월 20일부터 독립협회는 항의 철야시위를 시작했다. 10월 24일 독립협회는 의회설립안인 중추원 관제 개정안을 정부에 제출했다.

제1조 중추원은 의정부의 자순諮詢에 응하며 중추원 건의를 위하여 다음의 사항을 심사 의정議定하는 처소로 함.
① 법률·칙령안
② 의정부에서 경의經議 상주上奏하는 일체 사항
③ 중추원에서 임시 건의하는 사항
④ 인민 헌의獻議를 채용하는 사항
제2조 중추원은 다음의 직원으로 구성함.
의장 1인 부의장 1인
의관議官 50인, 주임奏任. 반수는 독립협회 회원으로 투표 선거함.
참서관 2인 이하 주임奏任. 주사 4인 이하 판임判任

제3조 의장·부의장은 칙임勅任이요 의관議官은 주임奏任으로 하되 등급은 무함. 단 칙임은 의정이 봉칙서임奉勅敍任하고, 주임은 의정이 상주서임上奏敍任함.

제4조 의장·부의장 및 의관의 임기는 12개월로 함.

제5조 의장은 중추원에 속하는 일체 사무를 총관하고 또 중추원에서 발하는 일체 공문에 명名을 서署함. 부의장은 의장의 직무를 보좌하여 의장이 사고가 나서 유한 시는 그 직무를 대리함.

제6조 참서관은 의장의 지휘를 승承하여 서무를 장掌함.

제7조 주사는 상관의 지휘를 승承하여 서무에 종사함.

제8조 의정부와 중추원에서 의견이 불합不合하는 시는 부部와 원院이 합석 협의하여 타당가결妥當可決한 후에 시행함.

제9조 국무대신이 위원을 명하여 그 주임主任하는 사항으로 의정부의 위원이라 하여 중추원에 지至하여 의안의 이취理趣를 변명辨明하게 함.

제10조 국무대신 및 각 부 협판은 중추원에 내회來會하여 의관이 되어 열석할 수 있으나 단 그 각各 주임사항으로는 의결하는 원수員數에 가하지 못함.

제11 본령은 반포일부터 시행함.

광무 2년 10월 24일

독립협회 대표위원 윤치호·이상재·정교·이건호

이 의회설립안은 중추원을 상원으로 개편하여 의회의 입법권을 갖게 하고, 그 의원은 총 50명으로 하여 25명은 정부에서 추천하고 25명은 독립협회가 투표로 선출한 민선의원으로 구성하도록 했다. 독립협회는 정부가 다른 골간의 초안을 내놓지 못하도록 매우 구체적으로 의회로서 상원 설립법안을 조문까지 만들어 주어 정부가 여기에 자구 수정과 세부사항 첨가만을 할 수 있도록 한 것이다.

이에 고종은 민선의원 25명을 독립협회 이외에 황국협회에도 할당하려 하여 독립협회에 17석만을 제시했다. 이것은 고종이 임명하는 25명과 황국협회 8석을 합하여 3분의 2를 가지겠다는 뜻이었다. 독립협회는 이 안을 받아들일 경우 의회가 탄생해도 수구파 의회가 될 것이므로 초안을 밀고 나가기로 결의했다.

그런데 황국협회 회장 이기동李基東이 10월 27일 황국협회의 민선의원 전담은 '불능不能'이라는 회답을 정부에 보내왔다. 황국협회는 주로 보부상으로 구성되었는데, 이들이 할 수 있는 것은 행상과 물미장을 휘두르는 것이었을 뿐 의회가 무엇인지, 의회는 어떻게 운영하는지 전혀 몰랐기 때문이다. 이들이 의관議官(의원)이 되면 오로지 웃음거리가 될 판이었다.

독립협회는 10월 28일부터 11월 2일까지 6일간 종로에서 시민과 정부 관료를 합석시켜 국정의 전반적 개혁, 열강의 이권침탈 방지, 의회 설립을 다짐하는 관민공동회官民共同會를 개최했다. 이 대회에서 고종에게 반격의 구실을 주지 않기 위해 고종과 황실에 대한 비판은 엄금했다. 시민과 관리 5,000명이 참가하여 10월 30일 6개조의 헌의獻議를 결의했다.

(1) 외국인에게 의부하지 아니하고 관민이 동심협력하여 전제황권을 견고케 할 것,

(2) 광산·철도·매탄煤炭(석탄)·삼림, 차관·차병과 모든 정부와 외국인과의 조약의 일을 만일 외부대신과 중추원 의장이 합동으로 서명 날인한 것이 아니면 시행하지 않을 것,

고종
독립협회는 대한민국 최초로 의회 설립법안을 마련했다. 이 중추원신 관제는 1898년 11월 3일 고종의 재가를 얻어 다음날 공포되었다.

(3) 전국 재정은 어떠한 세稅를 물론하고 모두 탁지부度支部에서 구관句管하되 다른 부府·부部와 사회사는 간섭할 수 없고, 예산과 결산은 인민에게 공포할 것,

(4) 지금부터 시작해서 모든 중죄범은 공개재판을 행하되 피고가 충분히 설명하여 마침내 자복한 후에야 시행할 것,

(5) 칙임관은 대황제폐하께서 정부에 자순諮詢하여 그 과반수를 따라서 임명할 것,

(6) 장정章程을 실천할 것.

전제황권을 견고히 한다는 제1조는 고종을 안심시키기 위한 것이었다. 제2조는 광산·철도·삼림 등 이권 양여와 차관·차병, 외국과의 조약은 내각회의와 중추원의 의결을 거쳐 통과되지 않고는 시행되지 못하게 하여 의회의 비준권을 규정한 조항이다. 이 '헌의 6조'는 관민공동회에 참석한 정부대신들도 서명하여 정부 수반인 박정양이 10월 30일 고종에게 상주했다. 고종은 다음날 조칙 5조를 내려 이를 승인했다.

독립협회가 주최한 관민공동회가 성공리에 끝나고, 고종도 중추원 장정의 개정을 승인했으므로 박정양 개혁파 정부는 독립협회가 10월 24일 정부에 제출한 중추원 관제 개편안에 따라서 약간의 자구 수정을 거쳐 중추원신관제中樞院新官制를 만들어 11월 3일 고종의 재가를 얻어 11월 4일 공포했다.

이것이 19세기 말 한국이 최초로 제정한 의회(상원) 설립법인데, 내용을 보면 독립협회의 의회설립법안은 충분히 반영되었다. 이 법에 의거해 열리는 중추원은 상원으로서 의회였으며, 19세기 말 영국이나 미국 의회의 권리와 동일한 권리를 가지는 것이었다. 박정양 내각은 이를 공포하면서 독립협회에 다음날까지 25명의 의관을 선출하여 명단을 보내달라고 요청했다. 독립협회는 다음날인 11월 5일 독립관에서 투표에 의한 중추원 민선의관 25명을 선출한다고 공고했다.

'익명서'를 내다 붙이다

독립협회가 독립관에서 상원으로 개편된 중추원의 의관을 선출하고 '의회'가 설립된다는 소식을 들은 서울 시민들과 독립협회 회원들은 들뜬 마음이었다. 그러나 친러 수구파들은 국정 전반에 걸친 대개혁이 단행되면 권력에서 영원히 소외될 것을 두려워하여 독립협회를 파괴하기 위한 음모를 꾸몄다. 11월 4일 밤, 고종에 의해 개혁정부에 재진출한 수구파 세력인 의정부 찬정 조병식, 군부대신 서리 유기환俞箕煥, 법부협판 이기동 등은 공모하여 광화문 밖과 시내 요소에 '익명서匿名書'를 내다 붙이게 했다.

익명서의 내용은 조선 왕조가 이미 쇠퇴했으므로 온 백성이 공동으로 윤치호를 '대통령'으로 선출하면 정부와 서민이 모두 승복하고 국민이 각성하여 개명진보開明進步를 이룰 것이라는 것이었다. 이 익명서는 경무청에 발견되어 고종에게 보고되었다. 이날 밤 궁궐에 계획적으로 머물고 있던 조병식은 유기환·이기동 등과 밀모한 다음, 독립협회가 다음날인 11월 5일 독립관에서 대회를 열어 박정양을 대통령, 윤치호를 부통령, 이상재를 내부대신, 정교를 외부대신, 기타 독립협회 간부들을 대신과 협판으로 선출하고 국체를 공화정으로 개변하려 한다고 고종에게 모함했다.

고종은 독립협회의 개혁운동을 두려워하고 상소 투쟁을 꺼리고 있었으므로 즉각 독립협회 간부들을 체포하라고 명령을 내렸다. 조병식 등 수구파들은 경무사를 김정근金禎根으로 교체하고 20명의 독립협회 체포대상 지도자 명단을 작성했다.

김정근은 경무청 병력을 총동원하여 11월 4일 밤중에서 11월 5일 새벽에 이르기까지 이상재(독립협회 부회장, 의정부 총무국장), 정교(독립협회 평의원 겸 사법위원), 남궁억(독립협회 평의원 겸 사법위원, 내부 토목국장), 이건호(독립협회 평의원, 중추원 의관), 방한덕方漢德(독립협회 평의원, 농상공부 광산국장), 염중모廉仲模(녹립협회 평의원, 탁지부 재무관) 등을 체포했다. 윤치호(독립협회 회장, 중추원 부의장), 최연덕崔延德(독립협회 평의원, 관립소학교 교사), 안녕수安寧洙(독립협회 평의원) 등

제11장 독립협회와 의회 설립 운동

은 체포되기 직전에 도피했다. 이때 체포된 독립협회 지도자는 17명이었다. 또한 경무관들은 독립협회 사무소를 수색하여 모든 서류와 도장을 압수했다.

조병식 등 수구파들은 원래 독립협회 지도자 20명을 밤중에 일거 체포하여 즉시 처형할 계획이었다. 그러나 가장 중요한 인물인 윤치호를 체포하지 못했다. 윤치호는 자택에서 11월 5일 새벽 5시경에 일어나 새 중추원 의관 선거 준비를 하다가 순검巡檢들이 집을 포위한 것을 알고 비밀리에 만들어 둔 뒷문으로 탈출하여 외국인 집에 은신했다.

11월 5일 고종은 조칙을 발표하여 독립협회가 취당聚黨해서 방자하게 조정을 꾸짖고 대신을 핍박했으며, 관민공동회를 열어 민중을 동원하고 고관들을 위협하여 참석시켰으니, 독립협회를 비롯한 각종 협회는 모두 혁파하며, 또한 대신들도 '헌의 6조'는 혼자 아뢰거나 상소를 올려도 될 것을 민회民會에 핍박당하여 '가可'자를 썼으니 모두 파면하겠다고 발표했다. 이 칙령에 의해 독립협회는 불법화되고 해체당하게 되었다.

이어 고종은 헌의 6조에 찬성한 의정부 참정 박정양, 법무대신 서정순, 의정부 참정 이종건, 농상공부대신 김명규 등을 모두 파면했다. 그 대신 조병식을 비롯한 친러 수구파들로 정부를 구성하게 했다. 독립협회 회장 윤치호는 자신의 일기에서 그때의 심정을 다음과 같이 토로했다.

> 오늘의 관보官報는 독립협회의 해산과 헌의 6조에 서명한 대신들을 면관시킨 칙령을 공포했다. 이것이 국왕이라니! 거짓말을 능사로 하는 배신적인 어떠한 비겁자라도 대한의 대황제보다 천박한 일을 하지 못할 것이다. 이제 정부는 친일 노예 유기환과 친러 노비 조병식의 수중에 있다. 러시아인과 일본인들 양자兩者가 이 사건에 개입해서 의심할 여지없이 모종의 살찐 이권을 위하여 그들

의 노예들을 지원하고 있다. 저주받을 왜놈들! 그들이 대한의 마지막 희망인 독립협회를 분쇄시키는 데 러시아인들을 돕고 있는 이유를 참으로 알고 싶다.
《윤치호 일기》, 1898년 11월 5일

실제로 〈주한일본공사보고서〉에서도 일본 공사 대리는 대한제국 황제가 독립협회 해산에 사전 동의했다고 일본에 보고했다.

국왕의 국민에 대한 배신

독립협회 지도자들이 체포되고 조병식을 중심으로 수구파 내각이 들어섰다는 소식을 들은 서울 주민들은 동요했다. 11월 5일 오후가 되자 경무청 앞에서 수천의 군중이 모여 이들의 석방을 요구했다. 자연스레 만민공동회萬民共同會가 결성되었다. 시전 상인들도 철시하여 항의했다. 철야시위가 연일 계속되는 가운데 조병식은 무력진압을 계획했다. 11월 7일 친러 수구파 정권은 내각회의에서 독립협회의 혁파를 재확인하는 의결을 하고, 새로운 의회로서 중추원 관제와 헌의 6조를 모두 무효화하기로 결정했다.

이것은 국왕의 국민에 대한 배신이었다. 만민공동회의 헌의 6조에 대하여 조칙 5조까지 내려놓고 이 모든 것을 뒤집고 독립협회 해산까지 명령하는 것을 보고 일반 민중들도 분노를 금치 못했다. 더구나 이러한 결정의 배후에는 러시아와 일본이 있었다. 조선의 식민지화를 꾀하던 이들은 조선의 국력을 키울 수 있는 모든 개혁을 기필코 저지해야 했다. 고종의 안중에는 국가는 없고 왕실의 존속만이 있었다. 독립협회의 모든 정책을 '이것이 왕권을 위협하는 것인가' 하는 시각에서 바라보았다.

이날 조병식과 민종묵閔種默은 국내의 금광석·탄광·철광 등의 이권을 러시아에 양도하여 러시아 공사관의 후원을 얻어 군대를 동원하여 군중을 해산할 계획을 세웠다. 그러나 외부外部의 번역관이 이 사실을 민중에 알려 민중들이 맹렬한 반대투쟁을 준비하자 곧바로 포기했다. 이날 외부대신 민종묵은 군대를 동원하여 군중을 해산시키기 위해 각국 공사관을 순방했으나 회의적인 반응만 있었다.

11월 7일 밤 서울에서 수만 군중이 모여들어 철야시위를 했다. 고종은 이에 겁을 먹고 주특기인 '책임전가' 술수를 발휘하기 시작했다. 11월 9일에는 군중을 포위하던 군인 200명도 자진 해산하고 돌아갔다. 11월 10일 민의에 굴복한 고종은 독립협회 지도자 17명에게 벌금형을 선고하고 석방했다. 윤치호는 헌의 6조의 실시, 조병식 등의 추방, 독립협회의 복설復設이 달성될 때까지 계속 군중집회를 계속해야 한다고 주장했다.

11월 11일 독립협회 회원들은 종로로 장소를 옮겨 군중집회를 계속했다. 고종은 독립협회 복설을 허가하지 않는 대신 칙령으로 중추원 관제를 개정했다. 이 개정안은 중추원을 의회로서 그 성격을 모두 없애고 의관 전원을 국왕이 임명한다는 내용이었다. 11월 15일에는 집회장소를 인화문仁化門으로 옮겼다. 이처럼 만민공동회가 계속되자 고종은 황국협회를 이용해서 폭력으로 해산하려 했다. 어용상인인 보부상 수천 명이 전국에서 서울로 몰려왔다. 고종은 이들에게 만민공동회를 해산시키면 내지에서 상행위 독점권을 주겠다고 약속했다.

11월 21일 아침 이들은 독립협회가 주도하는 만민공동회를 습격했다. 계속되는 철야시위에 지쳤고 폭력 해산에 대비하지 않은 군중들은 물푸레나

순검과 시위대
순검은 갑오개혁 때 설치된 경찰 관직으로 백성의 피해 예방과 건강 보호, 방탕음일放湯淫逸의 제지와 국법을 범하는 자의 탐포 등의 일을 맡았다. 한편 1897년 왕의 호위를 위해 조직된 시위대는 2개 대대와 기병대와 군악대로 구성되었는데 1907년에 폐지되었다.

무 몽둥이로 무장한 보부상들에게 속수무책이었다. 무차별 몽둥이 공격에 피를 흘리며 쓰러지고 울음소리가 진동하는 등 인화문 앞은 아수라장이 되었다. 결국 많은 부상자가 나오자 군중들은 해산되었다. 고종은 백반과 육탕을 보내 보부상들을 격려했다.

그러나 보부상이 만민공동회를 습격했다는 소식을 들은 서울 주민들이 몽둥이를 들고 거리로 나와 이들을 공격하고 돈화문 밖으로 쫓아냈다. 이기동·조병식·민종묵·홍종우·길영수·유기환·윤용선·민영기 등 수구파 대신들의 가옥도 습격을 받아 파괴되었다. 종로에서는 강제 해산 전보다 몇 배나 많은 군중이 모여들어 정부를 성토했다.

고종은 11월 22일 조병식·유기환·이기동 등을 재판에 회부하게 하고 독립협회의 복설을 승인했다. 순검과 시위대侍衛隊(궁궐 수비대)마저 시위에 동정하는 태도를 보이자 신변에 위협을 느낀 고종은 이날 밤 각국 공사·영사와 그 가족들을 궁궐로 불러 자신을 호위하게 했다. 하룻밤 호위해주고 나온 각국 외교관들은 11월 23일 아침 사태 해결을 위해 논의를 해보았으나 통일된 안을 만들지는 못했다. 일본 공사 대리가 병력을 동원하여 군중을 해산할 것을 고종에게 건의하자고 했으나 영국 공사와 미국 공사는 반대했다. 고종은 이날 내부대신서리와 경무사를 보내 만민공동회 해산을 요구했으나, 만만공동회는 3개 조건을 내걸고 수락되면 해산하겠다고 응답했다.

(1) 이기동·조병식·민종묵·유기환·김정근·길영수·박유진·홍종우 등 8역逆을 즉시 체포하여 법률에 따라 처벌할 것.

(2) 보부상들이 강변에 둔취屯聚하여 장정을 모집하고 창봉槍棒을 준비하는데, 이것은 서울을 바로 쳐들어가서 장안 백성들을 도륙하고 가옥을 불지르고 파괴하고자 함이니, 즉각 퇴산시켜 종사를 편안히 하고 생령을 보호할 것.

(3) 정부 대관은 현량賢良을 택용하여 반드시 나라 사람들이 가可하다고 말한 연후에 임명할 것.

정부가 이를 받아들이겠다고 약속하자 11월 23일 8시를 기해 2일간 만민공동회를 해산하기로 결심했다. 그러나 고종은 약속을 지키지 않고 시간을 끌다가 수구파를 재기용했다. 12월 6일 이에 항의하여 만민공동회가 다시 열리고 국정 개혁을 요구하는 시위가 계속되었다. 이에 고종은 군대를 동원하여 무력해산을 하려 했는데, 당시 조선에 가장 강력한 영향력을 행사하고 있는 두 나라인 러시아와 일본의 동의를 얻으려 했다. 먼저 러시아 공사와 만나 동의를 받았다. 12월 13일 일본의 특명전권공사 가토 마쓰오加藤增雄가 서울에 부임했다.

고종은 먼저 가토 마쓰오에게 20만 원이라는 거액을 뇌물로 주었다. 이 돈은 모두 이권을 외세에 팔아먹고 백성의 고혈을 짜내 얻은 것이었다. 1906년도 한성부(서울시) 총 예산이 6,200원이었던 것을 감안하면 얼마나 거액인지 알 수 있다. 고종은 12월 15일과 18일 가토 마쓰오와 두 차례에 걸쳐 회견하여 군대를 동원한 무력진압에 대한 의견을 물었다. 가토 마쓰오는 "일본도 메이지유신 초기에 군대로 민회를 제압한 일이 있다"고 하면서 "군대를 동원하여 만민공동회를 해산시킬 것"을 권고했다. 가토 마쓰오의 대답에 고종은 크게 기뻐했다. 러시아와 일본의 동의를 얻은 고종은 무력진압 결심을 굳혔다.

수구파와 보부상이 권력과 금력을 독점하다

일본은 조선에 대한 일본의 침략에 대항할 조직이 독립협회라고 보고 11월 5일의 독립협회 해산과 독립협회 지도자 체포를 배후에서 지원했다. 독립협회 세력을 분쇄하기 위해 군대 동원을 고종에게 권유하는 것은 당연했다. 12월 6일 일본의 《The Japan Daily Mail》지의 보도에서 일본의 의도가 노골적으로 드러났다. 가토 마쓰오는 이 신문과의 회견에서 "조선의 독립은 이름뿐이니, 서구 열강이 간여하기 전에 그리고 보부상과 독립파와 왕당파들이 서로 목을 자르는 것을 그치고 독립파에 의해 한국이 부강해지기 전에,

일본은 너무 늦기 전에 어떤 목적을 달성해야 할 것이다"고 했다.

12월 20일(만민공동회 재개 17일째) 이승만은 군중들에게 보부상의 주모자는 민영기이니 현상금 1,000원을 걸자고 했고, 이 제안은 동의를 얻어 민영기에게는 현상금이 걸렸다. 12월 22일 고종은 군대를 동원하기 시작했다. 우선 정동의 대궐 근처 4곳에 대포 4문을 설치하여 군중들을 공포 분위기로 몰아넣었다. 12월 23일에 무력으로 만민공동회를 해산했고 12월 25일에는 독립협회 해산령을 내렸다. 1899년 1월부터는 칙령에 의해 지방관이 독립협회 지방 지회도 해산시켰다.

독립협회를 무력으로 해산시킨 후 고종은 정부 내의 개혁적 관료인 박정양·민영환·한규설·이학균·이상재 등을 모두 파면하고 부패하고 무능한 자들로 정부를 구성했다. 만민공동회 해산에 공이 큰 보부상들도 중견 관직을 많이 차지했다.

1899년 5월 18일 고종은 보부상들에게 상업적 특권을 주는 '상무사규칙商務社規則'을 반포했다. 이에 따라 상무우사商務右社(보상褓商으로 구성)와 상무좌사商務佐社(부상負商으로 구성)가 설립되고 수구파와 보부상들은 권력과 금력을 독점하게 되었다. 5월 22일에는 중추원 관제를 고쳐 중추원을 유명무실한 기구로 만들었다. 거국적 대개혁이 필요한 시기에 이 같은 대반동이 일어나 대한제국의 운명은 암담하게 되었다.

청에서도 비슷한 시기인 1898년 9월 서태후가 광서제를 연금시키는 이른바 무술정변戊戌政變을 단행하여 개혁을 좌절시켰다. 그러나 청의 광서제는 한때 메이지유신의 주역인 이토 히로부미를 초빙하여 내정 개혁을 위임하려는 발상을 하는 등 과감한 개혁을 시도했다는 점에서 조선의 군주와 큰 차이가 난다.

역사 속의 역사 11

황국협회와 보부상

독립협회의 자주민권운동에 대항하기 위해 조정의 수구파가 조직한 어용단체이다. 1898년에 들어 독립협회가 의회 설립 운동을 시작하는 등 정치활동을 본격화하자, 이를 정권에 대한 도전으로 인식한 고종과 수구파들은 민간 조직 형태의 어용조직을 만들어 대항하려 했다. 이에 1898년 6월 30일 원세성元世性 등의 발기로 황국협회皇國協會를 결성했다. 대한제국 정부는 당일로 인가하고 7월 2일에는 황태자가 협회 경비로 1,000원을 주었다.

    황국협회는 7월 7일 훈련원에서 발회식을 가졌는데 "나라를 문명부강하게 하는 도리는 황실을 존숭尊崇하는 것"이라는 설립 취지를 발표하여 그 어용성을 공표했다. 이 날 초대 회장으로는 전 농상공부 대신 정낙용鄭洛鎔을 선출하는 등 모두 107명의 임원을 뽑았다. 9월에 법부法部의 민사국장民事局長 이기동李基東이 보부상 수천 명을 황국협회에 가입시켜 조직력을 강화하고 자신이 회장이 되었다. 보부상을 가입시킨 이유는 이들의 조직력이 뛰어난데다가 외국 상인의 활동으로 어려운 지경에 놓여 정부의 보호를 기대하고 있어 집권층에서 이용하기 좋았기 때문이다.

    독립협회의 의회 설립 운동이 결실을 맺으려 하자 조병식과 이기동은 독립협회가 국체國體를 왕정에서 공화전으로 바꾸려 한다는 내용의 벽서를 붙이게 하는데, 고종은 이를 구실로 11월 5일 독립협회를 비롯한 민간단체의 해산을 명령했다. 독립협회는 이에 크게 반발하여 만민공동회를 열어 조병식과 이기동의 처벌과 독립협회의 복설 등을 요구했다. 1월 21일 과천 군수 길영수吉永洙, 원세성, 홍종우의 지휘 하에 황국협회 소속의 보부상들이 만민공동회를 습격했다. 이에 서울의 민중이 격분하여 보부상들을 습격하고 축출했다. 이처럼 사태가 극박하게 되자 고종은 시간을 끌다가 12월 23일 군을 동원하여 독립협회와 만민공동회를 해산했다. 독립협회의 해산으로 효용이 사라진 황국협회도 해산되었다.

황국중앙총상회皇國中央總商會를 황국협회의 전신이라 보는 견해가 있는데, 이는 별개의 조직이다. 황국중앙총상회 역시 1898년에 설립되었는데 서울의 시전市廛 상인들이 외국 상인들의 침투에 대항하려 만든 단체이다. 이들은 독립협회와 더불어 상권보호운동을 전개했다. 황국중앙총상회 역시 독립협회와 더불어 해산되었다.

제12장

독일의 식민지 전쟁

식민기지를 물색하다

청일전쟁 이후 조선과 청의 주권은 비슷한 위기를 맞았으며 또한 깊이 연관되어 진행되었다. 삼국간섭으로 청은 랴오둥반도를 보존할 수 있었으나 이를 계기로 서구 열강들은 중국의 연안 지역을 조차하거나 영향권을 설정하는 일이 잇달아 일어났다.

독일은 1871년 프로이센의 주도로 통일이 된 후에도 한동안 해외 식민지 개척에 그다지 큰 노력을 기울이지 않았고 적절한 기회도 없었다. 프로이센의 막강한 군사력을 바탕으로 정치·경제적으로 분열된 독일을 통일한 오토 비스마르크Otto Eduard Leopold Bismarck 수상은 통일 후에도 국내 정치·경제의 안정과 유럽의 현상 유지를 절대 우선시했다. 그리하여 대외 팽창보다는 국내 산업의 보호지원에 주력했고, 외교 정책도 프랑스 견제를 목표로 하여 영국 등과의 친선 유지에 주력했다.

그러나 독일의 산업화가 크게 진행된 1880년대에 들어서 독일 자본가들의 해외 식민지에 대한 관심이 고조되었다. 비스마르크도 여론에 부응하여 대외정책을 일부 수정하고, 1880년대 중반 이후 아프리카와 태평양에서 약간의 해외 식민지를 획득했다. 1888년 즉위한 젊은 황제 빌헬름 2세는 적극적인 해외 식민지 개척을 주요 정책 기조로 삼았다. 그러나 이미 차지할 만한 땅은 없었고 혹 남아 있는 곳도 경제적 가치가 없었다. 이러한 가운데 독일은 중국에 교두보 혹은 식민기지를 물색했다.

1894년 청일전쟁이 발발하자 빌헬름 2세는 이 전쟁이 좋은 기회를 제공해줄 것으로 기대했다. 독일은 전쟁이 일어난 지 3개월 반 정도 지난 11월 중순에 영국이 상하이 등지를 점령하려 한다는 정보를 입수했다. 이에 빌헬름 2세는 클로드비히 카를 빅토르Chlodwig Karl Victor 독일 수상에게 중국 내에서 근거지 획득의 필요성을 강조하면서 구체적으로 타이완을 거론하고는 이를 위해 일본과의 비밀협상을 지시했다. 이후 영국과의 충돌을 우려하여 점령 후보지 물색을 유보한 가운데 청일간의 강화조약에서 랴오둥반도 할양이 들어 있자 독일은 삼국간섭에 참가했다.

1895년 10월 독일은 청 정부에 그 보답으로 독일 상선과 함대가 기항할 수 있는 항구 하나를 조차해달라고 요구했다. 청 정부는 독일의 요구를 들어줄 경우 다른 열강도 이를 선례로 하여 요구해올 것을 염려하여 거절했다. 독일은 단념하지 않고 적당한 장소를 물색하여 칭다오青岛의 자오저우만膠州灣을 항구 건설 후보지로 선정했다.

자오저우만은 산둥반도 남쪽에 있는 항만으로, 만의 입구는 좁으나 만의 안은 매우 넓고 사방이 산으로 둘러싸여 있어서 방어 기지로는 매우 유리한 조건의 항만이었다. 또한 황해 수운의 요충지였고 북으로는 톈진, 남으로는

빌헬름 2세
독일 제국의 마지막 황제인 빌헬름 2세는 해외 식민지 개척을 위해 중국 칭다오의 자오저우만을 항구 건설 후보지로 선정했다. 그는 왼팔에 장애가 있었고, 그의 양쪽 끝이 올라간 콧수염은 이후 '카이저 수염'이라는 이름을 얻게 되었다.

상하이로 연결되는 유리한 위치였다. 그러나 독일이 자오저우만을 차지하기는 어려운 상태였다. 러시아는 이미 이곳에 겨울철 임시 정박권을 청에서 얻었으므로 우선 러시아의 양해가 필요했다. 청 정부도 자오저우만의 중요성을 인식하고는 해군기지 건설을 준비하고 있었다.

1896년 10월 28일 러시아는 청과 이른바 '카시니Cassini 비밀협정'이라 불리는 협정을 체결했다. 러시아가 자오저우만을 배타적으로 사용한다는 내용으로 타국이 자오저우만을 이용하려면 러시아의 동의가 있어야 한다는 것이었다.

이러한 문제를 해결하기 위해 빌헬름 2세는 1897년 8월 2일부터 8월 11일까지 러시아를 방문하여 니콜라이 2세와 회담했다. 러시아가 자오저우만에 대하여 어떤 생각을 갖고 있는지 묻는 빌헬름 2세에게 니콜라이 2세는 러시아가 북쪽의 고려하고 있는 항구(뤼순항)를 획득할 때까지만 자오저우만 기항의 기득권을 유지할 것이라고 답했다. 또한 니콜라이 2세는 긴급 상황일 경우 러시아 정부의 허락을 받아 독일 함대가 자오저우만에 정박할 수 있다고 양해했다. 이 회담은 독일로서는 큰 수확이었다.

자오저우만을 점령하다

9월 9일 독일 수상 클로드비히는 독일 함대가 그 해 겨울에 자오저우만에 정박할 것이라고 러시아에 통보했다. 이러한 가운데 11월 1일 산둥성에서 독일인 선교사 2명이 중국인에게 피살되었다. 11월 6일 사건 보고를 받은 빌헬름 2세는 당일로 독일 극동함대에 전보하여 자오저우만 점령을 명령했다. 그러나 클로드비히는 자오저우만 점령에 러시아의 동의가 필요하므로 이에 반대하고 대신 중국 남부에 있는 항구를 점령할 것을 주장했다.

11월 7일 아침 빌헬름 2세는 니콜라이 2세에게 독일의 자오저우만 점령에 대한 의사를 타진하는 전보를 개인적으로 보냈다. 니콜라이 2세는 러시아 함대가 단지 일시적으로 자오저우만에 체류했다는 사실을 최근에 알았기 때문에 동의할 수도 없고 거부할 수도 없다는 내용으로 당일 오후에 회신했다. 이날 밤 빌헬름 2세는 독일 극동함대 사령관 디더리히스Diederichs에게 자오저우만을 무력 점령하라는 전보를 발송했다.

11월 14일 독일 극동 함대는 자오저우만을 점령했다. 11월 17일 독일 정부는 99년 조차로 조약을 체결할 것을 청 정부에 제의했다. 이때 웨이하이웨이에는 일본군이 주둔하고 있었다. 일본은 청일전쟁 배상금 지불의 담보 조건으로 웨이하이웨이를 점령하고 있었다. 1898년으로 예정된 3차 배상금 지불이 완료되면 철수할 예정이었다.

독일 극동 함대가 자오저우만을 점령한 직후 청 조정에서는 즉시 군대를 동원하여 격퇴하자는 안과 러시아의 지원을 통한 해결을 기대하는 안이 개진되었는데, 후자의 안이 채택되었다. 이홍장은 독일의 자오저우만 점령이 영구 지배를 계획한 점유라는 것을 파악하고 있었다. 그는 전쟁이 발발할 것에 대비하여 러시아에 도움을 요청했으나, 러시아 정부는 자국의 군사적 개입을 일본의 침략에 한정한다며 이를 거절했다. 이홍장은 영국 정부에도 도움을 요청했으나 로버트 아서 탤벗 솔즈베리Robert Arthur Talbot Salisbury 수상은 독일의 모든 요구를 수용할 것을 권고했다.

11월 20일 베이징 주재 독일 공사 하이킹Heyking이 청의 총리아문에 나타나 독일 정부의 보상 요구서를 제출했다. 청 정부는 보상 요구를 심사하기 전에 독일 함대가 자오저우만에서 철수할 것을 요구했다. 11월 23일 러시아 외무장관 무라비요프는 독일이 자오저우만을 조차할 것이므로 이 기회를 이용하여 랴오둥반도의 뤼순과 다롄을 획득하자고 주장했다. 그러나 재무장관 위테는 완고히 반대했다. 위테는 만주든 조선이든 무력침투는 불가하다고 했고, 러시아의 뤼순·다롄 점령은 러·청 비밀동맹에 위배된다고 했다.

11월 25일 위테는 러시아 주재 독일대사관을 방문하여 독일대사 후고 라돌린Hugo L. Radolin에게 자신의 전망을 표명했다. 위테는 독일의 자오저우만 점령으로 인하여 러시아는 청의 다른 항구를 점령할 것이고 여기에 대응하여 일본은 조선의 항구를 강점할 것으로 내다보았다. 이럴 경우 러시아와 일본의 전쟁은 피할 수 없다고 보았다. 그러므로 위테는 독일이 자오저우만에서 철수하여 상하이 부근의 항구를 획득할 것을 제안했다. 위테의 견해를 통해 독일 정부는 러시아가 독일의 자오저우만 점령을 간접적이나마 승인했다는 것을 인식했다.

11월 26일 니콜라이 2세는 각료회의를 열었는데, 뤼순·다롄 점령을 반대하는 위테의 주장이 우세했다. 위테는 뤼순과 다롄을 점령할 경우 영국이나 일본과 전쟁이 일어날 가능성이 있다고 주장했다. 국제 정세에 식견이 없는 반노프스키 육군장관은 뤼순·다롄 점령 방안에 찬성했다. 티르토프P. P. Tyrtov 제독은 뤼순이 블라디보스토크와 연결이 어렵다고 하면서 연해주와 인접한 조선 동해안의 항구, 예를 들면 원산만을 점유하는 것이 유리하다는 견해를 밝혔다. 이 회의에서 니콜라이 2세는 뤼순·다롄 점령을 일단 유보하기로 했다. 그러나 무라비예프는 뤼순을 점령하지 않으면 영국이 점령할 가능성이 있다고 설득했고 며칠 후 니콜라이 2세는 무라비요프의 제안을 받아들였다.

12월 16일 영국 동아시아 함대 사령관 불러Buller 제독은 전함과 순양함 등 10척으로 구성된 대규모 함대를 이끌고 홍콩에서 출항했다. 목적지는 제물포였다. 이는 주한 영국 공사 존 조든John N. Jordan의 요청에 따른 것이었다. 10월 러시아의 압력에 고종이 조선의 탁지부 고문 겸 조선 해관 총세무사인 브라운을 해임하고 러시아인 알렉세예프를 그 대신 임명한 사건 때문이었다. 브라운의 해임에 영국 정부는 항의할 필요가 있었다.

이 무렵 일본도 황해에 함대를 집결시켰다. 12월 19일 러시아 함대는 랴오둥반도의 뤼순과 다롄에 입항했다. 이날 일본 정부는 러시아 정부에 알렉세예프가 조선의 탁지부 고문으로 임명된 것을 공식 항의했다. 12월 28일 일본은 웨이하이웨이에 2,000의 병력을 추가로 배치했다.

12월 29일 영국 동아시아 함대 소속 군함 8척이 제물포에 입항했다. 불러 제독은 대형 순양함 2척을 뤼순으로 파견했다. "뤼순 바로 남쪽인 제물포에 근거를 두고 러시아 함대의 동태를 철저히 감시하라"는 비밀 지령을 받았기 때문이다. 1898년 1월 3일 조선 정부는 영국의 압력에 브라운을 조선 해관 총세무사로 복직시켰다.

열강, 청의 영토를 조차하다

만주와 한반도는 연접해 있어 한 곳에서 세력 변화가 생기면 다른 한 곳도 급속히 영향을 받는다는 것은 역사가 증명하고 있다. 러시아가 뤼순과 다롄을 점령하자, 영국과 일본은 러시아가 만주와 한반도를 동시에 노리는 것으로 보고 즉각 대응조치를 취했다. 영국은 양쯔강 유역을 제3국에 할양하지 않겠다는 선언을 청이 하도록 요구했고 일본은 대한해협을 봉쇄했다.

영국과 일본의 대응 조치를 보고 러시아 외무장관 무라비요프는 "현재의 정세로는 한국에서 일본에 상당한 양보를 하지 않을 수 없다"고 판단하여 1898년 1월 7일 러시아 주재 일본 공사 하야시 다다스에게 한국 문제에 관하여 협상을 하자고 제의했다. 1898년 2월 청은 영국의 요구를 받아들여 '양쯔강 연안 불할양 협정'을 맺었다.

2월 16일 일본은 조선 군대를 훈련시키는 군사 교관은 러시아 정부가 임명하고 일본은 탁지부 고문을 임명하자고 제안했다. 위테 재무장관은 일본이 탁지부 고문을 임명하게 되면 조선 경제는 일본이 지배할 것이라고 하며 이 제안을 거부했다. 그러나 무라비요프 외무장관은 만주에서 러시아의 위치를 강화하기 위해서는 일본이나 영국과 우호관계를 유지해야 한다고 보았다. 무라비요프의 의견이 받아들여져 러시아인 탁지부 고문 알렉세예프는 소환되고 스페이에르 공사도 주청 러시아 공사로 영전되고 니콜라이 마튜닌Nikolai G. Matiunine이 주한 러시아 공사로 임명되었다. 3월 6일 청 정부는 독일과 자오저우만 조차 조약을 맺었다.

(1) 청은 자오저우만과 그 일대를 99년간 독일에 조차한다.

19세기 말 구미 열강의 중국에 대한 야심

19세기 서구의 제국주의 국가들은 중국을 가장 먹음직스러운 영토라고 생각했다. 1898년 1월 16일 프랑스 《르 프티 주르날Le Petit Journal》에 실린 그림으로 당시 중국 분할을 풍자했다. 중국 땅에 칼을 꽂은 사람은 독일의 빌헬름 2세이며, 왼쪽에는 영국의 빅토리아 여왕, 오른쪽에는 러시아, 프랑스, 일본이 있다.

(2) 자오저우만 해안에서 주위 100리의 땅을 중립구로 설정하여 주권은 청에 귀속하나 독일 군대는 자유 통행권을 갖는다.

(3) 청은 독일에 산둥 철로 2개 노선의 건설을 허용한다. 철로변 30리 안에서 독일의 광산 개발을 허용한다.

(4) 이후 산둥성에서 도입되는 외자, 외국 원료 구입, 외국인 초빙 등 사업은 모두 독일 상인이 우선권을 갖는다.

이 조약은 내용으로 보아 산둥성 전체를 독일 제국주의의 세력 범위로 넘겨준 것이다. 3월 19일 일본의 외무대신 니시 도쿠지로는 일본 주재 러시아 공사 로만 로마노비치 로젠Roman Romanovich Rosen에게 만주를 조선과 교환하자는 제안을 했다(만주는 러시아가 차지하고 조선은 일본이 차지한다는 뜻이다). 무라비요프는 일본과의 군사적 충돌을 피하기 위해 일본의 제안을 수락하고자 했다.

그러나 러시아 군부는 조선에서 일본에 그렇게 광범위한 정치적 영향력을 주면 일본이 러시아의 연해주 지방을 위협하는 전략적 기지를 얻는 것이라며 이를 결사 반대했다. 더구나 러시아 해군은 뤼순항이 러시아 함대의 극동 연료 공급지로는 적당하지 않아 한국의 남해안에 다른 해군기지가 필요하다고 확신하고 있었다. 3월 27일 청 정부는 러시아와 뤼순·다롄을 조차하는 조약을 체결했다.

(1) 청은 러시아에 뤼순항과 다롄항을 25년간 조차한다.
(2) 조계지 북방에 중립 지대를 설정한다.
(3) 뤼순을 군항으로 만들고 요새를 건설한다.
(4) 다롄은 외국 무역에 개방하지만 요새를 건설할 수 있다.
(5) 둥칭철도를 다롄만大連灣까지 연장한다.

이 조약의 체결로 1896년에 러시아와 청이 맺은 비밀동맹은 의미가 사라지게 되었다. 이 조약을 체결한 다음날인 3월 28일 러시아 정부는 만주와 조선을 교환하자는 일본의 제안을 거절했다. 그러나 전쟁을 피하고 만주에서 철도를 건설하기 위해 러시아는 정치·경제적으로 일본에 어느 정도 양보하지 않을 수 없었다. 러시아와 일본의 교섭은 계속 진행되어 4월 25일

도쿄에서 '로젠-니시 협정'이 체결되었다.

(1) 양국 정부는 조선의 주권과 독립을 확인하고 일체의 내정간섭을 하지 않는다.
(2) 조선이 권고와 조력을 양국 중 어느 국가에 요청하는 경우 서로 협상하여 처리한다.
(3) 러시아는 조선에서 일본의 상업과 공업의 기업이 크게 발달한 사실과 일본 거류민들이 많다는 사실을 인정하여 조선과 일본 양국 간의 상업상·공업상의 관계가 발전되는 것을 방해하지 않는다.

조선이 문호 개방을 한 이후 조선의 운명을 결정짓는 여러 조약에 조선 정부는 전혀 교섭의 대상이 되지 못했다. 이처럼 보잘것없는 국력을 가진 나라는 협상 대상이 되기 어려운 것이 국제정치의 현실이다. 러시아가 뤼순과 다롄을 조차하자 영국도 조차지 획득 협상을 하여 7월 1일 주룽반도九龍半島와 일본군이 철수한 웨이하이웨이를 조차했다. 조차 기간은 러시아가 뤼순을 청에 반환할 때까지였다. 프랑스는 광저우만廣州灣을 조차했다.

이렇듯 구미 열강에 의해 청은 반식민지 상태가 되었고 경제적 침투 또한 가속화되었다. 1898년 말까지 구미 각국이 청에서 얻은 철도부설권은 1만 336킬로미터에 달했다. 이들 철도는 구미 열강의 철강 산업에 기여하면서 공업제품의 판로 확대에 공헌했다.

역사 속의 역사 12

캉유웨이, 청을 개혁하다

제1·2차 아편전쟁의 패배 후 서양의 압도적 무력을 실감한 청의 지배층은 군사력을 강화하려는 목표로 양무운동洋務運動을 일으켰다. 이는 제도 개혁 없이 단순히 서양의 과학기술만을 받아들인 것이었는데, 청일전쟁의 패배로 그 허구성이 여실히 폭로되었다.

청일전쟁의 패배로 시모노세키 조약이 체결되자 거인擧人(과거합격자) 캉유웨이康有爲는 수도를 변방에 옮기더라도 일본을 몰아낼 때까지 싸워야 한다는 상주문을 제출하여 유명해졌다. 그는 이후 변법자강變法自疆(제도개혁으로 나라를 부강하게 한다)을 주장했다.

1897년 11월 산둥성에서 독일 선교사 피살 사건을 계기로 유럽 열강이 앞다투어 청의 영토를 조차하자 청의 광서제는 캉유웨이 일파를 발탁하여 제도개혁을 하도록 했다. 1898년 6월 11일 시작된 각종 개혁 정책은 이 해가 무술년이었으므로 무술변법戊戌變法이라 부른다. 일본의 메이지유신을 모델로 했는데, 주요 내용은 과거제 개선(팔고문 폐지), 근대적인 교육기관 설립, 용관冗官(벼슬아치) 감축, 번역 기관 설치(지식인 계몽을 위한 서양서적 번역 출판), 군 개혁, 상공업 육성 등이었다.

서태후와 북양대신 영록榮祿을 중심으로 한 보수파는 이에 크게 반발하여 광서제 폐위 계획을 세웠다. 변법파는 북양신군의 직예안찰사인 위안스카이를 이용하여 만일에 대비하려 했다. 9월 18일 변법파인 담사동譚嗣同이 위안스카이를 방문하여 서태후와 영록이 광서제를 폐위시키려 하면 군을 동원하여 영록을 주살하고 서태후를 감금할 것을 요청했다. 9월 20일 위안스카이는 오히려 서태후와 영록에게 밀고했다.

｜캉유웨이
캉유웨이는 '변법자강'을 통해 서태후의 권력 남용을 막고 정치개혁을 시도했다. 하지만 반대파의 거센 반발로 그의 개혁은 '100일 천하'로 끝났다.

서태후는 9월 21일 정변을 일으켜 광서제를 쯔진청紫禁城 내에 연금하고 그동안의 각종 개혁 정책을 무효화시켰다. 이로써 무술변법은 100여 일 만에 실패했다. 담사동, 임욱林旭, 강유부康有溥(캉유웨이의 아우), 유광제劉光第 등 변법파 관료 6인은 체포되어 9월 28일 참수되었고 캉유웨이와 량치차오梁啓超는 일본으로 망명했다. 무술변법의 실패로 청조의 개혁에 기대를 걸던 많은 지식인들이 청조를 타도하려는 혁명운동에 기울었다.

제13장

중국의 의화단 운동과 러시아의 만주 점령

의화단의 반기독교 운동

청의 외세배척 운동인 의화단義和團 운동은 동아시아를 흔들었고 러일전쟁의 한 원인이 되었다. 일찍이 산동 지역에서는 의화권義和拳이라는 민간 결사가 있어 독일인 선교사와 중국인 기독교도를 공격 대상으로 삼고 있었다. 의화권은 백련교 계통인 팔괘교八卦敎의 무술 수련조직에서 유래되었다고 전한다. 이들은 주문을 외우고 부적을 불사른 재를 마시며 권법 같은 무예와 기공氣功 훈련으로 근육을 단련시키면 총탄을 튕길 수 있다고 주장했다.

독일이 산동성 일대를 점령하자 의화권의 반기독교 운동은 격화되었다. 의화권은 다른 민간 자위조직에 침투하여 통합을 이루고는 '의화단'이라 칭했다. '부청멸양扶淸滅洋'을 구호로 내걸은 의화단 운동은 1898년 4월 독일 가톨릭교회의 선교 활동이 왕성한 산동성 북부 지역에서 일어나기 시작했다.

의화단은 신단神壇을 설치하는 등 종교적 의례를 통해 조직을 확대했는데, 권법의 조련이 군중을 흡수하는 주요 수단이었다. 농민이 의화단의 주 구성원이었으며 그 외에 전통적 운송노동자, 도시 빈민, 해산 병사, 승려나 도사의 참여도 있었다. 1898년 이래 화베이 평원華北平原을 휩쓴 수해·한발 등의 자연재해로 흉년이 들었던 것이 농민이 대대적으로 참여한 주요 원인이었다.

의화단 운동의 이념은 신비주의적 요소가 강했다. 총포를 주술로 물리친다고 선전하여 맹목적 투지를 고취시켰으며 각 조직마다 모시는 신이 달랐다. 《서유기》, 《삼국지》, 《수호지》 등 소설 속의 영웅을 신봉하기도 하고 이병형李秉衡 등 그들에게 동정적인 관리를 봉향하기도 했다.

1899년 여름 이래 계속 비가 오지 않아 가뭄의 피해가 심해지자 많은 유민이 발생했고 이들은 대거 의화단에 가입했다. 1899년 말 산둥 순무巡撫 육현毓賢이 의화단 주도의 반기독교 운동 진압에 미온적이라는 이유로 열강의 요구로 파면당하고 위안스카이가 산둥 순무로 임명되었다. 위안스카이의 강경한 탄압은 의화단 세력을 직예성으로 확산시키는 계기가 되었고 의화단 운동은 더욱 격렬해졌다. 철도, 교회, 전선 등 모든 외래적인 것을 파괴하기 시작했으며 기독교도 학살도 자행했다.

1900년 1월 서태후는 광서제를 폐위하려 했으나 서구 열강은 이를 간파하여 공동으로 압력을 가해 좌절시켰다. 이 때문에 청 정부 내의 수구파는 분노하여 의화단의 배외 운동을 고무시켜 서구 열강에 압력을 가하려 했다.

의화단은 1900년 4월 들어 베이징에도 나타났고 청 정부의 보수파들은 이들을 '의민義民'이라 하며 맞아들였다. 또한 동복상董福祥이 지휘하는 감군甘軍도 베이징으로 들어왔다. 동복상은 청일전쟁 직후 간쑤성에서 회교도

거리의 의화단원들
1898년 4월 의화단 운동은 '부청멸양扶淸滅洋'이라는 구호를 내걸고 시작되었다. 이들은 선교사와 기독교도를 학살하기도 했으며, 외세를 극도로 배척했다.

반란을 일으킨 인물이었다. 하지만 진압할 힘이 없던 청 정부는 회유책으로 동복상을 베이징 수비대장으로 임명하고 그의 부대를 근위병으로 근무하게 했다. 이것이 감군인데 배외감정이 강한 이들은 외국인을 자주 습격했다. 외국 사절들의 항의로 청 정부는 이들을 베이징 밖에 주둔하도록 했다. 의화단과 감군이 베이징에 들어오자 베이징은 배외 열기로 가득 찼다.

의화단과 연합군이 다구에서 만나다

이렇게 되자 베이징에 주재하는 서구 열강의 외교관들은 회의를 거듭하여 다구에 있는 각국의 수병水兵들을 베이징에 들어오도록 하고 또 각국의 함대 사령관들에게 구원대 파견을 요청했다. 5월 31일 다구에 있던 열강의 수병 450명(프랑스 수병 75명, 러시아 수병 100명, 영국 수병 79명, 미국 수병 63명, 독일 수병 50명, 이탈리아 수병 28명, 일본 수병 25명, 오스트리아 수병 30명)이 열차로 다구에서 베이징의 외국 공사관 구역으로 이동했다.

6월 10일 아침 2,066명으로 이루어진 각국의 구원대는 청 정부의 동의를 얻어 영국의 동양 함대사령관 에드워드 시모어Edward H. Seymour의 지휘하에 열차 편으로 다구를 출발하여 베이징으로 향했다. 그러나 중도인 톈진에 이르자 철도가 끊어진 것을 알았다. 이들은 톈진에서 의화단과 충돌했는데, 시모어는 걸어서라도 베이징으로 진입하려 했다. 이날 밤 4,000명의 러시아군이 뤼순에서 다구를 향해 출정했다.

6월 11일에는 일본 서기관 스기야마杉山彬가 감군에게 살해되었다. 6월 13일 일본 외무상 아오키 슈조青木周藏는 일본 주재 영국 공사에게 파병 의사를 전달했는데, 영국이 반대한다면 파병하지 않겠다고 하여 영국과 공동 보조할 것을 천명했다. 6월 17일 러시아군은 다구의 청군 포대砲臺를 점령했다. 이에 청 정부는 그 부당성을 항의하며 외국인 보호를 책임질 수 없으니 각국 외교관들이 모두 톈진으로 퇴거할 것을 요구했다.

에드워드 시모어가 지휘하는 연합군은 하이허강海河를 따라 베이징으로 전진하고 있었는데, 의화단과의 교전으로 사상자가 속출하자 6월 19일 톈진으로 후퇴하기 시작했다. 6월 20일 독일 공사 클레멘스 프라이허 폰 케텔러Klemens Freiherr von Ketteler가 황궁 수비대에 의해 피살되었다. 케텔러는 독일 경비대의 호위를 받으며 청 정부의 요구에 대한 외교단의 회답을 청의 총리아문에 전달하러 가고 있었다. 케텔러 일행은 총리아문 건물에서 불과 한 블록 떨어진 곳에서 황궁 수비대 병력과 충돌했고 총격전이 벌어져 케텔러는 피살되었다.

의화단은 6월 20일부터 제국주의 열강의 공사관을 포위·공격했고, 6월 21일 청 정부는 열강에 공식으로 선전포고했다. 이날 러시아 외무장관 무라비요프가 급사하여 람스도르프V. N. Lamsdorf 백작이 외무장관 대리로 임명되었다. 열강의 공사관들은 영국 공사 클로드 맥스웰 맥도널드Claude Maxwell Macdonald의 지휘 하에 의화단의 공격을 잘 막아냈다. 배외감정이 들끓는 가운데 청 북부 지방에서는 중국인 기독교도 수만 명이 학살되었다.

7월 4일 다구에서 열린 열강 제독들의 회의에서 일본군 1개 사단을 투입한다는 영국과 일본의 제의가 받아들여졌다. 7월 6일 일본 정부는 파병을 결정했다. 영국과 미국은 러시아가 지리적 이점을 살려 대규모로 출병하여 중국에서 자신들의 지위를 강화할 것을 두려워했다. 그러나 영국은 보어Boer 전쟁을 치르고 있었고, 미국은 필리핀에서 에밀리오 아기날도Emilio Aguinaldo 등이 지휘하는 독립전쟁을 진압 중이었으므로 두 나라는 많은 병력을 파견할 수 없었다. 그러므로 일본에 대규모 병력 파견을 종용했다.

영국·미국·독일·프랑스·러시아·오스트리아·일본·이탈리아 등 8개국 연합군이 포위된 공사관들을 구출한다는 명분으로 공동으로 출병했다. 연합군의 병력 3만 6,000명 가운데 일본군이 2만 2,000명이므로 사령관은 독일의 알프레트 폰 발데제Alfred von Waldersee 원수였어도 일본군이 실질적인 주력이었다.

의화단의 봉기는 조선에도 큰 반향을 일으켰다. 의화단 봉기로 발생한 청의 난민이 조선으로 들어왔다. 6월 21일 청 정부의 선전포고 이전에만도 1만 2,000명 이상이 조선 영내로 들어왔다. 그 이후에는 더욱 많아져 조선에 들어온 중국인은 수만 명으로 추정된다. 주한 청국 공사인 서수붕徐壽朋의 동생 가족도 들어왔다.

6월 25일 고종은 한성 주재 각국 공사들을 불러 의화단의 난과 이에 관한 서구 열강의 대책을 물었다. 이때 대한제국은 청에 공사나 영사를 파견하고 있지 않았으므로 정부 차원의 공식 정보는 얻을 수 없었다. 6월 26일 알렌 주한 미국 공사는 고종에게 의화단 봉기와 유사한 사건이 한국에서 발생할 경우 신속히 진압하여 질서를 유지해야 한다고 촉구했다. 알렌 공사는 한국 내 거주하는 수천 명의 청국인은 의화단 사건에 동정하는바, 그들은 한국인들에게 큰 영향력을 가지므로 주의할 필요가 있다고 충고했다.

당시 조선에서는 지방관의 지나친 민중 수탈로 전국적으로 민의 항쟁이 계속되고 있었는데, 특히 활빈당活貧黨*은 조직적이고 장기적으로 활동을 계속하고 있었다. 화적의 활동도 활발하여 공전 수납이 불가능한 형편이었다. 고종은 외국 군대가 청나라뿐 아니라 조선을 점령할 것으로 보고 외국 공사들을 소집하여 유사시 한국을 도와줄 것을 호소했다.

---

* 대한제국 광무光武(1897~1907) 연간에 삼남시방을 무대로 활동한 무장농민군 집단이다. 동학농민운동 이후 각지에 흩어져 있으면서 의병에 가담하거나 화적으로 은거하던 동학농민군 출신을 중심으로 조직되었다. 이들은 자연평등·빈부타파·국가혁신 등을 목표로 정하여 13개조의 행동강령을 내걸고 탐관오리와 부정축재한 부호와 관청을 상대로 무장투쟁했다. 하지만 정부는 이들의 활동을 진압하지 못했다. 이들은 부자의 재물을 거두어 가난한 사람에게 베풀어 대중의 호응을 받았다. 1900~1904년 사이 가장 활발한 활동을 보였다. 이 후 일부는 항일의병투쟁에 가담하기도 했다.

만주, '제2의 부하라'가 되다

러시아군은 공동으로 출병한 것 외에도 둥칭철도 보호라는 명목으로 별도로 대병력을 파견하여 만주 북부에서 남하했다. 러시아는 16만 병력을 동원하여 만주 전역 점령에 나섰다. 6월 하순부터 국경 지대를 넘은 러시아군은 7월 중순 훈춘琿春·하얼빈哈爾濱을 점령한 후 계속 남진했다. 8월 훈춘에서는 러시아군이 조선인 2,000명을 사살하는 일도 있었다. 의화단과 러시아군의 횡포에 간도間島*에 거주하는 조선인도 대략 1만 여 명이 조선으로 귀환했다. 러시아와 일본은 조선의 말과 소를 구매하여 전쟁물자로 사용했다.

러시아군의 토벌을 피해 의화단의 일부는 조선 국경을 침범했다(1900년 하반기에서 1901년 상반기에 이르는 동안 의화단과 러시아군이 빈번히 월경하여 방화·살인·약탈을 자행했다). 이러한 상황에서 러시아는 조선 내로 파병을 추진했다. 파블로프Pavlov 주한 러시아 공사는 7월 24일 고종에게 러시아 군대의 국경 진입, 조·러 양국 군의 의화단 공동 진압, 러·일의 서울 파병 등을 제의했는데 고종은 거절했다. 한편 대한제국의 지방군은 월경한 의화단을 격퇴시키지 못했다. 조선 정부는 북청에 친위대 600명, 경흥에 강화부江華府 병력을 급파했고 수천의 신병을 모집하려 했다.

---

* 압록강과 두만강에 인접한 만주 남부지역으로 두만강 북쪽을 북간도, 압록강 북쪽을 서간도라 부른다. 청이 이주를 금하는 무인지대로 삼은 곳이므로 조선과 청 사이에 있는 섬과 같은 땅이라 하여 간도라는 지명이 생겼다. 간도墾島라 표기하기도 하는데 조선 농민이 개간했으므로 생긴 명칭이다. 조선 후기에 소수의 조선 농민이 이주하기 시작했으며 1869년 함경도의 대흉년으로 대량 이주가 시작되었다. 1900년 대한제국 정부는 경원부사慶源府使를 간도에 파견하여 답사하게 했는데, 답사보고서에는 쑹화강松花江과 헤이룽강 이남이 본래 조선 영토라고 했다. 이에 1901년 3월 회령에 변계경무서를 설치했고 무산과 종성에 분서를 두어 간도 거주 조선인의 보호와 소송 사무를 담당하게 했다. 을사조약으로 조선의 외교권을 쥐게 된 일본은 1909년 간도협약으로 간도를 청의 영토로 인정했다.

한편 러시아 정부는 일본이 조선을 점령할까 우려했다. 람스도르프 외무장관은 일본 주재 러시아 공사 알렉산더 이즈볼스키Alexander Izvolsky를 통해 일본이 조선에 파병하면, 러시아도 로바노프-야마가타 의정서에 따라 같은 수의 병력을 조선에 파병할 수 있다고 일본 정부에 통보했다. 또한 양국 군대가 출병했을 때 양국 군대 사이에 점령하지 않는 공지空地를 설정해야 한다고 했다. 일본 외무대신 아오키 슈조는 이즈볼스키 공사에게 람스도르프의 견해에 동의한다고 말했다.

러시아의 생각대로 1900년 여름 일본의 야마가타 내각은 조선 점령을 준비하고 있었다. 조선의 군사력은 일본에 비해 없는 것이나 다름없었으므로 조선의 저항은 고려의 대상이 아니었고 서구 열강의 태도가 문제였다. 이미 청일전쟁 때 일본은 조선을 식민지화할 수 있었으나 러시아의 개입으로 실패했다. 일본 수상 야마가타 아리토모는 조선을 차지하기 위해서는 러시아와 전쟁을 치러야 된다고 믿고 있었는데, 시베리아 철도가 완성되지 않았으므로 러시아는 전쟁을 회피할 것으로 보았다.

야마가타 아리토모는 영국과 미국은 일본의 한반도 점령을 찬성하리라 보았으나 제2의 삼국간섭을 우려했다. 독일의 의사를 타진하니 독일은 일본이 조선을 침략할 경우 중립을 지킬 것이라 답변하여 일본을 고무시켰다. 그러나 9월 26일 일본 국내 사정으로 야마가타 내각은 사직하여 일본의 한반도 점령은 이루어지지 않았다.

8월 14일 베이징을 점령한 연합군은 쯔진청을 대대적으로 약탈하여 많은 서적과 문물을 가져갔다. 군율이 엄정했던 일본군도 텐진에 있는 청의 국고에서 마제은馬蹄銀(청의 은화. 모양이 말발굽처럼 생겨 붙여진 명칭이다) 120만 냥을 약탈해 일본으로 실어 갔는데 운송 도중에 군 지휘부가 일부를 횡령하여 나

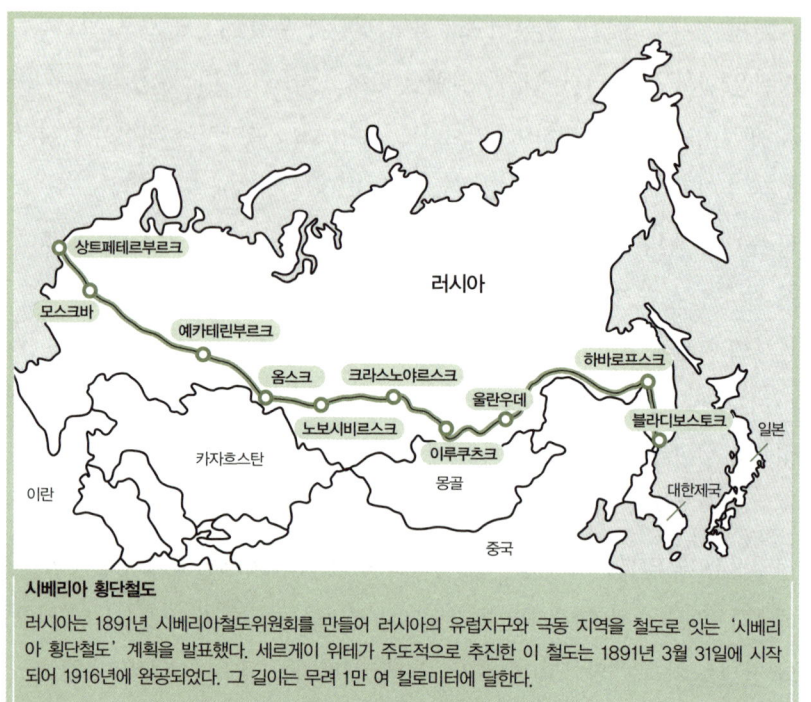

시베리아 횡단철도
러시아는 1891년 시베리아철도위원회를 만들어 러시아의 유럽지구와 극동 지역을 철도로 잇는 '시베리아 횡단철도' 계획을 발표했다. 세르게이 위테가 주도적으로 추진한 이 철도는 1891년 3월 31일에 시작되어 1916년에 완공되었다. 그 길이는 무려 1만 여 킬로미터에 달한다.

중에 중대한 문제가 되었다.

베이징 점령 후 약 7만으로 증강된 연합군(이 중 러시아군은 2만 2,000명)은 서쪽으로는 산시성 동부, 북으로는 몽골의 장자커우張家口, 남으로는 허베이의 바오딩保定 일대까지 침입하여 점령했다. 만주에 파견된 러시아군도 10월 6일까지 만주 전역을 점령했다.

러시아는 공식성명을 통해 '군대 파견에 어떠한 정치적 의도도 없으며', '상황이 정상으로 회복되면 만주를 청에 돌려주고 철병할 것'이며, 또한 '만주에서 열강의 권익을 침해하지 않을 것'이라고 천명했다. 그러나 실제로는 점령한 만주의 도시 이름을 러시아식으로 변경하고 철도와 관계없는 도시도 공격하는 등 만주 영구점령 의도를 드러내고 있었다. 이 무렵 러시아 정책 담당자들 중 '강경파'라 할 수 있는 이들은 만주가 '제2의 부하라 Bukhara(현재 우즈베키스탄의 주요 도시로 19세기 후반 러시아의 영토가 되었다)'가 될 것이라 공언했다.

러시아, 대한제국의 중립화안을 제안하다

청의 수도 베이징을 비롯한 주요 지역을 점령한 서구 열강 사이에 중국 문제 처리를 위한 열띤 교섭이 벌어졌다. 먼저 중국을 '분할'할 것인지 아니면 '보전'할 것인지를 결정해야 했다. 열강의 이해관계 상충에 따른 대립은 중국 분할을 불가능하게 했다. 특히 러시아의 만주 독점은 다른 모든 제국주의 국가에 커다란 위협이었다.

열강은 러시아군의 만주 점령에 예민한 반응을 보였다. 일본은 러시아와의 전쟁을 본격적으로 연구했고, 영국과 미국은 일본을 앞세워 러시아의 팽창을 저지하려 했다. 1900년 10월 16일 영국과 독일은 러시아를 겨냥하는 협정을 체결했다. 그 내용은 "중국의 하천과 연안에 있는 항구들은 모든 국가의 무역과 정당한 경제 활동에 자유로이 개방한다. 두 나라는 중국의 혼란을 이용하여 영토상의 이익을 획득하고자 하지 않으며 다른 국가들도 그러한 것을 획득하면 안 된다"는 것이었다. 이는 중국의 영토 보존을 인정하는 것으로 명백히 러시아를 견제하려는 내용이었다.

영국과 독일은 이를 서구 열강에 통고하여 동의를 구했다. 미국과 일본은 흔쾌히 수락했고 러시아도 받아들인다고 답변하지 않을 수 없었다. 1901년 1월 일본은 러시아에 만주 철병을 요구했고 청 정부에도 만주를 러시아에 할양하지 말도록 압력을 넣었다. 영국·미국·독일도 보조를 맞추어 러시아에 압력을 가했다.

1901년 1월 7일 러시아는 열강의 공동보증하에 대한제국의 중립화안을 제안했다. 청 주재 일본 공사 고무라 주타로는 일본 외무대신 가토 다카아키 加藤高明(임진왜란 때의 왜장 가토 기요마사 加藤淸正의 후손)에게 현명한 충고를 했다. 러시아가 대한제국의 중립화를 제안한 것은 만주에서 자유로운 행동을 하기 위한 것이므로 만주까지 중립화하지 않는 한 일본은 이 제안을 받아들이지 말아야 한다고 했다. 만주와 조선을 동시에 중립화할 수 없다면, 러시아와 일본은 만주와 조선을 놓고 세력 범위를 분할해야 한다고 주장했다.

1월 17일 가토 다카아키는 러시아의 제안을 거부했다. 4월 5일 열강의 지원을 확신한 청은 러시아와의 만주 반환 협상을 중단했다. 1901년 9월 7일 청과 제국주의 열강 사이에 강화조약인 신축조약 辛丑條約(베이징 의정서)이 체결되었다. 제국주의 열강에 거액의 배상금과 군대 주둔권을 인정한 이 조약으로 중국은 반식민지 상태가 심화되었다.

이 조약의 가장 중요한 내용은 군대 주둔권과 배상금이었다. 베이징에 공사관 구역을 설정하고 각국은 호위를 위해 군대를 주둔할 수 있게 되었다. 또한 베이징과 여러 항구 간에 자유로운 교통을 위해 12개 장소를 지정하고 열강의 수비대를 설치하도록 했다.

다음으로 4억 5,000만 냥에 이르는 배상금을 39년에 걸쳐 분할 상환하게 했다. 연리 4퍼센트이므로 배상금 총액은 9억 8,000만 냥이었다. 지불은 관세와 염세 鹽稅를 담보로 하고 있었으므로 중국 경제에 치명적인 타격을 주었다. 각국이 차지하게 될 배상금의 배분율은 러시아 29퍼센트, 독일 20퍼센트, 프랑스 16퍼센트, 영국 11퍼센트, 미국과 일본이 각각 7퍼센트 정도였다.

그 밖의 주요 내용은 ① 의화단 사건 책임자의 처벌 ② 독일, 일본에 사죄 사절 파견 ③ 화평론자들의 복권 ④ 소요가 심했던 지역에서 5년간 과거제 실시 중단 ⑤ 무기, 탄약 등의 수입 금지(우선 2년간) ⑥ 다구 포대의 철거 ⑦ 총리아문을 외무부로 고쳐 외교 업무를 강화한다는 것 등이었다.

역사 속의 역사 13

보어인들이 영국에 맞서다

보어 전쟁은 19세기 말 영국이 보어인(네덜란드인)이 세운 오렌지 자유국Orange Free State과 트란스발 공화국Transvaal Republic을 합병시키려 일으킨 전쟁이다. 제1차와 제2차 전쟁으로 나뉜다. 영국은 1815년 네덜란드에서 희망봉 일대를 획득했는데 먼저 정착하던 보어인들은 이에 반발하고 내륙으로 이주하여 트란스발 공화국과 오렌지 자유국을 세웠다. 1867년 트란스발 공화국, 오렌지 자유국, 영국 케이프 식민지의 접경지대인 킴벌리Kimberley에서 다이아몬드 광산이 발견되어 수많은 이주민이 몰려들었다. 광산을 탐낸 영국은 1877년 트란스발 공화국을 합병했다. 1880년 보어인이 봉기하여 영국군에 승리하고 1881년 4월 주권을 회복했다. 이것이 제1차 보어 전쟁이다.

제1차 전쟁은 보어인 병력 3,000명, 영국 케이프 식민지 주둔군 1,200명이 교전한 소규모 전쟁이었다. 1886년 트란스발 공화국에서 대규모 금광이 발견되자 영국의 케이프 식민지 총독인 세실 로즈Cecil Rhodes는 합병을 계획하고 1895년 침략했으나 실패했다. 그러나 조지프 체임벌린Joseph Chamberlin 영국 식민지 장관과 앨프리드 밀너Alfred Milner 케이프 식민지 지방장관은 합병을 포기하지 않고 노골적으로 트란스발 공화국에 내정간섭을 했다.

트란스발 공화국의 폴 크루거Paul Kruger 대통령은 전쟁을 피하기 위해 거듭 양보했지만, 결국 오렌지 자유국과 군사동맹을 맺고 1899년 10월 영국 정부에 국경선에 배치한 영국군을 철수하라는 최후통첩을 보냈다. 하지만 영국이 거부하자 곧바로 선전포고했다. 영국 식민지 군은 고전했으나 본국에서 증원군이 속속 도착해 1900년 3월

게릴라로 활동한 보어인들
네덜란드계 보어인들은 자신들의 공화국을 지키기 위해 45만의 영국군과 싸웠지만, 결국은 영국의 식민지가 되었다. '남아프리카 전쟁South African War' 또는 '트란스발 전쟁Transvaal War'이라고 한다.

에는 오렌지 자유국의 수도인 블룸폰테인Bloemfontein을, 6월에는 트란스발 공화국의 수도인 프리토리아Pretoria를 점령했다.

그러나 보어인은 게릴라전으로 저항을 계속했다. 1900년 11월 파견 영국군 사령관이 된 허레이쇼 허버트 키치너Horatio Herbert Kitchener는 게릴라의 근거지를 없애기 위해 민간인의 집과 경작지를 초토화시키고 그들을 수용소에 가두었다. 이 때문에 국제 여론은 영국을 맹비난하고 영국 본국에서도 반전의 소리가 높았다. 1902년 보어인은 항복하고 5월 베리니힝Vereeniging조약에 의해 트란스발 공화국과 오렌지 자유국은 영국의 식민지가 되었다. 보어 전쟁은 제국주의 침략전쟁의 전형으로 꼽힌다. 이 전쟁 후 영국은 '영광의 고립splendid isolation'을 포기하고 적극적으로 대외 동맹을 추구했다. 보어 전쟁은 또한 영일동맹의 결성에 영향을 주었다.

제14장

영국, 러시아 그리고 일본

영국과 일본이 손을 잡다

러시아의 동아시아 팽창에 맞서 영국과 일본은 1901년 4월 동맹을 맺기 위한 협상을 시작했다. 동맹은 국제정치에서 협조의 최고 형태이다. 영국이 일본을 동반자로 선택한 것은 청일전쟁 이후 이 지역에서 일본의 협력이 필요한 것을 인식했고 또한 기본적으로 일본의 군사력이 강했기 때문이다. 영국은 의화단 사건 등을 통해 일본의 군사력을 높이 평가했다. 일본의 군비는 청일전쟁 이후 급속도로 증강되어 육군 병력은 평상시에 상비군 17만 명을 보유했고 전시에는 60만 명을 동원할 수 있게 되었다. 군 예산은 1900년에는 6,000만 엔으로 1895년의 1,100만 엔에 비해 5배가 넘게 증가했다.

이 무렵 영국과 일본은 각기 안보상의 문제가 있었다. 영국은 1899년에 시작된 독일의 대양 함대 건설에 큰 위협을 느꼈다. 더구나 독일은 영국에 대항하는 대륙 국가들의 해군 동맹을 추구하고 있었다. 이에 따라 영국은 세계 도처에 있는 영국 해군력을 본국 주변 해역으로 재배치하기 시작했다. 영국으로서 영일동맹은 동아시아에서 축소되고 있는 영국 해군력을 대신하여 러시아를 견제할 수 있는 장치였다.

일본의 생각은 단순했다. 1895년 삼국간섭으로 랴오둥반도를 반환한 이후 유럽 열강들과의 관계에서 '고립'을 탈피하는 게 가장 중요한 과제였다. 미국과 유럽 열강이 대對중국 무역에서 단결하면 일본은 제외될 가능성이 있었다. 일본은 영국과의 동맹으로 이 문제를 해결하려 한 것이다. 이 외에도 영국이 철도와 해군함정의 설계 등에서 선진 기술을 지원해줄 수 있다는 점도 고려하고 있었다.

1902년 1월 30일 영일동맹이 체결되었다. 영일동맹은 여전히 최대의 해군국이며 상업국인 영국과 신흥 지역 강국인 일본이 동아시아에서 러시아에 공동 대응한다는 것을 의미했다. 당시로서 영국은 가장 절실한 해군력 증강을 일본을 통해 확보했으며, 일본은 영국의 완전한 동의는 아니지만 한반도에서 권익을 보장받았다. 이로써 일본은 만주와 조선 문제를 두고 러시아에 강경 대응할 여건을 마련했다. 이 동맹의 유효기간은 5년이었다. 영일동맹은 동아시아 국제정치뿐만 아니라 세계사적으로도 중요한 의미가 있었다.

2월 12일 영일동맹 체결이 발표되자 러시아 정부는 큰 충격을 받았다. 람스도르프 외무장관은 2월 18일 프랑스 주재 러시아 대사 우루소프 백작에게 기존의 러시아·프랑스 협상을 동아시아로 확대시키는 것으로 바꾸도록 교섭하라는 지시를 내렸다.

3월 16일 러시아·프랑스 선언이 발표되었으나 제3국이 동아시아의 현상을 방해하는 위협을 가한다면 두 나라는 사전협약에 이르는 권리를 가진

다는 미약한 것이었다. 람스도르프는 영일동맹에 맞대응할 만한 성과를 원했으나 결과는 그에 훨씬 못 미쳤다.

미국 정부도 러시아의 동아시아 지역에서 팽창을 막기 위해 일본을 지지했다. 시어도어 루스벨트Theodore Roosevelt 행정부에서 동아시아 정책 최고 담당자는 극동 문제 외교 고문인 전 주한 미국 공사 윌리엄 우드빌 록힐William Woodville Rockhill이었다. 록힐과 루스벨트는 조선이 러일 양국 중 어느 한 나라에 지배될 운명이며 러시아보다는 일본의 지배를 받는 것이 바람직하다고 생각했다. 그러나 주한 미국 공사 알렌은 미국이 조선을 포기하는 것은 매우 위험한 실책이라고 보았다. 알렌 공사는 선교사로 조선에 와서 광혜원廣惠院을 세우는 등 여러 각도로 보아도 친한파 인물이었다. 러시아는 영일동맹이 체결되자 강경한 태도를 바꾸어 청과 협상을 재개하여 1902년 4월 8일 만주 철병撤兵 협정을 체결했다.

(1) 만주는 중국의 일부로 청국 정부의 권익 회복을 승인하고 러시아 군대 점령 이전의 상태로 복귀한다.

(2) 이 조약이 조인된 후 6개월 이내 즉 1902년 10월 8일까지 펑톈성奉天省(현재 랴오닝성) 서남부에서 러시아군은 철수하고, 그 후 6개월 이내 즉 1903년 4월까지 나머지 펑톈성 지역과 지린성 전역에서 철수한다. 그리고 그 다음 6개월 이내 즉 1903년 10월 8일까지 헤이룽장성에서 철수한다.

(3) 러시아 군대가 철수한 후 청국 정부가 만주에서 군대를 증감하는 경우 러시아 정부에 통지한다.

'탐학'이 '화적'보다 심하다

한반도를 두고 러시아와 일본의 각축이 심화되는 가운데 조선은 여전히 군사력이 전무한 국가였다. 1894년 8월 군국기무처軍國機務處에서는 "우리나라 군사들은 국가를 수호하고 국민을 보호한다는 것이 무슨 일인지를 모른다. 그리고 규율이 엄격하지 못하고 용맹하지도 못하다"고 하면서 군제개혁의 필요성을 제기했다. 1894년 12월 반포된 홍범 14조에는 "징병법을 적용하여 군제의 기초를 확정한다"고 하여 징병제 시행을 예고했다.

개화파 관료와는 달리 고종은 징병제에 부정적 반응을 보였다. 일본 공사 이노우에 카오루가 징병제를 권고하자 그는 상공업 발달에 지장을 준다는 이유로 반대했다. 고종은 동학농민전쟁 후 극도로 백성들을 불신하여 농민층이 주요 구성원이 되는 징병제를 더욱 거부했다.

대한제국 수립 후에도 고종의 군사 정책은 소수 정예를 중시하는 용병제였다. 대한제국 초기 군대는 5,000명의 친위대였는데, 이를 신뢰하지 않은 고종은 독립협회의 의회 설립 운동이 격화되자 왕실 호위를 위해 외인부대를 창설하려 했다. 친위대가 독립협회 해산에 소극적인 태도를 보이자 고종은 원수부元帥府를 설치하여 직접 군대를 통솔하기도 했다.

의화단의 봉기로 국제 정세가 격동하자 징병제 시행안도 검토되었다. 1901년 6월 3,000명이 압록강 건너편의 안동에 출몰하는 등 의화단 잔당은 계속하여 조선의 국경을 위협했다. 압록강에는 많은 조선군이 주둔하고 있었으나, 러시아는 의화단이 조선군 무기를 탈취할 것을 경계하여 압록강 어귀에 육군과 군함을 파견했다.

1901년 8월 원수부에서는 외국의 징병법에 의거하여 국민 중에 빈부귀천을 막론하고 18세 이상의 남자를 병적에 편입하여 3년간 복무하게 한다는 징병제 시행안을 작성했다. 그러나 의정부 대신 등 보수적 지배층의 반대로 시행되지 못했다. 일본은 이미 1873년에 징병제를 도입했고, 그 후 줄기차게 군비를 확장하고 있었다.

근대적 징병제는 전근대의 병농일치제와는 근본적으로 다른 제도였다. 전제정치에서 병농일치제는 국민을 단순히 통치의 대상으로만 여기는 국민개병제이다. 부병제가 병농일치제의 대표적인 예이다. 병농일치제에서 군대는 동서양을 막론하고 훈련도 부족하고 군인들의 전투 의지는 박약한 것이 보통이었다.

징병제는 국민의 정치 참여를 인정하는 제도의 변혁 없이는 성공할 수 없는 것이었다. 다시 말해 신민臣民이 아닌 국민國民의 탄생을 전제로 한 것이었다. 국민군 추진은 사회 전체의 구조적 변화가 필수였기 때문에 보수적 지배층으로서는 쉽게 수용할 수 없는 것이었다. 프로이센에서도 나폴레옹에 대항하여 국민 전체를 무장시키는 것을 정치적으로 위험하게 여겨 징병제 시행에 반대했다. 그러나 1806년 예나Jena 전투에서 나폴레옹의 프랑스군에 참패한 후 정치개혁을 실시하면서 징병제를 받아들였다.

주권 상실의 위기에 처한 대한제국으로서는 군주와 지배층의 양보를 통한 정치 체제의 변혁으로 국민통합을 추진해야 했다. 그러나 독립협회를 해산하고 중추원을 무력화시키는 등 전제정치를 절대과제로 인식하고 있던 고종에게 이를 기대할 수는 없는 일이었다. 고종 등 집권층은 주권이 위협받는 상황에서도 국민군을 육성할 생각을 하지 못하고 이리저리 서구 열강을 끌어들여 체제를 유지하려 했다.

1901년 말 의화단 사건이 수습되자 고종은 내부 단속에 주력했고 이에

프러시아식 군복을 입은 고종

항상 신변의 위험을 느낀 고종은 경위원을 창설해서 왕궁의 호위와 왕실 전복 음모를 색출하게 했다. 그리고 예산의 40퍼센트를 군부 예산에 할당하여 군사력을 증강하기도 했다. 한편 고종은 아관파천 후 대한제국을 선포하는데, 이는 러시아의 전제군주 체제를 모방한 것이다.

따라 경위원警衛院을 창설했다. 경위원은 왕궁의 호위와 왕실 전복 음모의 색출이 주요 임무였다. 세출도 궁내부宮內部에서 가장 많아서 내부內部를 능가할 정도였다.

고종은 1901~1903년 사이에 정부 예산의 40퍼센트를 군부 예산에 할당하여 군사력 증강을 기도했다. 그러나 군인들에 대한 처우가 열악하여 1902년 1월에는 무관학교 생도들이 장래성이 없다고 판단하여 집단 자퇴하는 일이 발생했고, 이 때문에 무관학교 교장 백성기白性基가 면직되기까

제14장 영국, 러시아 그리고 일본

지 했다. 이러한 일은 재정 부족으로 설명할 수 있는 일이 아니었다.

고종은 여러 가지 왕실 사업에 재정을 지출했다. 서경西京(평양)을 왕의 기운이 모인 곳이라 하면서 충의忠義의 기풍을 현양한다는 명목으로 궁궐 신축을 지시하여 내탕금 50만 냥을 지출했고 평안도 주민에게는 300만 냥을 부담하게 했다. 이어 황제의 권위를 과시하기 위해 즉위 40주년 의식을 성대하게 치를 것을 지시했고 이를 위해 대대적으로 궁전을 신축하게 했다.

러시아와 일본의 전쟁 가능성이 높아지는 상황에서 거행된 즉위 40주년 의식에는 600만 냥 이상이 소요되어 다방면에서 외채 모집이 시도되었고 매관매직도 더욱 빈번하게 행해졌다. 황제의 성덕盛德을 기린다는 명목으로 거대한 석고石鼓를 제작하게 하여 100여 명을 각 지방에 파견하여 석고 제작에 필요한 비용을 징수하려 했다. 또한 홍릉洪陵 등을 이장하여 500만 냥 이상을 지출했다.

1902년 초 대한제국 군인의 총수는 1만 7,560여 명에 이르렀다. 그러나 대한제국 군대는 실지로는 군대가 아니라 민중을 수탈하는 조직 폭력배에 지나지 않았다. 군인들은 황제의 군대라는 위세를 부려 민전民田을 탈점奪占하거나 주변 주민에게 각종 잡세를 징수했고 백성들을 체포하여 재물을 약탈하는 등의 횡포를 저질렀다. 진위대鎭衛隊(1895년 지방의 치안과 변경 수비를 목적으로 설립된 지방군대이다)의 탐학은 화적보다 심하다는 평을 받았고 활빈당은 진위대 대장이 진짜 화적이라고 성토했다.

원수부 총장 신기선도 군대가 규율이 없는 무뢰배의 소굴이라 비판할 정도였다. 이는 임진왜란 발발시보다 질이 악화된 모습이었다. 그러므로 1만 정의 소총을 구입하고도 군인들의 부주의로 파손될 것을 우려하여 기기국機器局에 보관하고 있었던 일도 그리 놀랄 일은 아니었다.

조선 문제 해결에 관한 의견서

러시아는 만주 철병 제1기 철수는 이행했으나 강경파들이 득세하여 1903년 4월로 예정된 제2기의 약속은 지키지 않았다. 오히려 러시아는 압록강의 대안對岸, 펑황청鳳凰城, 안둥 지역으로 군을 남하시켜 만주 전체를 영토화하려는 의도를 드러냈다. 압록강의 삼림을 보호한다는 명분으로 러시아 병사 수십 명이 5월에 신의주의 외항外港인 용암포龍岩浦에 들어왔다. 러시아는 더 나아가 대한제국에 용암포 조차를 요구하여 8월에는 조차 조약을 체결하기까지 했다. 그러나 영국·미국·일본의 반대로 조차는 실현되지 않았다. 일본 참모본부는 1903년 6월 22일 다음과 같은 〈조선 문제 해결에 관한 의견서〉를 내각에 제출했다.

> 우리 일본 제국이 조선 반도를 우리 독립의 보장지로 하는 것은 개국 이래 변함없는 국시이며, 현재와 장래에도 변동이 없을 것이다. 제국은 막막한 바다 위에 우뚝 서 있고, 8면이 바다로 덮여 예부터 천부天府라 부르고 있으나, 수송 교통기관이 발달하여, 오늘에는 천애天涯의 파도도 탄탄대로가 되어 국방의 어려움이 옛날과는 달라졌으며, 또한 전국의 지형과 형상이 남북으로 꿈틀거리는 모양으로 되어 있어, 수비가 필요한 지점이 몹시 많아 지극히 국방에는 불리하다. 그러나 다행한 것은 서쪽에 조선해협이 있어, 동서의 항로를 억누를 수 있고 은연중 국방의 자물쇠와 열쇠 구실을 해줄 것이므로 조선으로 하여금 늘 우리에게 친근토록 할 때는 일본해의 관문이 대단히 단단하고 국방에는 크게 유리하다. 만약 이에 반해 강대국이 조선을 점유한다면, 그 위치는 곧 제국의 급소이며 그 거리는 불과 수 시간의 도항을 요할 뿐이다. 이

것이야말로 옆 사람의 코고는 소리를 듣는 것으로, 제국의 위해가 클 것이며 국방이 곤란함은 물론 모든 일에 제약을 받아 끝내는 독립을 유지하는 데 고통을 받게 될 것이다. 대정유신大正維新 초에 일찍이 조선을 유인하고, 또한 백방으로 괴로움과 어려움을 겪으면서 청국과의 관계를 소원하게 하고, 청국이 조선을 속국시 함에 드디어는 수만의 생명을 죽이고 수천 만의 국고금을 투입하여 (메이지) 27~28년 전역을 일으켜 우리의 보장지를 유지할 수 있었다. 그러나 이 전쟁의 결과 청국의 약점이 세계에 폭로되면서 러시아의 세력이 갑자기 동점하여 금주반도金州半島(랴오둥반도)를 점령하고 둥칭철도를 손에 넣어 만주의 실권을 쥐었으며 그 팽창의 신속함이 실로 상상 밖에 있다. 제국이 만약 이를 방관하여 러시아가 하는 대로 방치한다면 조선 반도가 그의 점령지로 되는 것은 불과 3~4년을 넘지 않을 것이다. 이렇게 되면 우리는 결국 보장지를 잃게 된다. 서해의 문호가 파괴된다. 불과 일위대수一葦帶水 (가죽띠 하나 길이 정도로 짧은 해협을 사이에 두고 일본과 조선이 붙어 있다는 뜻이다)의 거리를 두고 호랑이 늑대와 같은 강대국과 접하게 된다. 그 칼이 옆구리를 겨누게 된다. 우리 제국 신민의 안위가 크게 우려되는 바이다. 그러므로 우리 제국은 이제 러시아와 교섭하여 빠른 시일 내에 조선 문제를 해결해야 한다. 금일에 이를 교섭한다면 반드시 병력에 호소하지 않고 용이하게 해결을 볼 수 있을지도 모르며, 만약 불행하게도 개전에 이른다면 그들의 군비는 아직 결점이 있다. 아군도 아직 충실하지 못하나 피아의 병력은 아직 균형을 이루고 있으므로 틀림없이 대항에 충분하다. 따라서 지금이 국가 100년의 장기 계획을 위해 조선 문제를 해결하는 유일한 시기라 할 수 있다.

알렌, 러시아를 지지하다

알렌 공사는 러일전쟁의 가능성이 고조되는 가운데 본국행을 결심했다. 알렌은 전문 보고가 아니라 국무성으로 직행하여 정확한 보고를 루스벨트 대통령에게 상황을 설명할 생각이었다. 그는 존 헤이John Hay 국무장관과 루스벨트를 설득하려면, 러시아 현지답사에 의한 정확한 정보 수집이 필수라고 판단하여 1903년 6월 3일 제물포에서 출항하여 뤼순과 다롄을 거쳐 만주를 시찰하고 시베리아 횡단열차를 탔다. 알렌은 서울에서 제물포로 떠나던 날인 6월 1일 고종을 면담했다. 그는 러일전쟁 발발 가능성에 대해 질문했다.

> (한국 황제는) 전쟁 발발 가능성에 대해 하문했다. 나는 군대 철수의 만기가 10월이기 때문에 10월까지는 전쟁이 나지 않을 것 같다고 말했다. 그러나 나는 압록강에서 분쟁이 발생할 염려가 있다고 밝히면서 특히 다음과 같은 이유로 유혈 사태가 발생할 가능성이 있다고 암시했다. 한국 정부는 먼저 러시아에 북부 변경지대 전역과 울릉도의 삼림 벌채권을 주었다. 한편 압록강 유역에서 수년간 삼림을 채굴해온 일본인과도 협정이 체결되었다. 일본은 압록강 유역에서 대규모로 목재를 벌채해놓고 비가 오면 압록강 상류에서 하류로 옮길 준비를 하고 있는데 러시아는 압록강 하구에서 목재를 압수하려 한다. 그러면 일본은 뗏목을 빼앗기지 않으려고 저항할 것이고, 그 결과 자연히 유혈 사태가 발생할 것이다. 그러나 결국 이 문제는 러·일 간에 협상으로 타결될 것으로 생각된다고 말했다. 만약 전쟁 발발이 임박하다고 생각되면 나는 떠나지 않을 것이라고 언명했다.

(《알렌의 일기》, 1903년 6월 1일)

러시아를 여행하면서 알렌은 두 가지 어두운 면을 목격했다. 먼저 러시아 농촌의 후진성과 정체성이었다. 시베리아 농가는 조선의 농가와 다를 것이 없었다. 다음은 러시아 관리들의 비능률적인 관료주의였다. 그러나 알렌은 광대한 러시아 국토와 무진장한 천연자원이 러시아의 미래를 보장한다고 보았다. 알렌이 시베리아를 경유해서 러시아와 유럽 각국을 순방한 후 내린 최종 결론은 러일전쟁이 일어나면 러시아가 패전할 것이므로 미국은 러시아를 지원해야 하며 일본을 도와주면 결국 일본에 이용만 당할 것이라는 것이었다.

워싱턴에 도착한 알렌은 록힐을 만났다. 록힐은 미국은 무슨 일이 있어도 일본을 도와야 하고 일본의 조선 병합을 허용하고 만주를 차지하려는 러시아의 계획을 저지해야 한다고 역설했다. 알렌은 루스벨트 대통령을 예방하여 "러시아에 관해 록힐은 실책을 저지르고 있다"고 공박했다. 9월 30일 저녁 루스벨트와 록힐과 알렌은 회담을 가졌다. 이 자리에서 알렌은 미국이 러시아를 지지해야 하는 이유를 다음과 같이 개진했다.

첫째, 러시아는 만주를 평정하고 만주의 비적匪賊을 진압했으며 동시에 철도와 도로를 건설하여 거대한 상업시장을 개방해놓았다. 미국은 만주 무역의 75퍼센트를 차지할 수 있다.

둘째, 러시아는 문호개방 정책을 엄수하겠다고 강력히 약속했다. 만약 대통령이 러시아가 이 약속을 지킬 수도 지켜질 수도 없다고 단정하면, 러시아는 대미 적개심을 품게 되어 만주에서 미국의 경제적 이권은 위협받을 것이다.

셋째, 러시아는 결코 만주에서 철병하지 않을 것이다. 러시아는 1,000만 달러를 들여 다롄항을 건설했고 3억 달러를 투입하여 시베리아 횡단철도를 건설했기 때문에 만주에서 물러나지 않을 것이다. 러시아의 만주 철수는 마치 미국이 텍사스나 하와이에서 철수한다는 것과 같다.

넷째, 러시아는 문호개방 원칙을 엄수하여 펑톈奉天과 같은 국제적 요충지에 외국인 거주를 허용하고 외교관에게 치외법권을 인정하는 등 만주를 개방할 것이다. 만약 일본이 만주를 점령하면 일본은 문호개방 원칙을 버리고 미국인을 포함한 모든 외국인을 추방하고 만주의 이권을 독점할 것이다.

알렌
미국 공사 알렌은 한국에 선교사로 와서 최초의 의료기관인 광혜원廣惠院을 세운 친한파 인물로 미국은 일본이 아닌 러시아를 지원해야 한다고 역설했다.

루스벨트는 미국이 반反러시아 정책을 취한다고 해서 만주에서 미국의 경제적 이권은 손상을 입지 않는다고 주장했다. 따라서 알렌의 견해는 채택되지 않았다. 만주와 조선을 둘러싼 일본과 러시아 사이의 마지막 협상은 1903년 7월부터 전개되었다. 러시아 주재 일본 공사는 8월 12일 람스도르프 러시아 외무장관에게 6개항의 협상 기초안을 제시했다. 흔히 '만한滿韓 교환'으로 알려진 이 제안은 그 내용으로 볼 때 일본은 조선을 완전히 장악하지만, 만주에서 러시아의 권익은 상업상의 것으로 제한하는 것이었다.

10월 3일 제시한 러시아의 안은 반대로 만주는 러시아의 독점적인 권익 범위 내에 넣는 대신 조선에 대한 일본의 권익을 제한적인 것으로 규정했다. 러시아와 일본은 이처럼 자국의 이익은 절대적인 것으로 상대방의 이익은 제한적인 것으로 설정했으므로 협상이 계속되어도 타협의 여지가 없었다. 1904년 1월 양측이 제시한 최종안은 타협의 여지를 소멸시켰다.

역사 속의 역사 14

전쟁 영웅, 시어도어 루스벨트

미국의 제26대 대통령이다. 뉴욕의 명문가인 루스벨트 가문 출신으로 하버드 대학에서 수학했는데, 어린 시절부터 뛰어난 지적 능력을 보였다. 1882년에 미영전쟁의 해전을 다룬 저작 《1812년의 해전The Naval War of 1812》을 출간하여 명성을 얻었다. 곧 정치계에 입문하여 뉴욕 주 하원의원(1882~1884), 연방공무제도위원(1889~1895), 뉴욕시 공안위원장 등을 역임한 후에 1897년 윌리엄 매킨리William Mckinley 행정부의 해군차관으로 등용되었다.

1898년 미국과 스페인 간에 전쟁이 나자 독단으로 미국 함대의 마닐라만Manila Bay 점령을 지시했다. 이윽고 해군차관직을 사임하고 의용군을 조직해서 참전했다. 그 후 국민적 영웅이 되어 돌아와 뉴욕 주지사 선거에 당선되었다.

1900년 윌리엄 매킨리 대통령의 러닝메이트로 부통령으로 당선되었고, 1901년 9월 매킨리 대통령이 무정부주의자에게 암살되자 대통령으로 취임했다. 취임 직후 재벌의 횡포를 규제하는 혁신주의적 개혁을 단행했다. 1902년 탄광파업에 개입했으며 1903년에는 신설된 상무노동부에 회사국會社局을 설치해서, 기업 활동에 대한 조사규제를 새로운 행정 과제로 삼았다. 1904년에는 반反트러스트법의 실시를 강화했다.

1904년 재선되자 그의 개혁직인 시책은 철도요금에 대한 규제 강화와 식품산업에 대한 위생상의 규제 강화 등 다방면에 미쳤다. 외교에서는 제국주의적 팽창 정책을 실행하여 동아시아, 라틴아메리카, 카리브해 지역에 미국의 세력을 확대했다.

1908년 대통령 선거에 다시 출마할 수 있었으나 가까운 친구인 국방장관 윌리엄

시어도어 루스벨트
루스벨트는 윌리엄 매킨리 대통령이 암살되자, 그 자리를 물려받았다. 미국의 대통령으로서는 가장 젊은 나이인 42세에 권좌에 오른 셈이다. 러일전쟁을 종식시킨 공로가 인정되어 미국인 최초로 노벨평화상을 받았다.

태프트William H. Taft를 공화당 후보로 밀었다. 대통령이 된 태프트가 그가 시행한 혁신주의 정책을 뒤집자 크게 반발하고 1912년 공화당 대통령 후보 경선에 나섰으나 패배했다. 곧장 탈당하여 진보당Progressive Party을 결성하고 출마했으나 민주당의 토머스 우드로 윌슨Thomas Woodrow Wilson 후보에게 패하여 2위로 낙선했다. 제1차 세계대전이 발발하자 미국의 적극 개입을 주장했다. 1920년 대통령 선거에서 공화당 후보로 출마가 예견되었으나 건강 악화로 1919년 1월 사망했다.

미국 역사학회 회장을 역임하기도 한 그는 미국 정치인 가운데 토머스 제퍼슨Thomas Jefferson(제3대 대통령)과 더불어 가장 독서량이 많았던 인물로 꼽힌다. 제2차 세계대전을 승리로 이끈 제32대 대통령 프랭클린 루스벨트Franklin Roosevelt와 가까운 친척(12촌)이 된다.

제15장

러시아와
일본의 전쟁

"일본은 사활을 걸고 싸우고 러시아는 저녁식사를 위해 싸운다"

1903년 후반기 러시아와의 전쟁이 불가피하게 상황이 조성되자 일본 군부는 러일전쟁에서 승리할 수 있는지 심층적으로 연구했다. 결론은 전쟁을 조기에 치르는 것이 유리하다는 것이었다. 일본의 계산은 영국·미국과 연합하여 러시아를 만주에서 철수시켜야 하며, 이것이 실패할 경우는 무력에 의존해야 하는데 개전開戰은 빠를수록 유리하다는 것이었다.

러시아는 일본에 비해 병력과 물자의 수송에서 크게 불리했다. 시베리아 횡단철도는 1902년 1월 개통되었으나, 단선으로 수송 능력이 충분하지 않았고 바이칼호 횡단은 배를 이용하고 있었다. 또한 러시아의 만주 점령으로 중국에서 반反러시아 정서가 확산되고 있었다. 그러므로 이 시기를 놓치면 이 같은 호기는 다시 오지 않는다는 것이 일본 군부의 판단이었다.

러시아 또한 전쟁을 선호하는 쪽이었다. 러시아는 국내적으로 혁명적 분위기가 고조되고 있었지만 한편에서는 전쟁을 원했다. 프로이센은 19세기 후반 세 차례에 걸친 전쟁의 승리로 독일 통일을 실현하면서 사회혁명을 피할 수 있었다. 러시아 역시 20세기 초 대외 전쟁의 승리만이 국내 혁명을 저지하는 수단이라고 생각하고 가벼운 상대라고 여긴 일본과 전쟁을 치를 결심을 했다. 러시아의 여론은 물론 동아시아에 주둔한 러시아 육군과 해군 지도자들도 러시아의 승리를 믿어 의심치 않았다. 나폴레옹도 물리친 러시아가 일본을 겁낼 이유가 없으며 전쟁은 러시아군의 일본 상륙으로 끝날 것이라고 호언했다.

그러나 전쟁에 관한 한 러시아와 일본의 이해관계는 커다란 차이가 있었다. 일본은 러시아와의 전쟁이 국가의 운명이 걸린 것이라는 각오 아래 나고야名古屋에 대본영을 설치하고 정치지도자들과 국민들이 단결하여 총력전 태세로 임했다. 러시아는 국내적으로 혁명 분위기가 고조된 가운데 유럽에서 멀리 떨어진 '극동' 지역에서 일어난 분쟁에 제한적으로 대응했다. 그러므로 두 나라의 임전 태세는 "일본은 사활을 걸고 싸우고 러시아는 저녁식사를 위해 싸운다"고 비유되었다.

러시아의 총 군사력은 450만 명으로 일본에 비해 압도적으로 우세했으나, 만주 지역에 주둔한 러시아 육군은 모두 13만 5,000명에 불과했다. 더구나 그 절반 정도만이 뤼순을 중심으로 랴오둥 지역에 배치되고 있었고 나머지는 만주 철도 수비에 충당되어 여러 지역에 분산 배치되어 있었다. 만주 주둔 러시아군은 장비나 훈련에서도 일본군보다 열세였다. 다민족 국가인 러시아는 민족간의 갈등 해결이 제국의 중요한 과제였는데, 군 내부에서도 출신 민족에 따른 병사들의 갈등이 심했다. 특히 러시아의 지배에서 벗어나려고 지속적으로 독립운동을 해온 폴란드의 병사가 많았던 것이 큰 약점이었다. 이들의 전투 의지는 매우 약했다.

일본의 기본 전략은 러시아의 증원군이 오기 전에 러시아 극동군을 섬멸한다는 것이었다. 일본은 1904년에 총 병력 85만 명의 잘 훈련된 군대를 보유하고 있었으며, 그 가운데 15만 명은 즉각 동원할 수 있었다. 또한 군인 개개인으로 보더라도 러시아군보다 교육 수준이 높았으며 국가 의식이 투철했다.

일본 해군은 1896~1904년 사이에 4배 증가하여 당시 세계최대인 1만 5,000톤급 전함 4척을 포함하여 전함 6척, 장갑순양함 8척, 경순양함 16척, 구축함 20척, 어뢰정 58척을 보유하고 있었다. 이것은 일본이 독자적인 해군작전을 수행할 수 있는 능력을 보유하게 되었음을 의미했다.

러시아 해군의 규모는 일본 해군의 3배가 넘었으나 태평양 함대에 속해 있는 배들은 뤼순과 블라디보스토크 두 군데로 나뉘어 있었으며, 일본 해군이 보유한 군함보다 구형이었다. 러시아 최강의 발트 함대는 태평양 함대보다 규모가 컸으나 지구를 반 바퀴나 도는 거리인 발트Baltic 해에 있었고, 흑해 함대는 국제조약에 의해 다다넬스Dardanelles 해협을 통과할 수 없었으므로 사실상 흑해 내에 봉쇄되어 있었다.

더구나 일본에는 미국과 영국이라는 든든한 동맹국이 있었다. 미국 대통령 시어도어 루스벨트는 러시아가 일본과의 전쟁에서 승리할 경우 대한제국과 일본은 러시아의 속국이 되고 일본의 항구는 러시아에 조차될 것이며 미국의 필리핀 지배가 위협받을 것으로 보았다. 세계 곳곳에서 러시아의 팽창을 저지하고 있던 영국도 러시아의 동북아시아 제패를 두려워했다. 이 두 나라는 일본 정부가 발행하는 공채를 매입하는 형식으로 러일전쟁에서 일본군 전비의 60퍼센트를 부담했다(그러나 실제 구매자는 대부분 유대인 자본가들이었다).

러일전쟁 풍자화
1904년 2월 17일 미국의 《브루클린 이글Brooklyn Eagle》에는 당시 일본이 한국을 발판으로 삼아 대륙을 침략하려는 우스꽝스런 모습을 그린 풍자화를 게재해서 화제가 되기도 했다.

일본의 승리를 바라는 청의 여론도 일본에 유리하게 작용했다. 청일전쟁 후 청 정부는 러시아에 의존하여 일본을 견제하려 했다. 그러나 러시아가 만주를 점령하자 내심 일본이 러시아를 견제하기를 바랐다. 일반 민중의 반러 감정은 훨씬 강도가 높았다. 1903년에는 일본 유학생과 상하이를 비롯한 주요 도시의 학생들이 러시아에 반격을 가하기 위한 '거아의용대拒俄義勇隊'를 결성한 후 만주로 출격하는 것과 러시아에 대한 저항을 청 정부에 요청한 일이 있었다. 거아의용대는 거절당하고 탄압을 받게 되자 군국민교육회軍國民教育會로 개칭하고 차츰 청조 타도로 방향을 바꾸게 되었다. 중국 민중은 러일전쟁에서 러시아의 승리는 만주 상실이라고 생각하여 전쟁 중 일본에 전쟁의연금을 보냈다. 한편 일본군의 작전계획은 다음과 같았다.

제15장 러시아와 일본의 전쟁

(1) 해군은 러시아 태평양 함대를 격파하여 제해권을 획득한다. 육군은 제1기에 3개 사단으로 구성되는 제1군을 한국에 파견하여 점령하고 압록강변으로 진격한다.

(2) 3개 사단 증강으로 구성되는 제2군을 랴오둥반도에 상륙시켜 제1군과 호응하여 랴오양遼陽으로 향하는 작전을 실시하고 이를 점령한다.

(3) 뤼순 요새는 감시할 것인지, 공략할 것인지는 상황에 따라 결정한다. 그 밖에 1개 사단으로 우쑤리강 방면을 방어한다.

일본의 선전포고

1904년이 되어 러일전쟁이 임박해지자 각국 군대가 공사관과 거류민 보호를 구실로 서울에 들어왔다. 대한제국 군대에서는 도망병이 속출했는데 대략 1,000명이었다고 한다. 일본은 1904년 정초를 전후하여 전쟁 수행과 한국 점령을 위해 제물포·부산·군산·마산 등지에 군수물자를 수송해오고 있었다.

1월 21일 대한제국은 국외중립局外中立 선언을 각국에 동시에 통고했다. 그러나 자위력이 전무한 국가의 중립 선언을 인정할 나라는 없었다. 2월 4일 오후 어전회의에서 일본 정부는 전쟁을 결정했다. 이토 히로부미는 이날 귀족원 의원 가네코 겐타로金子堅太郎를 불렀다. 그는 제3차 이토 내각(1898년 1월 12일~1898년 6월 30일)에서 농상무 대신을, 제4차 이토 내각(1900년 10월 19일~1901년 5월 10일)에서는 법무 대신을 역임했다. 또한 하버드대학 로스쿨을 졸업하여 미국에도 지인知人이 많았다. 루스벨트의 하버드대학 동창으로 루스벨트와 친교가 있어 편지와 크리스마스 카드를 교환하고 있었다.

제물포에 상륙한 일본군
1904년 1월 21일 대한제국은 국외중립을 선언했지만, 일본은 그해 2월 8일 무력을 앞세워 제물포를 통해 조선 땅에 들어왔다.

전쟁이 장기화될 경우 강화를 조정할 나라로 미국을 염두에 둔 이토 히로부미는 가네코 겐타로에게 특사로 미국에 가서 친일 여론 형성에 노력할 것을 당부했다. 가네코 겐타로는 미국과 러시아 관계가 미국과 일본 관계와는 비교할 수 없을 정도로 가깝다며 이토 히로부미가 직접 가기를 권했다. 이토 히로부미의 끈질긴 설득에 가네코 겐타로는 목숨을 걸고 임무를 수행하겠다고 답했다.

일본군은 러시아군을 기습하기 위해 선전포고도 없이 작전계획을 실행에 옮겼다. 협상을 거절하는 러시아의 최종 통보를 접수한 다음날인 2월 6일 사세보佐世保항에서 일본의 주력 함대는 랴오둥반도 최남단에 있는 뤼순항으로, 제2함대는 제물포로 출발했다. 제물포로 향한 일본 함대는 육군 수송선 3척을 호송하고 이들을 한반도에 상륙시키는 임무를 띠고 있었다.

2월 8일 일본 함대는 제물포에 정박 중인 러시아 순양함 2척을 공격하여 침몰시키고 일본 육군은 수송선에서 내려 상륙하기 시작했다. 2월 8일 밤 10시 조금 전 일본 어뢰정들은 뤼순 항구로 잠입해 들어갔다. 러시아군은 일본의 기습공격을 전혀 눈치채지 못하고, 일본 어뢰정을 자신들의 경비정으로 오인했다. 일본 함대는 러시아 전함 2척과 순양함 1척을 좌초시켜 뤼순항 봉쇄에 성공했다.

2월 9일 일본 육군 선발대 2,000명이 제물포에 상륙했다(이후 일본군 제1군이 서울 일대를 장악하여 대한제국의 중립 선언은 무력화되었다). 2월 10일 일본은 공식적으로 러시아에 선전포고를 했다.

한일의정서로 을사조약의 발판을 마련하다

일본 공사 하야시 곤스케林權助와 일본군 제12사단장 이노우에 카오루는 한국 정부에 한일의정서韓日議定書 체결을 강박하여 2월 23일 조인에 성공했다. 이에 반대하는 육군참장 이학균李學均, 참령 현상건玄尙健, 진위대 제4연대장 길영수吉永洙 등 주요 인사들은 서울에서 추방되었다. 특히 탁지부대신 겸 내장원경 이용익李容翊은 일본에 납치되어 10개월간 연금되었다.

대한제국 황제폐하의 외부대신 임시서리 육군참장 이지용李址鎔과 대일본제국 황제폐하의 특명전권공사 하야시 곤스케는 각 상당의 위임을 받아 아래의 조관條款을 협정함.
제1조 한일 양 제국간에 오래도록 변하지 않는 친교를 유지하고 동양평화를

이토 히로부미와 이지용
일본 공사 하야시 곤스케는 한국 정부에 한일의정서 체결을 강박하여 1905년 2월 23일에 외부대신 이지용이 조인했다. 이 사진에서 가운데 한복 입은 이가 이토 히로부미이고 오른쪽이 이지용이다.

확립함을 위하여 대한제국 정부는 대일본제국 정부를 확신하여 시정 개선에 관하여 그 충고를 용인한다.

제2조 대일본제국 정부는 대한제국 황실을 확실한 친의親誼로 안전 강녕케 한다.

제3조 대일본제국 정부는 대한제국의 독립과 영토 보전을 확실히 보증한다.

제4조 제3국의 침해로 인하여 혹은 내란을 당하여 대한제국 황실의 안녕과 영토의 보전에 위험이 있을 경우에는 대일본제국 정부는 속히 형편에 따라 필요한 조치를 행함이 가하다. 그러나 대한제국 정부는 위의 대일본제국 정

부의 행동을 용이하게 하기 위하여 충분한 편의를 제공한다. 대일본제국 정부는 전항의 목적을 성취하기 위하여 군략상 필요한 지점을 형편에 따라서 수용할 수 있다.

제5조 대한제국 정부와 대일본제국 정부는 상호간에 승인을 거치지 않고 앞으로 본 협정 취지에 위반할 협약을 제3국간에 정립訂立할 수 없다.

제6조 본 협약에 관련되는 미비한 세부 조항은 대일본제국 대표자와 대한제국 외부대신 간에 형편에 따라서 협정한다.

한일의정서에서 제2조와 제3조는 아무런 의미가 없는 조문이었고, 일본의 한국 식민지화를 합리화하는 내용으로 일본이 을사조약을 체결하는 발판이 되었다.

한편 러일전쟁이 시작되자 청 정부는 전쟁 구역을 확정하고 '국외중립'을 선언했다. 이는 자국 영토 내에서 전쟁이 났는데도 방관하면서 어느 쪽에도 편들지 않고 단지 다른 구역으로까지 러시아와 일본의 침략이 확대되지 않기를 희망하는 지극히 소극적인 태도였다. 군대는 무능하고 재정은 바닥나고 대외정책을 수립하고 실행해나갈 역량도 없는 청 정부의 현실을 그대로 반영하는 조치였다.

유대인 병사들은 일본군의 총알 세례를 받았다

러시아 육군장군 알렉세이 니콜라예비치 쿠로팟킨Aleksei Nikolaevich Kuropatkin은 2월 중순 극동 러시아 총사령관에 임명되었다. 그의 작전 계획은 첫째, 병력이 충분히 보강될 때까지 전투를 회피하며 하얼빈으로 후퇴한다. 둘째, 뤼순은 현지 주둔군의 독자 방어에 맡긴다. 셋째, 병력이 증강되면 일본군을 공격하여 분쇄한다는 것이었다. 쿠로팟킨은 만주로 출발하기 전 가진 기자회견에서 다음과 같이 호언장담했다.

> 나는 반년 이내에 일본군을 격멸하고 도쿄에서 항복을 받아낼 것이며 일본 각료들이 끄는 인력거를 타고 도쿄의 거리를 달릴 것이다.

2월 24일 미국에 대한 공작 업무를 띤 가네코 겐타로는 요코하마橫濱에서 미국 기선을 타고 여정에 올랐다. 이 배에는 일본은행 부총재 다카하시 고레키요高橋是淸도 타고 있었다. 가네코 겐타로에게는 못 미쳤으나 다카하시 고레키요도 영어를 구사할 줄 알았으며 국제 정세와 금융 업무에 밝았다. 다카하시 고레키요의 도항 목적은 미국과 영국에서 국채를 판매하여 외자를 얻는 것이었다. 당시 일본의 전승 가능성은 낮게 보여 일본 정부 발행 국채의 가격은 국제 금융시장에서 크게 떨어지고 있었다. 미국에 간 다카하시 고레키요는 전망이 보이지 않자 영국으로 건너가 4월 초 도착했다.

다카하시 고레키요는 1,000만 파운드(당시 환율로 대략 1억 엔으로 1904년 일본 예산의 40퍼센트 정도 되는 거액이었다) 판매를 목표로 했으나, 그 어느 나라의 국채보다 비싼 6퍼센트의 이자율에도 겨우 500만 파운드 판매에 성공했다. 이때 행운이 찾아왔다. J. P. 모건J. P. Morgan&Co. 다음으로 미국 2위의 투자은행인 쿤로이프Kuhn, Loeb&Co.*의 사장 제이콥 헨리 시프Jacob Henry Schiff**가 퍼스은행의 소개로 다카하시 고레키요를 찾아와 큰 관심을 보였다.

제15장 러시아와 일본의 전쟁 313

제이콥 헨리 시프 일본은 개전 후 3개월이나 지났는데 왜 외국에 있는 일본인을 본국으로 부르지 않는가?

다카하시 고레키요 그럴 필요가 없기 때문이다. 당신의 질문이 병력 보강을 의미한다면 일본에는 아직 많은 장정이 남아 있다.

제이콥 헨리 시프 일본이 승리한다 해도 국내에 불안 요인은 없는가?

다카하시 고레키요 일본인은 2,500년 동안 만세일계萬世一系의 황실을 중심으로 남녀노소 일치 결속해 최후의 한 사람까지 싸울 각오로 굳건히 뭉쳐 있다. 의회도 정부를 지지하고 있고, 내정에는 아무런 불안 요소도 없다.

제이콥 헨리 시프 힐 씨의 말로는 일본의 공채 예정액은 1,000만 파운드라고 한다. 그러나 아직 반 밖에 소화하지 못했다고 하는데 사실인가?

---

* 에이브러햄 쿤Abraham Kuhn과 솔로몬 로이프Solomon Loeb가 1867년 뉴욕에 세운 투자은행이다. 제이콥 헨리 시프의 뛰어난 경영으로 19세기 말과 20세기 초에 걸쳐 대표적인 미국의 투자은행으로 성장했다. 주로 철도, 웨스팅하우스Westinghouse, 웨스트 유니온West Union, 폴라로이드Polaroid 등 신흥 거대기업에 투자하여 큰 수익을 얻었다. 1911년에는 록펠러 가문과 파트너십으로 증권신탁회사Equitable Trust Company를 인수했다(이 회사는 훗날 체이스은행이 되었다). 제2차 세계대전 이후 점차 사세가 기울어 1977년 리먼 브라더즈Lehman Brothers의 요구에 따라 합병하여 리먼 브라더즈, 쿤, 로이프Lehman Brothers, Kuhn, Loeb Inc.가 되었다. 그러나 사내 갈등이 심각하여 1984년 아메리칸 익스프레스American Express가 인수하여 회사 이름이 시어슨 리먼Shearson Lehman-American Express Inc.이 되었다. 이로써 120년 역사를 지닌 쿤로이프는 사라졌다. 아메리칸 익스프레스는 1994년 시어슨 리먼을 상장하면서 리먼 브라더즈 지주회사Lehman Brothers Holdings, Inc.로 개편했다. 리먼 브라더즈 지주회사는 미국의 서브프라임 모기지 사태로 2008년 9월 파산했다.

** 독일 태생의 미국 은행가이다. 1847년 독일 프랑크푸르트 암마인의 저명한 유대인 랍비 가문에서 태어났다. 1861년부터 은행에서 일했으며 미국 남북전쟁이 끝난 1865년 뉴욕에 와서 금융업을 했다. 그리고 1870년에 미국 시민권을 얻었다. 1872년 독일로 돌아가 런던한자은행London&Hansa Bank의 함부르크 지점장이 되었다. 1875년 1월 쿤로이프의 권유를 받아들여 입사하여 미국에서 활동하는데 그해 5월 창립자인 솔로몬 로이프의 딸과 결혼했다. 1885년 쿤로이프의 사장이 되었는데, 철도왕 에드워드 해리먼Edward. H. Harriman과 연합하여 모건 금융 재벌을 물리치고 서부의 주요 철도노선을 장악하고 웨스팅하우스 등 대기업에 투자하는 등 미국 금융계에 큰 발자취를 남겼다. 언제나 자신이 유대인임을 잊지 않아 유대인을 위한 각종 사업에 거액을 기부하고 시온주의Zionism 운동도 많이 지원했다. 러일전쟁에서 일본에 거액을 빌려주었는데, 이것으로 탄약 등 군수물자를 구입한 일본은 전쟁에서 승리할 수 있었다.

다카하시 고레키요 사실이다.

제이콥 헨리 시프 그러면 나머지 500만 파운드를 내가 인수하겠다.

제이콥 헨리 시프가 너무도 간단하게 말하자 다카하시 고레키요는 크게 놀랐다. 다시 제이콥 헨리 시프가 말했다.

나는 유대인이며, 전미유대협회 회장을 맡고 있다. 우리 유대 민족은 세계 어느 나라에서도 박해를 받고 있다. 그 중에서도 러시아의 박해가 가장 심하다. 나는 러시아가 우리 민족을 학살하는 것을 중지시키기 위해 백방으로 손을 썼다. 그러나 아직 효과가 없다. 일본은 러시아와 전쟁 중이다. 만약 일본이 승리한다면 러시아 제정은 붕괴될 것이다. 아니 승리는 힘들더라도 전쟁이 계속된다면 러시아 내부의 모순으로 혁명이 일어날 것이다. 그렇게 되면 러시아에 있는 우리 동포들이 구원받게 된다.

제정 러시아에서 유대인 박해가 심했던 것은 널리 알려진 사실이다. 특히 1881년 알렉산드르 3세 즉위 이후 유대인 박해가 심해졌다. 러일전쟁에서 전사한 한 유대인 병사의 일기에는 "비겁한 슬라브인은 유대인 병사를 항상 선두에 세워 일본군의 총알 세례를 받게 했다"는 내용이 있었다. 이 병사는 "유대인에 대한 학대는 극심했고, 그 학대의 보수가 귀중한 생명이라는 것은 더욱 괴롭다"고 썼다.

제이콥 헨리 시프는 곧바로 미국으로 돌아가 내셔널시티은행에 일본 국채 인수를 제안했다. 액면가 100파운드, 발행가 93.5파운드, 이자 6퍼센트, 기한 7년으로 5월 12일 발행되었다. 이후 전황이 유리해짐에 따라 일본의 국채 판매는 더욱 늘어났다. 제이콥 헨리 시프가 러일전쟁 기간 중 일본 정부에 빌려준 돈은 모두 2억 달러에 이르렀고 전후戰後에는 훈장도 받았다. 19세기 초 나폴레옹 전쟁 이후 로스차일드 가문으로 대표되는 유대인 금융 자본가들은 전 세계의 주요 전쟁에 모두 개입했는데, 언제나 이들이 편 든 쪽이 이겼다.

폴란드 독립운동가, 일본에 접근하다

일본 대본영은 조선을 점령한 제1군으로 하여 압록강 북안에 교두보를 확보하게 하여 랴오둥반도의 중심지인 랴오양 공격을 준비시켰다. 3월 14일 제1군 주력은 진남포鎭南浦에 상륙하여 계속 북상했다. 제1군 주력은 평양에 대기 중이던 제12사단과 합류하여 신의주로 집결했다.

5월 1일 일본군 제1군 4만 2,500명은 포격으로 도강을 저지하는 러시아군을 물리치고 압록강을 넘었다. 제12사단의 일부는 서울에 남았다. 이로써 일본은 한반도에서 만주 진격로를 확보하고 러시아군을 추격할 수 있게 되었다.

5월 5일 일본군 제2군은 랴오둥반도에 상륙하여 뤼순 부근의 난산南山을 공격했다. 난산 전투는 오전 5시에 시작되어 오후 7시 일본군의 요새 점령으로 끝났다. 일본군이 승리했다기보다는 러시아군이 일본군에 충분한 타격을 주었다고 판단하여 뤼순으로 철수한 것이었다. 이날 하루 전투에서 러시아군의 기관총이 위력을 발휘하여 일본군은 4,387명의 사상자를 내는 손실을 입었다. 미국의 남북전쟁 말기에 등장한 기관총은 이 무렵 정교하게 개량되어 러시아는 물론 영국, 독일, 프랑스 등 열강이 채택하고 있었다.

일본군 제2군이 난산을 점령하여 뤼순은 고립되었다. 제2군은 랴오양을 향해 북진했다. 새로이 편성된 제3군에 뤼순항 공격 임무가 떨어졌다. 6월 23일 일본은 지휘를 원활히 하기 위해 만주사령부를 설치하고 독립 제10사단을 제4군으로 증편했다. 1904년 여름 폴란드 독립운동 지도자인 로만 드모프스키Roman Dmowski와 유제프 피우수트스키Józef Piłsudski가 각각 일본을 방문하여 상반된 요구를 했다. 일본은 폴란드 독립운동을 이용하고자 비밀리에 폴란드에서 반러시아 선전을 하고 있었다.

로만 드모프스키는 이러한 일본의 폴란드 문제 개입이 러시아 정부에 폴란드에 대한 입헌적 개혁안을 포기하게 할 수도 있으므로 폴란드에서 반러시아 선전을 중지하도록 요청했다. 유제프 피우수트스키는 만주의 러시아군 3분의 1이 폴란드인이므로 일본군에 포로가 된 그들과 폴란드계 미국인 의용군으로 폴란드 군단을 조직하여 폴란드 사회당PPS이 파견하는 장교들의 지휘하에 러일전쟁에 투입할 것을 제의했다. 유제프 피우수트스키는 일본과 폴란드의 공통 관심은 러시아의 힘을 약화시키고 파괴하는 데 있다고 선언했다. 일본 정부는 어느 쪽 제의에도 확답을 하지 않았다.

8월 10일 뤼순항을 탈출하려는 러시아 함대와 일본 연합함대가 해전을 벌여 러시아 함대는 많은 손상을 입고 뤼순항으로 돌아갔다. 또한 8월 14일에는 일본 제2함대가 블라디보스토크에서 출정한 러시아의 소수 함대를 동해의 울산 앞바다에서 격파했다.

8월 22일 일본의 강압으로 제1차 한일협약韓日協約이 체결되었다. 일인을 대한제국의 재정 고문으로 초빙, 외국인을 외교 고문으로 초빙, 외국과의 조

장인환(왼쪽)과 전명운
1908년 3월 24일 장인환은 미국 오클랜드에서 스티븐스를 저격했으나 실패하자, 뒤따라온 장인환이 스티븐스를 살해했다.

스티븐스의 사망 기사
"외교관 스티븐스, 한국인의 총격으로 입은 부상이 악화되어 사망하다." 미국 《샌프란시스코 이그재미너SanFrancisco Examiner》는 1908년 3월 26일자에 스티븐스의 사망 소식을 이렇게 전했다.

약 체결에 일본과의 사전 협의 등이 그 내용이었다. 이 조약으로 대한제국의 외교권과 국가 재정이 일본 정부에 넘어갔다. 외교 고문으로는 오랫동안 일본을 위해 활동하던 미국인 더럼 화이트 스티븐스Durham White Stevens*가 와서 일본의 하수인 노릇을 했다. 재정고문으로 온 일본 대장성 주무국장 메가다 주타로目賀田鍾太郞는 조선의 화폐제도를 개혁하여 경제적 예속의 기틀을 마련했다.

"우리는 인간이 할 수 있는 것은 다했다"

랴오양이 차지하고 있는 전략적 중요성에 비추어 이곳에서 결전이 벌어지리라는 것은 누구나 예상할 수 있었다. 속전속결을 계산하던 일본은 의외로 전투가 길어지자 군수물자 보급에 어려움을 겪었다. 일본의 생산력이 군수품 수요를 감당하지 못했다. 일본군이 용병에서 전통적인 결함인 물자는 아끼고 인명은 다음이라는 사고가 여기에서 나왔다. 일본 대본영은 준비가 불충분하기는 하지만 러시아 측에 시간을 주지 않으려고 병력이 열세이면서도 공세를 결정했다(일본군 13만 4,500명, 러시아군 22만 4,500명).

8월 25일 밤 제1군 예하 제2사단이 궁장령弓張嶺을 야습하면서 랴오양 전투는 시작되었다. 격전 1주일 만에 러시아군은 지휘 혼란과 일본 제1군의 측후면 진출로 퇴각했다. 그러나 일본군은 사상자의 속출과 포탄의 부족으로 추격전을 치를 수 없었다. 이 전투에서 사상자는 러시아군 1만 6,000명, 일본군 2만 3,000명이었다.

랴오양 전투 이후 러시아와 일본군은 샤허沙河를 사이에 두고 대치했다.

---

* 제1차 한일협약으로 일제에 의해 대한제국 정부의 외교 고문으로 고용된 미국인 스티븐스는 을사조약 체결에도 일정한 구실을 했다. 1908년 휴가차 샌프란시스코의 자택으로 돌아온 스티븐스는 기자회견을 통해 일본의 대한제국 침략을 찬양했다. 그러자 재미 한국인들은 언론 보도를 보고 격분했다. 3월 24일 전명운田明雲이 스티븐스에게 권총을 쏘았으나 불발했다. 권총 자루로 스티븐스의 얼굴을 때리고 격투 중에 장인환張仁煥이 스티븐스를 저격했다. 스티븐스는 사살되고 전명운은 어깨에 유탄을 맞았다. 스티븐스 사살은 미국 언론들에 정당하고 애국적인 것으로 평가받았고, 일본인 노동자 배척운동이 전개되던 당시 미국인들에게도 이해와 동정을 샀다. 전명운은 '살인미수 혐의'로 미국 법정에 섰으나, 1908년 6월 증거불충분으로 무죄 판결을 받았다. 장인환은 '살인 중죄인'으로 분류되어 미국 고등법원으로 이송되었고 변호인은 일제의 침략에 항거한 애국심의 발로라고 강조하며 무죄를 주장했다. 그는 25년의 금고형을 선고받았는데, 대한인 국민회가 끈질긴 석방운동을 벌여 1919년 1월에 석방되었다. 장인환은 1927년 귀국했으나 일제의 감시가 심해 다시 미국으로 돌아갔다. 그는 1930년 샌프란시스코에서 병고로 자살했고, 전명운은 1947년 미국 로스앤젤레스에서 사망했다.

러시아군이 신예병력을 추가하여 공세로 전환했으나 승부는 나지 않았고 소강상태로 겨울을 보내게 되었다. 러시아와 일본은 만주에 거주하는 몽골족과 만주족을 용병으로 고용하여 병력을 확충하기까지 했다(전쟁이 끝난 후 일본군에 소속되었던 몽골 병사는 일본으로 이주했고 다시 미국으로 이민을 떠났다. 현재 몽골계 미국인은 이들의 후손이다).

러시아군 수뇌부는 전세가 불리하자 러시아 해군의 주력인 발트 함대를 극동에 파견하여 일본 함대를 격파하여 제해권을 확보하려는 계획을 세웠다. 그리하여 뤼순 요새의 포위를 풀고 일본의 만주에 대한 보급로를 차단한 다음 육군 주력을 투입하여 만주의 일본 육군을 격퇴한다는 것이었다.

1904년 10월 14일 봉쇄된 뤼순을 탈환하기 위해 발트 함대가 발트해의 리바우Libau항을 떠났다. 함대 사령관은 56세의 지노비 페트로비치 로제스트벤스키Zinovy Petrovich Rozhestvensky 해군 중장이었다. 그러나 휘하의 사병들은 대부분 발트 지방의 농민들로 훈련이 미비했고, 장교들도 대부분 실전 경험이 없었다. 발트 함대는 모두 42척으로 구성되었는데 대부분 오래된 것이었고 전함 4척과 순양함 4척만이 갓 취역한 군함이었다. 한꺼번에 출항하지는 않았고 1,2,3진으로 나누어 시차를 두고 출항했다.

한편 일본군의 뤼순항 포위 공격은 고전의 연속이었다. 새로 편성된 제3군이 8월 19일 제1차 총공격을 시작했으나 실패했다. 항구 주위를 둘러싼 고지들을 공격하는 동안 수많은 일본군이 전사했다. 거듭되는 실패 끝에 제3군은 12월 5일 203고지를 점령하여 뤼순항을 내려다보면서 포격하게 되었다. 12월 29일 뤼순의 러시아군 사령관 아나톨리 미하일로비치 스테셀Anatoli Mikhailovich Stessel 장군은 니콜라이 2세에게 절망적인 보고를 했다.

"겨우 며칠 더 버틸 수 있을 것임. 포탄이 거의 떨어졌음. 거리에서 학살을 방지하기 위한 조치를 취할 생각임. 괴혈병이 창궐하고 있음. 총을 휴대할 수 있는 병력이 1만 명 정도인데 그들도 모두 병에 걸렸음."

1905년 1월 1일 155일 동안의 격전 끝에 스테셀 장군은 일본군에 항복했다. 스테셀이 니콜라이 2세에게 패전을 알리기 위해 보낸 전문의 첫 구절은 다음과 같았다.

"위대하신 황제 폐하, 용서하십시오. 우리는 인간이 할 수 있는 것은 다 했습니다. 우리를 심판하시되 자비를 베푸십시오."

일본, 강화 협상을 바라다

뤼순 전투에서 러시아는 2만 8,200명, 일본은 5만 7,789명의 사상자를 냈다. 러시아는 1905년 1월 22일(당시 러시아의 율리우스력으로는 1월 9일) 이른바 '피의 일요일' 사건이 있은 후 심각한 소요사태에 직면했다. 2월 17일에는 니콜라이 2세의 백부伯父인 모스크바 총독 세르게이 알렉산드로비치Sergei Aleksandrovich 대공大公이 암살되어 긴장이 더해졌다.

만주에서 러시아는 1월 25일 제2군 10만 명으로 일본군 좌익을 공격하여 5일간 격전이 치러졌으나 승패는 가려지지 않았다. 이 전투 이후 일본군 참모본부는 러시아가 국내의 혁명운동 진압에 고심한다는 것을 알게 되었다. 뤼순항을 함락한 이후이므로 러시아 주력과 결전하여 승리한다면 승전국이 될 수 있으리라고 판단하여 동원 가능한 모든 일본군을 펑톈에 집결시켰다.

3월 1일을 기해 펑톈에서 러시아군 30만 9,600명, 일본군 24만 9,800명이 동원되어 격전이 벌어졌다. 일본군은 총공격으로 전환했으나 러시아군의 진지가 견고해서 압록강 군을 비롯한 모든 군이 고전을 면치 못했다. 그러나 일본 제3군은 러시아 증원군의 완강한 저항을 극복하고 포위작전을 계속했고 3월 10일 러시아군은 후퇴했다. 일본군이 사상자 7만 명, 러시아군은 포로를 포함하여 9만 명에 달한 손실을 입은 펑톈 전투 이후 전선은 카이위안開原 방면에서 정지되었다.

'피의 일요일' 이후 러시아 국내는 혁명운동의 물결이 전국을 휩쓸고 있었다. 그 소요는 군대까지 확산되었다. 시베리아와 만주에 주둔하고 있던 육군은 물론 해군에도 혁명운동이 만연되었다. 그렇지만 러시아 정부는 주력 부대가 만주 전선에 배치되면 승리할 수 있으리라는 전망을 가졌다.

1905년에 들어 일본의 전쟁 수행 능력은 한계점에 이르고 있었다. 동원할 수 있는 인력은 줄어들었고 탄약도 부족해졌으며 뉴욕과 런던의 금융시장에서 국채 매각으로 막대한 빚을 얻어 쓴 정부의 재원은 고갈되고 있었다. 일본은 1년간의 전비를 4억 5,000만 엔 정도로 예상했으나 실제로는 1년이 조금 넘는 기간에 19억 엔이나 지출했다. 이는 1904년 일본 정부 예산의 7배나 되는 액수였다. 이를 충당하기 위해 모든 세금이 올랐으며 일본인들은 어떤 형태로든 전비 마련에 쓰인 공채나 외국 차관의 이자를 갚아야 하는 부담을 안게 되었다.

일본군의 손실도 매우 컸다. 일본군은 여러 차례 러시아군을 패퇴시켰으나 러시아에 못지않는 병력 손실을 입었다. 일본군 사상자는 68만 9,000명이었고 이 중 전사자는 13만 5,000명이었다. 러시아의 사상자 수는 40여 만 명으로 추정되었다.

일본 정부는 전쟁 종결을 희망했다. 일본 정부와 군부는 일본군의 전력이 고갈 상태라는 것을 잘 파악하고 있었고 전황이 유리할 때 강화조약을 맺는 것이 유리하다고 판단했다. 그러나 야마가타 아리토모가 말했듯이 일본군이 모스크바를 공격하는 일이 일어나지 않고는 러시아가 먼저 강화를 제기할 전망도 없었다. 하지만 일본으로서는 강화를 추진해야만 했다.

일본 정부는 4월 8일 군부의 건의에 따라 평화회담을 추진하기로 결정하고 일본에 우호적인 미국의 루스벨트 대통령에게 평화회담을 주선해줄 것을 비밀리에 요청했다. 전쟁이 나자 미국에 특사로 파견되어 친일 여론 형성에 진력하고 있던 가네코 겐타로는 평화회담 주선 문제도 처리했다.

한편 1905년에 접어들어 일본의 한국 식민지화는 순조롭게 진행되어 일본 스스로 "그 나라該國 국방 재정의 실권을 아我 손에 수람收攬하고 그 나라의 외교를 아 감독 하에 두고 또한 조약체결권을 제한했다"고 자평할 정도였다. 1905년 4월 18일 일본 정부는 전시각료회의를 소집하여 한국을 '보호국'으로 만들 것을 결의했다. 이 각료회의에서 일제는 앞으로 체결할 조약의 요건을 다음과 같이 규정했다.

> 제1조 한국의 대외관계는 완전히 제국에서 맡고 재외 한국 신민은 제국의 보호 아래 둘 것.
> 제2조 한국은 직접 외국과 조약을 체결하지 못할 것.
> 제3조 한국과 열국의 조약 실행은 제국이 그 책무를 맡을 것.
> 제4조 제국은 한국에 주차관駐箚官을 두고 한국 시정의 감독과 제국 신민의 보호에 임하게 될 것.

일본은 같은 날 영일동맹의 개정을 위한 교섭을 시작하기로 결정했다. 이는 러시아의 복수전을 예방하기 위한 것이었다. 당시 영국은 영일동맹의 지속 여부가 러시아와 일본의 강화협상에 지대한 영향을 미치리라는 것을 잘 알고 있었다. 영국이 러일전쟁 종전에 맞추어 영일동맹을 개정하지 않는다면, 열강은 영국이 조약이 만료되는 1907년 이후 동맹관계를 폐지할 의사를 가진 것으로 여기게 되었다. 이러할 경우 강화협상에서 러시아는 일본에 복수전을 시사하면서 협상을 유리하게 이끌 수 있고 일본이 궁지에 몰릴 것은 자명했다.

러시아 발트 함대의 궤멸

강화회의 개최 여부가 불확실한 가운데 1905년 5월 말 쓰시마섬 부근에서 러시아와 일본의 대해전이 벌어졌다. 1905년 1월 초 발트 함대는 마다가스카르섬의 서쪽에 있는 작은 섬인 노지베섬에 기항했는데, 이곳에 머무는 동안 뤼순 요새가 함락되었다는 비보를 들었다. 발트 함대는 블라디보스토크로 가라는 새로운 명령을 받았다. 그런데 발트 함대는 군함의 연료인 석탄 문제로 2개월이나 노지베섬에 머물러야 했다.

  당시 발트 함대는 독일의 함부르크-아메리카 석탄선과의 전세 계약을 통해 석탄을 공급받고 있었다. 공교롭게도 발트 함대가 노지베섬에 머무는 동안 계약 만료가 되었다. 독일이 계약 연장에 비협조적으로 나와서 2개월을 섬에서 허비해야 했다. 열대의 더위와 익숙하지 않은 음식, 그리고 풍토병을 견디던 발트 함대 장병들에게는 어처구니없는 사건이었다.

  3월 중순 발트 함대는 노지베섬에서 출항하여 4월 8일 말라카해협에 도달했다. 4월 14일에는 인도차이나 반도의 캄란Cam Ranh항에 기항했다. 캄란항에서 다시 석탄 등을 보급받은 발트 함대는 5월 9일 3진이 도착하여 총 38척으로 늘어났다. 이어 캄란항에서 96킬로미터 북쪽에 있는 반퐁Van Phong항에 다시 기항했다. 그러나 발트 함대가 가야 할 길은 여전히 멀고 험난했다. 블라디보스토크에 도착하기 위해서는 4개의 항로가 있었다. 첫 번째 항로는 대한해협, 둘째는 쓰시마해협, 셋째는 일본 혼슈本州와 홋카이도北海道 사이의 쓰가루津輕해협, 넷째는 홋카이도와 사할린 사이의 소오야宗谷해협을 통과하는 것이었다.

반퐁항을 출발하기에 앞서 로제스트벤스키 사령관은 주요 사령관과 함장들을 기함인 '수바로프'호로 불러 향후 작전계획을 토의했다. 함대의 항로에 대해서는 소오야 해협으로 들어서자는 의견과 일본의 규슈九州, 시고쿠四國, 혼슈 연안을 공격하면서 쓰가루해협을 통과하자는 의견이 나왔다. 그러나 일거에 대한해협을 통과하여 블라디보스토크로 가자는 견해가 다수였다. 일본 해군의 주력이 타이완 부근에 있을 것이라 예상한 로제스트벤스키 제독은 최단 항로인 대한해협을 통과하기로 했다.

일본 해군도 발트 함대가 어디를 통과할 것인지에 대해 고민했다. 소오야해협 아니면 대한해협으로 보았는데, 일본 연합함대 사령관 도고 헤이하치로東鄕平八郎 제독은 발트 함대가 대한해협을 통과할 것으로 확신하고 있었다. 그러나 참모들 다수는 소오야해협으로 예상했다. 일본 연합함대는 진해鎭海에서 대기했다. 연합한대의 주력은 전함 4척과 순양함 8척이었다.

5월 17일 발트 함대는 반퐁항에서 출발했다. 5월 25일 발트 함대는 속력을 늦추고 무전도 끊은 채 북상을 계속했다. 2만 8,800킬로미터에 달하는 장거리를 항해해 온 발트 함대는 지쳐 전투력이 크게 떨어진 상태였다. 전

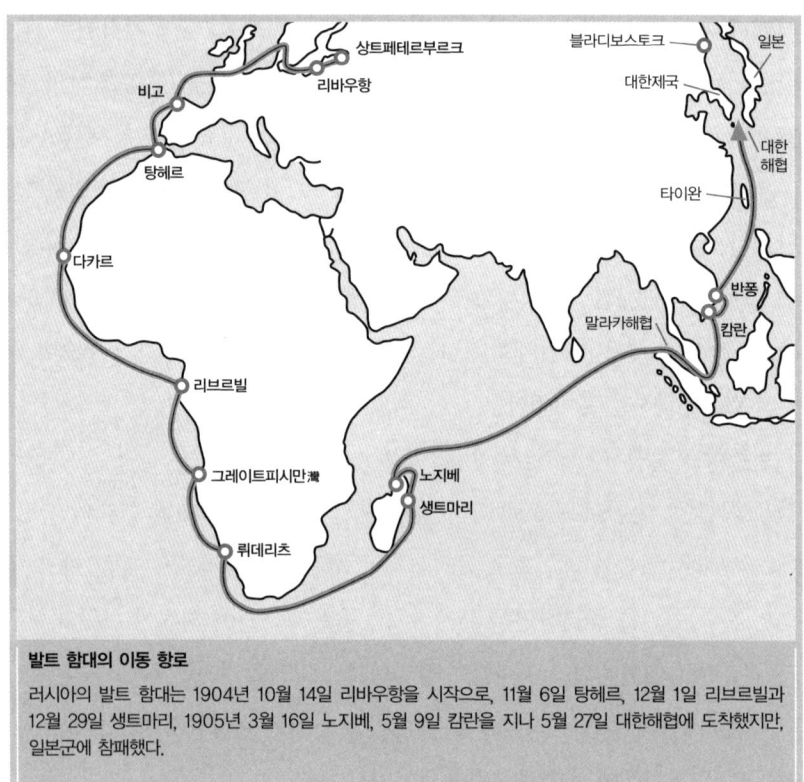

발트 함대의 이동 항로
러시아의 발트 함대는 1904년 10월 14일 리바우항을 시작으로, 11월 6일 탕헤르, 12월 1일 리브르빌과 12월 29일 생트마리, 1905년 3월 16일 노지베, 5월 9일 캄란을 지나 5월 27일 대한해협에 도착했지만, 일본군에 참패했다.

투를 피하기로 결정한 로제스트벤스키 제독은 함정의 탐조등을 끄게 하고 항해했다. 5월 27일 오전 2시 45분경 일본 순양함 '시나노마루信濃丸'는 발트 함대의 병원선에서 흘러나오는 불빛을 포착했다.

    1905년 5월 27일과 28일 이틀간의 해전에서 발트 함대는 대한해협에서 전멸에 가까운 패배를 당했다. 러시아 군함 38척 가운데 19척이 격침되었다. 그 가운데 주력 전함 6척과 순양함 3척이 포함되었다. 항복 후 포획된 함정은 전함 2척을 포함하여 모두 7척이었다. 순양함 1척과 구축함 2척은 블라디보스토크에 도착했다. 함대 대형 후방에 있던 순양함 3척은 도주하여 6월 초순 필리핀의 마닐라항으로 들어갔다. 기타 보조선박 수척이 중국의 상하이 등지로 도주했다. 장교와 사병 4,800명이 전사했고 포로가 6,000여 명이었다. 반면 일본 해군의 손실은 어뢰정 3척과 전사자 117명뿐이었다.

이때 일본 연합함대는 러시아 발트 함대에 비해 몇 가지 우월한 점이 있었다. 우선 영일동맹 체결 후 일본 해군은 그 편제와 훈련법 등 해군 운용의 전반에 관하여 영국의 지도를 받고 있었다. 일본 연합함대의 신형 전함들은 대부분 영국에서 발주한 것이고 그 운용법도 영국 해군 군사고문단에 의해 전수받아 일본 해군 승무원의 숙련도는 당시 세계최강의 영국 해군에 필적할 정도로 우수했다.

또한 러시아 해군이 모르는 기발한 사격지휘법이 있었다. 당시 함대 간 포격은 발사명령이 나면 군함들이 각자 사격을 하는 방식이었다. 그러나 이 방식으로는 동시에 발사된 수십 발의 포탄이 일으키는 물기둥으로 인하여 자신이 쏜 포탄의 탄착 지점을 정확히 알 수 없었다. 이를 극복하기 위해 일본 해군은 구경별로 다른 색의 화염을 일으키는 포탄을 쏘았다. 그리고 사격도 포대의 포수 임의로 하는 것이 아니라 포술장의 지휘 아래 일사분란하게 이루어지도록 했다. 이 방식은 훗날 제1차 세계대전에서 일반화되었지만 당시로서는 혁신적이었다. 그리고 포 구경은 작았지만 신형 속사포를 많이 장비하여 분당 발사 수에서 우위를 차지했다.

그리고 프랑스가 개발한 새로운 제조법에 따라 신형 화약을 개발하여 포탄을 제조했다. 시모세 下瀬라고 불리는 이 신형 화약을 사용한 포탄은 소이탄과 같은 성질을 가져 이 포탄에 명중된 적 선박에 격렬한 화재를 유발시켰고 견딜 수 없는 유독성 가스가 발생했다.

역사 속의 역사 15

러시아의 무적함대, 발트 함대

제정 러시아의 해군은 스웨덴과의 북방전쟁Great Northern War(1700~1721) 중인 1702년 표트르 1세에 의해 창설되었다. 네덜란드인인 코르넬리우스 크루이스Cornelius Cruys 제독이 초대 사령관이었다. 그리고 1703년에 발트해 핀란드만Finland Bay의 크론슈타트Kronshtadt에 해군기지가 세워졌다. 북방전쟁에서 러시아 육군이 탈린Tallin, 리가Riga, 헬싱키Helsinki를 점령하는 데 도움을 주었으며, 전쟁 말기에는 스웨덴 본토에 상륙하여 해안지대를 초토화했다. 북방 전쟁을 통해 크게 성장한 발트 함대는 1724년에는 군함 141척을 보유하게 되었다.

이후 발트 함대는 7년전쟁, 스웨덴전쟁, 오스만투르크와의 수차례 전쟁에서 크게 활약했다. 1861년 처음으로 철갑선을 도입했다. 미국 남북전쟁 시기에는 영국이 남부 동맹 편을 들어 참전할 경우에 대비하여 기함 네프스키를 비롯하여 발트 함대에서 원양항해가 가능한 군함은 뉴욕항에 머물렀다. 1905년 쓰시마 해전에서 전멸에 가까운 타격을 입은 발트 함대는 열성적인 재건 계획으로 드레드노트dreadnought형 전함을 갖추는 등 현대화했으나, 제1차 세계대전 시에는 압도적인 독일 함대에 눌렸다.

1917년 10월혁명을 적극 지지하고 러시아 내전에서 혁명 정부 편에 서서 영국 함대와 교전했다. 그러나 레닌의 정책에 반발하여 1921년 크론슈타트에서 반란을 일으켰다. 제2차 세계대전에서는 레닌그라드 포위를 뚫는 데 일익을 담당했으나, 전체적으로 큰 역할을 하지는 못했다. 냉전 시기에 러시아 해군은 북방함대와 태평양 함대를 증강시켰으나 여전히 발트 함대가 러시아 해군의 주력이었다.

제16장

러시아와 일본의 뒤바뀐 운명

러시아와 일본, 포츠머스 군항에서 만나다

'전쟁은 외교의 연장'이라는 말은 전쟁은 대외정책상의 목표를 외교로 달성하지 못할 때 무력에 의존한다는 의미이다. 이것은 전장에서 무력충돌로 군사력의 우열이 어느 정도 확인되면 교전국들은 다시금 외교협상으로 전환한다는 뜻이기도 하다. 전쟁과 외교협상을 병행하는 것은 유럽 외교사에서 나타나는 고전적 형태로 러일전쟁도 이러한 과정을 거쳤다.

6월 6일 니콜라이 2세는 지휘관 회의를 소집했다. 그는 발트 함대의 패전으로 일본은 블라디보스토크나 캄차카 반도나 사할린에 상륙할 수 있지 않겠느냐고 질문했고, 다음 네 가지 문제를 토의하도록 했다.

(1) 일본과의 전투를 계속한다면 승리할 수 있는가?
(2) 사할린, 아무르강 하구, 캄차카를 방어할 수 있는가?

(3) 이 지역들이 점령된 후에 북만주 지역에서 승전한다면 그런 승전이 어떠한 효과를 얻을 수 있는가?

(4) 일본과 즉시 강화협상을 개시해야 하는가?

이날 회의에서는 강화협상을 시작하되 러시아의 처지를 강화하기 위해 만주에 증원군을 계속 파견해야 한다고 결론이 났다. 러시아와 일본은 각각 6월 8일과 10일에 루스벨트의 평화제의를 수락했다. 먼저 회담 장소가 문제로 되었으나 루스벨트의 제의에 따라 미국 뉴햄프셔New Hampshire주의 포츠머스Portsmouth 군항으로 결정되었다. 러시아는 미국의 포츠머스가 적지와 다름없다고 보았으나 강화대표단의 안전을 보장할 수 있으므로 수락했다.

강화회담 대표 선정은 회담 장소 결정보다 난항이었다. 러시아와 일본 모두 주전파·주화파가 있었고 전선戰線의 전망도 불투명하여 그 누구도 전권대표가 되어 전쟁 종결의 책임을 지려 하지 않았다. 일본의 대표로는 결국 외무대신 고무라 주타로로 낙착되었으나, 그는 일본의 군사력이나 러시아의 태도로 보아 많은 것을 얻어낼 수 없다는 것을 잘 알고 있었다. 그는 전권대표 수락에 앞서 4개 항목을 정부에 요구했다.

첫째, 쿠로팟킨을 대신하여 러시아군 총사령관이 된 니콜라이 리네비치Nikolai Linevich의 군대를 한 번 공격해줄 것.

둘째, 두만강을 건너 침입하고 있는 러시아군을 몰아낼 것.

셋째, 사할린을 점령할 것.

넷째, 3억 엔의 외채를 새로 모집할 것.

침몰당한 러시아 함대
1905년 5월 27일과 28일의 해전에서 러시아의 발트 함대는 일본 전함에 의해 대한해협에서 전멸에 가까운 패배를 당했다. 러시아 군함 38척 가운데 19척이 격침되었고, 장교와 사병 4,800명이 전사했다.

고무라 주타로는 협상 결과가 유리하지 않을 것임을 충분히 인식하고 있었고 그 때문에 협상에 유리한 조치를 취해두자는 것이었다. 첫 번째는 일본 육군의 여력이 없어 실행될 수 없었다. 도쿄역을 떠나는 고무라 주타로를 5,000여 시민이 성대히 환송했다. 당시 일본 여론은 승전의 분위기에서 러시아에서 엄청난 이권을 기대하고 있었다. 그는 "내가 다시 돌아올 때는 이 상황과는 정반대가 될 것이다"고 예측했다.

러시아의 전권대표 선정은 더 어려웠다. 람스도르프 외무장관은 처음에 위테를 천거했으나 니콜라이 2세가 거절했다. 위테는 1903년 9월에 니콜라이 2세와의 정책 견해 차이로 재무장관직을 사임한 적이 있었다. 프랑스 주재 넬리도프 대사, 이탈리아 주재 무라비요프 대사도 모두 전권대표를 거절하여 결국 다시 위테가 대표로 임명되었다.

양국이 전권대표 선임으로 시간을 보내고 있을 때 일본은 러시아를 압박하는 수단으로 7월 7일 제13사단 일부를 사할린 남부에 상륙시켰다. 주력부대는 7월 24일 사할린 북부 서안에 상륙했다. 8월 1일 사할린의 러시아군 5,000명은 항복했고 8월 7일 일본군은 사할린을 점령했다. 8월 8일 양국 대표들은 회담 장소인 포츠머스에 도착했다.

<h2 style="text-align:center">"배상금과 영토를 모두 단념한다"</h2>

8월 12일 영국과 일본은 영일동맹을 개정하여 체결했다. 이것이 제2차 영일동맹이다. 제2차 영일동맹은 제1차 영일동맹과 성격이 달랐다. 제1차 영일동맹은 동아시아의 현상 유지를 위한 방어동맹防禦同盟이었으나, 제2차 영일동맹은 공수동맹攻守同盟이었다. 러시아가 종전 후 일본의 권익을 침해할 때 영국은 일본을 지원할 의무가 있으며, 일본은 영국의 인도 방위를 위해 영국을 지원한다는 것이었다.

또한 제2차 영일동맹에서 영국은 한국 독립 조항을 폐기하는 데 동의하여 일본의 한국 병합을 승인했다. 당시 국제사회에서 영국은 미국과 더불어 한국의 독립을 보호하는 국가로 인식되고 있으므로 협상 과정에서 일본의 요구에 영국은 약간 당혹했다. 그러나 영국은 일본의 한반도 점령이라는 기정사실을 승인하는 것이라는 논리로 일본의 요구를 받아들였다.

제2차 영일동맹의 내용이 공개되자 한국 정부는 한국 독립보장의 폐지와 제2조의 한국 관련 조항은 기존의 한영조약에 위반하는 것이므로 폐기할 것을 요망했다. 그러나 서울 주재 영국 공사 조든은 이것은 제1·2차 한일의정서에서 한국 자신이 승인하여 조성된 상황을 인정한 것일 뿐이라고 대답했다.

위테는 강화협상 과정에서 고무라 주타로를 압도했다. 미국에서 여론이 가지는 중요성을 잘 인식한 위테는 기자들의 질문에 성실히 대답하고 미국

시민에게 겸손하게 행동하여 호의를 샀다. 이에 비해 고무라 주타로는 기자회견을 거부하고 기자들의 접근을 막았다. 그는 제1회 문부성 유학생으로 하버드대학에 유학했지만, 책에 파묻혀 지내느라 미국이란 나라에 대해 의외로 이해하지 못했다.

교섭이 사할린 할양과 배상금 문제로 교착 상태에 빠졌으나 위테가 능란하게 고무라 주타로를 다루었다. 8월 23일에 있은 제8차 교섭에서 고무라 주타로는 일본이 점령한 사할린을 북위 50도를 기준하여 양분하고 북쪽 절반을 러시아에 반환할 테니 그 대가로 12억 엔을 지불하라고 제의했다. 고무라 주타로는 이전에는 사할린 전체와 12억 엔을 요구하고 있었다. 위테가 곧바로 질문했다.

"이는 어디까지나 가정이다. 만약 러시아가 북쪽 절반을 포기하고 사할린 전부를 일본에 준다면 일본은 군비 보상액 12억 엔을 철회할 것인가?"

고무라는 본심을 말했다.

"보상 요구는 포기하기 어렵다. 사할린 전부를 포기하라는 것과 마찬가지이다. 보상과 사할린 모두 철회할 수 없다."

위테는 AP 통신을 통해 성명을 발표했다.

일본은 사할린 북쪽 절반을 러시아에 반환하는 대가로 12억 엔을 요구하고 있다. 명목은 반환에 대한 대가이지만 실제로는 돈을 받아내려는 것이다. 이는 결코 평화를 위해 성의 있는 태도가 아니다. 러시아는 이미 최대한 양보를 했다. 남은 문제는 금전적인 것뿐이다. 일본이 이 요구를 철회하지 않으면 강화는 이루어지지 않는다.

일본에 우호적이던 미국 신문들은 이를 계기로 논조가 급변했다. 일방적으로 일본 편을 들던 루스벨트 대통령도 가네코 겐타로에게 편지를 보내 "거액의 돈을 얻기 위한 전쟁은 비난받아야 한다"고 충고했다. 가네코 겐타로가 변명하러 찾아가자, 루스벨트는 "미국은 멕시코나 스페인과 전쟁을 했을 때 배상금 문제로 패전국을 괴롭히지는 않았다. 일본도 돈보다는 토지나 권리를 얻는 것이 좋지 않겠는가"라고 권했다.

협상은 결렬 위기를 맞았으나 8월 28일(일본 시각) 일본 정부는 어전회의에서 "배상금과 영토를 모두 단념한다"는 결론을 내렸다. 위테는 8월 29일 아침(미국 시각) 니콜라이 2세에게서 "사할린 남부는 할양해도 좋으나 배상금은 철회시키라"는 훈령을 받았다. 이 정보는 즉각 일본 정부에 입수되었는데 입수 경위에 대해서는 두 가지 설이 있다. 고무라 주타로는 사할린 남부를 요구하라는 훈령을 다시 받았다. 8월 29일 열린 최종 회담에서 고무라 주타로는 사할린 남부를 요구했고 위테는 동의했다. 9월 5일 15개조로 구성된 강화조약이 체결되었는데, 여전히 러시아에 유리했다.

(1) 러시아는 일본이 조선에서 정치·군사·경제적인 우월권이 있음을 승인하고 또 조선에 대해 지도·감독에 필요한 조치를 취할 수 있음을 승인한다.
(2) 러·일 양군은 랴오둥반도 이외의 만주 지역에서 철수하며 만주에서 청나라의 주권과 기회균등 원칙을 준수한다.
(3) 러시아 정부는 청국 정부의 승인을 얻어 랴오둥반도 조차권, 창춘長春-뤼순 간의 철도, 그 지선支線, 그리고 이와 관련된 모든 권리와 특권을 일본에 양도한다.

(4) 양국은 만주의 철도들을 비군사적인 목적으로 경영한다. 단 랴오둥반도 지역은 예외로 한다.

(5) 북위 50도 이남의 사할린, 그 부속도서를 일본에 할양한다. 그러나 이 지역은 비무장지역으로 하며, 소오야宗谷, 타타르Tatar 해협의 자유 항행을 보장한다.

(6) 동해, 오호츠크해Okhotsk海, 베링해Bering海의 러시아령 연안의 어업권을 일본인에게 허용한다.

국제 사회는 (1) 조항으로 러시아가 일본의 한국 식민지화를 공인한 것으로 인식했다. 그러나 러시아는 한국에서 일본 권익을 인정한 것일 뿐 한국병합을 용인한 것은 아니라는 태도를 보였다. (2)(3)(4) 조항은 러시아와 일본이 하얼빈을 경계로 만주를 남북으로 분할한다는 말이 된다.

"조기弔旗를 들고 맞아들이자"

포츠머스 조약으로 대한제국의 운명은 결정되었다고 할 수는 없으나 식민지로 들어가는 길이 열린 셈이었다. 미국의 루스벨트 대통령은 포츠머스 조약을 주선한 대가로 이듬해인 1906년 노벨평화상을 받았다. 일본의 식민지가 되어 갖은 고통을 겪은 한국인이 보기에는 씁쓸하기 짝이 없는 일이다. 다원주의를 신봉하는 루스벨트의 한국관韓國觀은 극히 부정적이었다. 반면에 일본관은 매우 호의적이었다. 그는 개명한 일본이 (그가 보기에) 미개한 한국을 병탄하는 것을 당연시했다.

이 조약이 체결되자 러시아 대표들은 일본에서 모든 것을 양보받았다고 하여 축제 분위기였다. 전쟁 배상금 지불도 없었을 뿐더러 만주의 이권도 보존했다. 그러나 일본의 사정은 정반대였다. 포츠머스 조약으로 일본은 한국에서 독점적으로 우월적인 지위를 국제사회에서 승인받았고 만주에서도 이권을 보장받았다. 그러나 이것은 일본의 처음 기대에는 턱없이 모자라는 것이었다. 전황은 일본에 유리했으나 군비가 바닥이 나서 더는 전쟁을 수행할 수 없는 형편이었다. 따라서 조약도 미국에 비밀리에 의뢰했다. 그러나 일반 일본인들은 이를 전혀 알지 못하고 강대국 러시아를 격파했다는 자만심으로 가득 차 막대한 전쟁 배상금 획득과 영토 할양을 기대했다.

이런 분위기에서 조약의 내용이 알려지자 일본에서는 조약 반대운동이 일어났다. 외무대신 고무라 주타로를 "조기弔旗를 들고 맞아들이자"라는 《만세보萬歲報》의 사설이 이러한 분위기를 잘 대변했다. 9월 5일 극우집단인 흑룡회黑龍會와 강화문제동지회講和問題同志會가 히비야日比谷 공원에서 대회를 열었는데, 대회가 끝나자 군중들이 경찰서와 교회와 친정부적인 신문사 등을 습격했다. 미국 공사관과 미국인 선교사들도 습격을 받았다. 일본 정부는 9월 6일 치안을 유지하려고 계엄령을 선포했다. 이후 미국과 일본의 국민 감정은 극도로 악화되었다. 미국인들은 이민 온 일본인들을 차별하고 박해하기도 했다.

역사 속의 역사 16

러시아와 일본의 쿠릴열도 분쟁

일본은 21세기에도 한국, 중국, 러시아와 각각 영토 분쟁을 하고 있다. 이 중 쿠릴열도를 둘러싼 분쟁은 19세기 중반부터 시작되었다. 캄차카 반도와 일본 홋카이도北海道 사이에 뻗어 있는 56개의 섬과 많은 암초로 이루어진 쿠릴열도는 대략 1,300킬로미터에 이르는데 북태평양과 오호츠크해를 가른다. 일본에서는 치시마千島 열도라 부른다.

1855년 2월에 체결된 러일 화친조약에서 사할린은 공유하기로 하고 쿠릴열도는 우루프섬 이북은 러시아 영토로, 이투루프섬은 일본 영토로 했다. 이투루프섬 남쪽에 있는 쿠나시리Kunashir, 시코탄Shikotan, 하보마이Habomai섬(2개 섬으로 구성)의 소유는 조약에 명시하지 않았지만 당시에는 일본의 영토로 이해되었다.

1875년 5월 체결된 상트페테르스부르크 조약에서 러시아와 일본은 사할린은 러시아 영토로, 쿠릴열도 전부는 일본 영토로 하기로 동의했다. 일본은 이 조약을 가라후토樺太(사할린)·치시마千島 교환조약이라 부른다. 1945년 8월 8일 일본에 선전포고한 소련은 8월 18일에서 9월 1일 사이 쿠릴열도 전부를 점령했다. 1947년 소련은 쿠릴열도에 거주하는 모든 일본인을 추방했다.

현재 러시아는 쿠릴열도 남단에 있는 쿠나시리·시코탄·하보마이 등 4개 섬을 점유하고 있는데, 일본은 이 섬들이 자국 영토라 주장하며 반환을 요구하고 있다. 4개 섬을 둘러싼 러시아와 일본의 영토 분쟁은 1945년 2월에 체결된 얄타협정, 7월의 포츠담선언, 1951년 9월에 체결된 샌프란시스코 강화조약 내용의 모호한 점에 기인한다. 얄타협정에서 "쿠릴열도는 소련에 양도한다(The Kuril Islands shall be handed over to the Soviet Union)"고 규정했다.

카이로선언의 이행을 촉구한 포츠담선언에서 일본 영토에 대한 정의는 더욱 모호했다. 포츠담선언에서는 "일본의 주권은 혼슈, 홋카이도, 큐슈, 시코쿠四國 그리고 우리가 결정하는 작은 섬minor islands에 그친다"고 했다.

일본은 쿠나시리, 시코탄, 하보마이 섬이 "기술적으로" 쿠릴열도의 일부분이 아니라고 주장했다(시코탄과 하보마이는 홋카이도의 일부로 볼 여지가 있다). 또한 일본은 러일전쟁 이전에도 북방 4개 섬이 러시아 영토였던 적이 없고 러시아 정부가 자국 영토라고 주장한 적이 없으므로 일본이 무력과 탐욕으로 획득한 것이 아니라고 주장했다(카이로선언에서는 일본이 무력과 탐욕으로 획득한 영토는 모두 반환되어야 한다고 했다).

1956년 소련과 일본은 국교를 재개하면서 강화조약이 체결되면 하보마이와 시코탄을 일본에 이양한다고 합의했다(지금도 강화조약은 체결되지 않았다). 러시아는 제2차 세계대전의 결과로 북방 4개 섬이 러시아 영토가 되었으며 얄타협정, 샌프란시스코 강화조약 같은 국제협정으로 러시아의 권리가 보장된다고 주장하고 있다. 현재 러시아 국민의 절대다수는 4개 섬 가운데 하나도 일본에 넘겨주어서는 안 된다고 말하고 있다.

제17장

일본이 대한제국의 주권을 강탈하다

외부인 外部印을 탈취하여 조인한 을사조약

1905년 9월 포츠머스 조약이 체결되자 일본은 한국의 보호국으로 만드는 조약 체결을 신속히 추진했다. 주한 일본 공사 하야시 곤스케는 11월 2일 서울에 돌아와 주한 일본군 사령관 하세가와 요시미치 長谷川好道와 협력하여 이토 히로부미가 도착하는 즉시 조약 체결을 실행할 만반의 준비를 갖추었다. 그러면서 일진회 一進會에 조약을 찬성하는 선언서를 발표하게 했고 이완용 등을 사전에 찬성하도록 매수했다. 이와 함께 일본에서 증원 병력을 받아 서울과 궁궐 내에 물샐틈없는 경계망을 폈다.

 이토 히로부미는 11월 9일 서울에 도착했고 다음날부터 행동을 개시했다. 하야시 곤스케와 더불어 고종을 알현한 이들은 일본 정부가 만든 '보호조약안'을 전달하고 5일간 검토하여 답변하라고 했다. 11월 15일 이토 히로부미는 고종을 다시 방문했지만, 고종은 이 조약을 거부했다. 11월 16일

일진회의 고문인 우치다 료우헤이 内田良平·다케다 한시武田範之·이용구李容九
일본은 러시아와 강화조약을 체결하자마자 한국을 식민지로 만들기 위해 만반의 준비를 갖추었다. 일진회一進會에 조약을 찬성하는 선언서를 발표하게 했고 이완용 등을 사전에 찬성하도록 매수했다.

이토 히로부미는 한국의 대신들을 숙소인 손탁 호텔로 '납치'하여 조약 체결 찬성을 닦달했다. 이토 히로부미는 조약안을 설명하고 한 사람씩 의견을 말하라고 했다.

참정대신(총리대신) 한규설은 일본이 러일전쟁 개전 이래 조선의 독립을 보증한다고 누차 공언한 것을 지적하며 명확히 반대 의사를 표명했다. 법부대신 이하영은 "이 조약의 내용은 특히 중대하다. 공식회의에 부쳐 토의하고 결의하지 않으면 안 되므로 의견을 말할 수 없다"고 의견 개진을 거부했다. 학부대신 이완용도 이 자리에서 결론을 내릴 수 없다고 말했다. 농상공부 대신 권중현은 한규설 참정대신의 말을 되풀이하며 반대 의사를 밝혔다.

일본 공사관에서 돌아온 외부대신 박제순이 궁중으로 가자는 의견을 내놓았다. 어전회의에서도 모든 대신들이 강경하게 반대 의견을 말했다. 11월 17일 오후 3시경 궁궐에서 다시 군신회의가 열렸다. 이때 궁궐 내외에는 일본군이 몇 겹으로 둘러싸고 있었고 궁내에도 착검한 헌병과 경찰들이 다수 포진했다. 이러한 공포 분위기에서도 누구 하나 조약 체결에 찬성하는 이가 없었고 일본의 강요를 거절하도록 합의했다.

이에 하야시 곤스케는 이토 히로부미와 하세가와 요시미치를 다시 오게 하여 폐회하고 돌아가는 각 대신들을 강제로 다시 모이게 하여 회의를 재개하게 하면서 고종의 알현을 요구했다. 이토 히로부미와 하야시 곤스케는 자정을 넘어 다음날 새벽 0시 30분경까지 대신들을 강박했다. 결국 이토 히로부미와 하야시 곤스케는 고종의 윤허도 얻지 않은 채 대한제국의 외부인外部印을 탈취하여 조약문을 조인했다. 흔히 '을사조약'으로 불리는 제2차 한일협약의 조약문 전문은 다음과 같다.

한국 정부와 일본국 정부는 양 제국을 결합하는 이해 공통이 주의를 확고하게 함을 원하여 한국의 부강지실富强之實을 인정할 수 있게 될 때까지 이 목적을 위하여 아래 조관條款을 약정함.
제1조 일본국 정부는 도쿄 주재 외무성을 경유하여 금후에 한국이 외국에 대하는 관계와 사무를 감리·지휘함이 가하고 일본국의 외교 대표자와 영사는 외국에 있는 한국의 신민과 이익을 보호함이 가함.
제2조 일본국 정부는 한국과 타국 간에 현존하는 조약의 실행을 완수하는 책임을 맡게 되었으며 한국 정부는 금후에 일본국 정부의 중개를 거치지 아니하고 국제적 성질을 갖는 하등의 조약이나 약속을 하지 않기로 서로 약속함.
제3조 일본국 정부는 그 대표자에게 한국 황제 폐하의 궐하闕下에 1인의 통

을사조약 풍자화

1905년 11월 17일 일본은 대한제국의 외부인을 탈취해 조인하고 을사조약을 공표해버렸다. 한편 호머 헐버트Homer Hulbert는 자신이 발행하는 《코리아 뉴스페이퍼Korea Newpaper》에 을사조약을 풍자한 삽화를 게재했다.

감統監을 두되 통감은 전적으로 외교에 관한 사항을 감리함을 위하여 경성에 주재하고 친히 한국 황제 폐하를 내알內謁하는 권리를 가짐. 일본국 정부는 또한 한국의 각 개항장과 기타 일본국 정부가 인정하는 곳에 이사관Resident을 두는 권리를 갖되 이사관은 통감의 지휘하에 종래 재한국 일본 영사에 속하던 일체 직권을 집행하고 아울러 본 협약의 조관을 완전히 실행하기 위해 필요한 일체 사무를 관리함이 가함.

제4조 일본국과 한국 간에 현존하는 조약과 약속은 본 협약 조관에 저촉하는 것을 제외하고는 모두 그 효력을 계속하는 것으로 함.

제5조 일본국 정부는 한국 황실의 안녕과 존엄을 유지함을 보증한다.

위에 의거하여 하명下名을 각 본국 정부에서 상당한 위임을 받아 본 협약에 기명 조인한다.

광무光武 9년 11월 17일 외부대신 박제순朴齊純

메이지明治 38년 11월 17일 특명전권공사 임권조林權助

이 조약의 체결에서 참정대신 한규설과 탁지부 대신 민영기, 법부대신 이하영은 끝까지 '불가不可' 주장을 고수했다. 나머지 학부대신 이완용을 비롯하여 군부대신 이근택, 내부대신 이지용, 외부대신 박제순, 농상공부 대신 권중현 등 이른바 '오적五賊'은 책임을 고종에게 미루면서도 일본의 강박을 견디지 못하고 찬의를 표했다. 고종 또한 조약이 체결되던 날 밤에 이토 히로부미의 알현을 거절하면서도 '정부대신과 협력하라'고 책임을 대신들에게 미루었다. 전제군주제하에서는 조약 체결에 군주가 무한 책임을 지므로 고종도 '오적' 못지 않다고 봐야 할 것이다.

공식 기록에는 빠진 수많은 전쟁

초대 통감으로는 이토 히로부미가 취임했다. 1906년 8월 1일 일본은 한국 주둔군 사령부 조례를 공포하여 사령관은 일왕 직속이지만 통감의 명령으로 병력을 사용하게 했다. 일본은 러시아와의 전쟁 재발을 막기 위해 협상을 벌일 필요가 있었다. 러시아의 재침에 대비하기 위해 군비를 증강해야 한다는 의견이 있었으나, 포츠머스 조약으로 얻은 권익을 유용하게 이용하기 위해서는 러시아와 협력해야 한다는 견해가 다수였다.

러시아 군부와 일부 민간 정치인은 복수전을 주장했다. 그러나 제정 러시

고종의 밀지와 만국평화회의에 참석한 이준, 이상설, 이위종
고종은 1907년 6월 네덜란드 헤이그에서 열린 만국평화회의에 이준, 이상설, 이위종에게 참가하라는 내용의 밀지를 보냈다. 이 밀지에는 1907년 4월 20일자 고종의 옥새가 찍혀 있다.

아는 러일전쟁으로 재정 상태가 더욱 어려워졌고, 혁명운동이 격화되어 가까운 장래에 일본에 대한 복수전을 재개할 능력이 없었다. 그리하여 일본과 화해하고 전통적인 출구인 발칸반도로 진출해야 한다는 의견이 지배적이었다.

1906년 5월 이즈볼스키가 러시아 외무장관이 되었다. 그는 러시아의 외교 정책이 러시아-프랑스 동맹에 기반을 두어야 한다고 생각했으며 이 동맹도 다시 영국·일본과 협정을 통해 강화되어야 한다고 보았다. 그는 이에 대해 니콜라이 2세의 전폭적인 동의를 얻고 외무장관이 되었다.

1907년 3월부터 러시아와 일본 사이에 교섭이 진행되어 7월 30일 제1차 러일협약이 체결되었다. 이 협약에는 공개 조약과 비밀 조약이 있는데 만주를 하얼빈과 지린을 경계로 러시아와 일본의 세력 범위로 정한 것과 러시아는 외몽골을, 일본은 대한제국을 특수이익 지역으로 정한 것이 핵심이었다.

일본은 을사조약을 체결했지만, 대한제국 식민지화는 한국 민중의 저항으로 순조롭지 못했다. 1907년 6월 네덜란드 헤이그에서 개최되는 제2회 만국평화회의에 니콜라이 2세의 초청에 응하여 고종이 특사를 보낸 것이 알려지자 일본은 이를 구실로 일거에 식민지화를 추진했다. 이토 히로부미는 퇴위를 강요하여 7월 19일 황태자 이척李拓(순종)이 즉위했다. 이에 민중이 반일봉기를 일으키자 이토 히로부미는 주둔군 1개 사단에 1개 여단 병력 증파를 요구했고 7월 24일에는 제3차 한일협약을 강압으로 체결하고 대한제국군을 해산시켰다. 8월 1일 일본군이 포위한 가운데 서울에서 군대해산식이 행해졌는데, 서울을 비롯한 각지의 군대가 봉기를 일으켰다.

일제는 한민족의 격심한 민족적 저항으로 4년에 걸쳐 군사작전을 해야 했다. 평화적으로 합병이 이루어졌다는 모양을 갖추기 위해 일본은 이 전쟁을 비밀로 했고, 군사작전 기록인《조선폭도토벌지朝鮮暴徒討伐誌》도 비밀로 취급되었다. 공식 기록에는 전쟁으로 취급되지 않았지만 틀림없는 전쟁이었다. 이 전쟁은 대한제국이 국가수호를 위한 전쟁이라고 선포하지 않아 민중 차원의 전쟁이 되었다. 대한제국의 이러한 태도는 후일 한국의 독립에 불리하게 작용했다. 일본이 전쟁을 선포했으면 전 세계에 무력으로 주권을 강탈당한 나라로, 대한제국민이 일본의 식민통치를 용인하지 않은 것으로 인식될 수 있었다. 그러나 이 전쟁들은 은폐되었으므로 일본은 대한제국민의 동의하에 평화적으로 합병한 것이라고 선전할 수 있었다.

항일의병과 일본군의 전투는 1907년 8월부터 1911년 6월에 이르는 동안 일본측의 자료에 의해서도 전투 횟수 2,852회, 의병 전투병력 14만 1,815명으로 나타난다. 이 유격전에 대응하기 위해 일본군은 병력을 분산배치하고 의병의 근거지가 되는 산간 마을을 불태워 일본군 지배하에 있는 마을로 집단 이주시켰다. 이 때문에 의병들의 행동은 위축되었으나 전투는 계속되었다.

의병 탄압에 가장 효과적이었던 것은 헌병이었다. 한국 주둔 일본 헌병대는 1907년 2,000명으로 증강되었으며 그 밑에 보조헌병제도를 만들어 주로 일진회 회원인 불량한 조선인을 보조헌병으로 채용하여 6,700명으로 증가했다. 이를 전국에 453개 분대나 분견소로 배치하여 모든 마을에 헌병을 배치했다. 1910년 8월 일본은 의병운동을 거의 진압한 뒤 마침내 합병을 감행했다. 그러나 일부 의병 부대는 만주로 이동하여 유격전을 지속했다.

일제의 파수꾼, 일진회

조선 말기의 친일단체로 송병준宋秉畯과 이용구李容九가 주도했다. 함경도 출신의 송병준은 서자로 적모嫡母의 구박을 받고 살다가 8세에 가출했다. 우연히 서울에 와서 여흥 민씨 가문의 세도가인 민태호閔泰鎬(민영환의 양부)의 눈에 띄어 그의 애첩 홍씨 집에서 일하게 되었다. 그리고 민태호의 후원으로 1871년 무과에 급제했다.

1876년 강화도조약 체결 때 수행원이었는데, 일본 측 수행원 오쿠라 기하치로大倉喜八郎를 알게 되었다. 그는 일본 군납업자로 조선에 경제적 침략 발판을 마련하기 위해 애쓰던 정상배政商輩였다. 또한 이듬해 송병준을 앞세워 부산에 무역과 대금업을 겸하는 부산 상관을 설립하여 이익을 나누었다.

1882년 임오군란이 나자 일본의 경제 침탈에 분노한 부산 주민들이 부산 상관을 불태웠고 송병준은 일본으로 달아났다. 박영효 일행이 임오군란의 뒷수습을 위해 일본에 오자 그의 부름을 받아 수행원으로 귀국했다. 다시 민씨 세력에 줄을 대어 중추원 도사, 사헌부 감찰, 양지현감 등을 역임했다.

1884년 갑신정변 후 김옥균을 암살하라는 명성황후의 밀명을 받고 일본에 건너갔으나 주색으로 세월을 보내다 1886년 귀국했다. 이 때문에 투옥되었으나 곧 석방되었다. 그 후 영월군수, 흥해군수, 은진군수 등을 역임했다. 청일전쟁에서 일본이 승리하자 조선은 일본에 특파대사를 보냈는데, 송병준은 그 수행원으로 따라갔다. 을미사변이 나자 귀국을 포기하고 일본에 머물렀다.

1904년 러일전쟁이 나자 송병준은 일본군의 통역으로 귀국했는데, 실제로는 막대한 공작금을 받고 친일 정치활동을 시작했다. 1904년 8월 18일 독립협회 회원이었던 윤시병尹始炳·유학주俞鶴柱 등과 유신회維新會를 조직했다가 8월 20일 일진회로 이름을 고치고 회장에 윤시병을 추대했다. 발족 당시에는 (1) 황실 존중 (2) 인민의 생명과 재산 보호 (3) 시정施政 개선 (4) 군정軍政과 재정의 분리 등을 강령으로 내세웠다.

일진회는 지방조직이 없었는데 12월 26일에 이용구 등이 동학의 잔여 세력을 규합하여 조직한 진보회進步會를 흡수·통합하여 전국적인 기반을 가지게 되었다. 1905년 11월에 개최된 총회에서는 이용구를 회장, 윤시병을 부회장, 송병준을 지방총장으로 선출하고 일본인 모치츠키 류타로望月龍太郎를 고문으로 추대했다. 이후 한국에 주둔한 일본군의 지원을 받으며 친일활동을 활발히 전개했다. 《국민신보國民新報》를 기관지로 두고는 이를 통해 친일 망발을 퍼뜨렸다.

일진회는 을사조약 체결을 앞두고는 "한국의 외교권을 일본에 위임함으로써 국가 독립을 유지할 수 있고 복을 누릴 수 있다"는 내용의 선언문을 발표했다. 1907년 초 송병준은 이완용 내각의 농상공부 대신으로 입각했다. 7월 헤이그 특사 사건을 계기로 고종의 퇴위를 강요했다. 고종이 퇴위하자 전국에서 의병활동이 활발해졌고 일진회 회원들이 습격을 받아 살해되는 일이 많았다.

일진회는 1910년에 들어와 한일합방을 앞장서 주장하여 순종에게 한일합방 상주문을 여러 차례 올렸다. 이에 중추원 의장 김윤식은 송병준·이용구의 처형을 건의하기도 했다. 한일합방이 되자 송병준은 일제로부터 자작 작위를 받았다. 일진회 회원들은 한일합방이 되면 그들이 일제를 대신해서 통치할 것으로 착각하고 매국 행위에 열을 올렸지만, 이들을 이용한 일제는 병합이 되자 일진회를 가차 없이 해산시켰다.

제18장

비운의
대한제국

"일체의 통치권을 영구히 일본국에 양여한다"

1909년 출범한 미국의 윌리엄 하워드 태프트William Howard Taft 행정부는 동북아 진출에 열성적이었다. 그 해 12월 미국의 필랜더 체이스 녹스Philander Chase Knox 국무장관은 만주 철도 중립화안을 발표했다. 그 내용은 만주 지방에 있는 철도를 청에 귀속시키고 필요한 자금은 각국이 조달한다, 영국·미국·프랑스·러시아·독일·일본 등 6개국의 공동 출자로 금애철도(진저우錦州와 아이후이愛琿 간의 철도)를 비롯하여 장차 모든 철도를 부설한다는 것이었다. 이 제안은 러시아와 일본의 강력한 반대로 실현되지 못했다.

미국이 만주에 지대한 관심을 가진 것이 드러나자 러시아와 일본은 불안했다. 내부적으로 한국 병합을 위한 모든 준비를 마친 일본은 1910년 2월 해외 일본 공관에도 한국 병합 방침을 통보하고, 3월에는 만주 문제에 대하여 러시아와 제2차 협약을 체결하기로 결정했다. 4월부터 러시아와 일본은 교섭을 시작했다. 일본은 교섭을 시작하면서 한국 합병 문제를 자연스럽게 거론했다. 러시아 정부는 이의를 제기하지도 않으며 반대할 이유도 없다고 말했으나 합병 시기에는 주의를 기울여줄 것을 요망했다.

 5월에는 영국이 일본의 한국 병합을 승인했다. 그동안 병합을 지연시켜 온 원인의 하나인 서구 열강의 태도가 정해지자 병합은 행정 절차만 남게 되었다. 5월 30일 일제는 병합을 단행할 인물로 육군대신 데라우치 마사타케寺內正毅를 한국 통감에 겸임 발령하고, 6월 3일에는 한국에 대한 시정방침과 식민지 총독의 권한 등을 확정했다. 이 방침에 따르면 병합 후 당분간 일본 헌법을 시행하지 않고 총독이 일체의 정무를 통할하기로 했다.

 일본은 병합조약 체결에 대한 조선인의 저항을 제압하기 위해 6월 30일 자로 대한제국 경찰을 폐지했다. 1907년 한일신협약(정미7조약) 체결 이후 이미 대한제국의 치안경찰권은 일제가 완전히 장악했으나 보다 강력한 경찰력 확보를 위해 대한제국에 주둔한 일본군 헌병대 산하에 통합시키기로 했다.

 1910년 7월 4일 러시아와 일본은 만주 문제에 대한 제2차 협약을 체결했다. 그 내용은 러·일 양국이 미국에 대응하여 만주에서 자국의 영향권을 보호하기 위해 긴밀한 협조를 다짐한다는 것이다. 제2차 러일협약은 제1차 러일협약보다 적극적인 성격을 띠고 있으며 미국의 만주 진출에 대한 공동 전선을 형성한다는 것을 의미했다. 이로써 러시아와 일본의 전쟁 재발 가능성은 완전히 사라졌다.

 모든 준비를 끝낸 신임 총독 데라우치 마사타케는 7월 23일에야 한국에 총독으로 왔다. 그는 헌병경찰을 동원하여 일체의 정치적 집회나 연설회를 엄금하는 등 공포 분위기를 조성했다. 8월 16일에는 총리대신 이완용을 통감 관저로 불러 병합조약안을 논의했다. 병합조약안은 8월 18일자로 한국

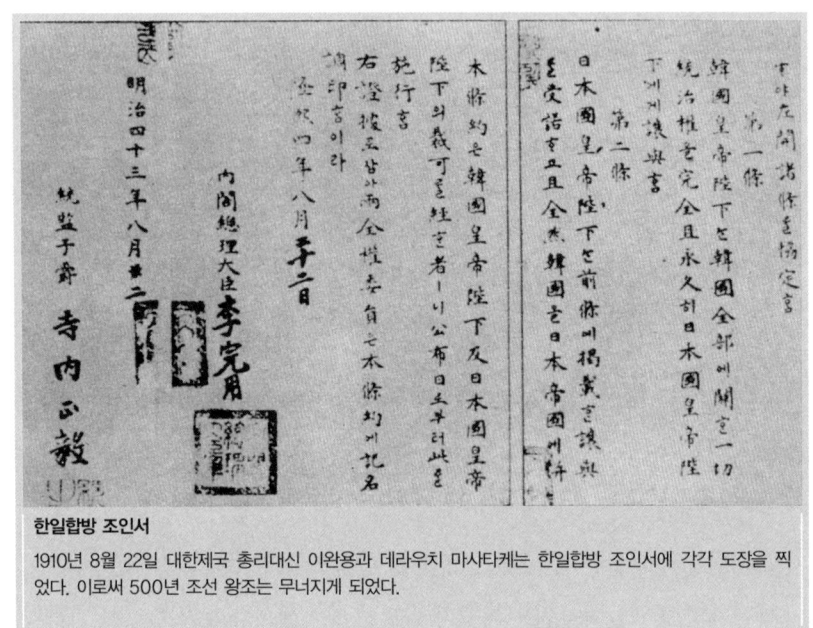

한일합방 조인서
1910년 8월 22일 대한제국 총리대신 이완용과 데라우치 마사타케는 한일합방 조인서에 각각 도장을 찍었다. 이로써 500년 조선 왕조는 무너지게 되었다.

정부의 내각회의를 통과했고 8월 22일에는 전권위원으로 임명된 이완용이 합병조약을 조인했다. 흥선대원군의 적장자 이재면이 황족 대표로 조약에 찬성했다.

> 제1조 한국 황제 폐하는 한국 전부에 관한 일체의 통치권을 완전하고도 영구히 일본국 황제 폐하에게 양여한다.
> 제2조 일본국 황제 폐하는 이 양여를 수락하고 한국 전부를 일본 제국에 병합하는 것을 허락한다.
> 제3조 일본국 황제 폐하는 한국 황제 폐하·태황제 폐하·황태자 전하 및 후비后妃·후예後裔에게 각기 지위에 상당한 존칭·위엄 및 명예를 향유하게 하

고 또 이를 보유하는 데 충분한 세비歲費를 공급할 것을 약속한다.

제4조 일본국 황제 폐하는 전조前條 이외에 한국 황족 및 그 후예에 대해 각기 상당한 명예 및 대우를 향유하게 하고 또 이를 유지하는 데 필요한 자금을 제공할 것을 약속한다.

제5조 일본국 황제 폐하는 훈공勳功 있는 한국인으로서 특히 표창하기에 적당하다고 인정되는 자에 대해서는 영작榮爵을 주고 은금恩金을 공여한다.

제6조 일본국 정부는 병합의 결과로서 전연 한국 시정을 담임해 동지同地에 시행하는 법규를 준수하는 한인의 신체 및 재산에 대해 충분한 보호를 제공하고 또 그 복리증진을 도모한다.

제7조 일본국 정부는 성실 충실히 신제도를 존중하는 한국인으로서 상당한 자격이 있는 사정이 허락하는 한 관리에 등용한다.

제8조 본 조약은 일본국 황제 폐하와 한국 황제 폐하의 재가를 얻어서 공포하는 날부터 시행한다.

"문명한 새 정치에 복종하여 행복을 함께 받도록 하라"

한일합방이 공포된 것은 일주일이 지난 8월 29일이었다. 이날 조선의 마지막 군주 순종은 신민들에게 다음과 같은 조서를 발표했다.

짐은 덕이 없는 사람으로서 황제가 된 이후 오늘까지 정사 혁신에 힘쓰지 않은 것은 아니다. 그러나 허약한 것이 고질이 되고 영락零落함이 극도에 이르러 짧은 시일 안에 회복시킬 대책을 세울 가망이 없게 되었다. 짐이 결연이

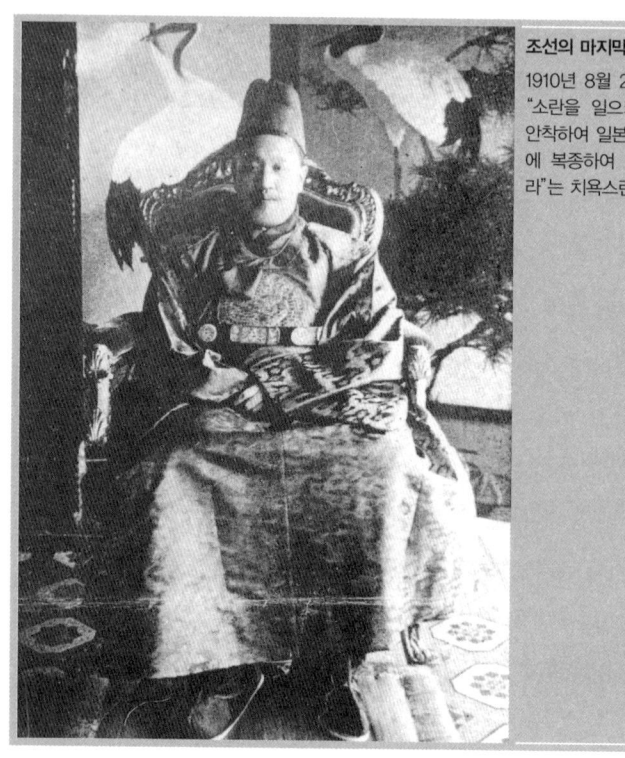

조선의 마지막 황제 순종
1910년 8월 29일 순종은 신민들에게 "소란을 일으키지 말고 자기 직업에 안착하여 일본 제국의 문명한 새 정치에 복종하여 행복을 함께 받도록 하라"는 치욕스런 말을 했다.

반성하고 결단을 내려 한국의 통치권을 이전부터 친근하게 믿고 의지해오던 대일본 황제 폐하에게 넘겨 밖으로는 동양평화를 공고히 하고 안으로는 팔도의 백성을 보전하게 하는 바이다. 너희들 높고 낮은 관리들과 백성들은 나라의 형세와 현재 조건을 깊이 살펴 소란을 일으키지 말고 자기 직업에 안착하여 일본 제국의 문명한 새 정치에 복종하여 행복을 함께 받도록 하라. 오늘의 조치는 너희들 민중을 잊어서가 아니라 민중을 구원하려는 지극한 뜻에서 나온 것이니, 관리와 백성들은 나의 뜻을 몸으로 느낄 것이다.

조선은 전제군주국이다. 전제군주국에서 군주의 명령은 바로 법이고 이를 어기는 것은 반역이다. 그러므로 이 조서를 따르지 않고 주권을 찾으려고 독립운동을 하는 것은 반역이 된다. 따라서 조선이 이씨 왕가를 군주로 하는 왕국으로 다시 독립하면 심각한 법적 문제가 발생하게 된다. 왕실이야 일제의 강압에 의한 것이었다고 변명하겠지만 그것으로 해결될 문제가 아니다. 한국이 공화국으로 독립해야 하는 이유 가운데 하나가 여기에 있었다.

모두 8조로 이루어진 병합조약의 체결로 대한제국 2,000만 주민의 운명은 일본 제국주의자들의 수중에 넘어갔다. 나라 전체를 빼앗긴 대신에 얻은 것이라고는 극소수 왕실 가족들의 품위 유지비와 몇몇 친일파 관리들에게 주는 작위와 포상금이 전부였다. 이완용은 백작 작위를 받았고 15만 원의 은사금을 받았다.

이완용은 매국노의 대명사가 되었지만 일제의 조선 강점에 동조한 자들은 적지 않다. 조선의 왕족과 왕실의 외척 중에도 이러한 자들이 적지 않았다. 왕실도 일본 왕족이 된 것에 만족하여 백성들이야 징용으로 끌려가든 정신대로 끌려가든 일제가 제공하는 부귀영화를 누릴 뿐이었다.

국가 멸망을 눈앞에 둔 상황에서 조선 왕조가 보여준 태도는 왕조의 보전만을 바란 병자호란 때의 작태와 동일했다. 국가적 차원의 외침은 정권의 존속에 가장 위협적이다. 조선 왕조는 임진왜란, 병자호란, 문호 개방 후 일본의 침략 등 3차례 이러한 외침을 겪었다. 앞서 두 번의 경우 모두 명의 참전, 청이 자비심 등 다른 왕조의 경우라면 기대하기 어려운 일로 정권을 지켜냈지 조선 왕조가 주체적 역량으로 정권을 수호한 것이 아니었다. 조선 왕조는 백성에게 무엇을 해줄 것인가 하는 고민은 없고 백성이 왕조에 무엇을 해줄 것만을 요구하는 정권이었다. 일본의 침략에도 조선 왕조의 태도는 여전했다.

많은 외국인들도 개혁을 하지 않으면 나라가 망할 것으로 보았지만, 1898년 독립협회의 해산으로 조선 왕조는 근대적 개혁을 할 의사가 없음이 명백해졌다. 조선 왕조가 무력하게 멸망하는 과정을 목격한 많은 외국인들은 한국민이 자치능력이 없다고 보게 되었으며, 친한파 외교관이나 선교사의 상당수가 부패한 왕정에서 착취를 받는 조선 민중에게는 일본의 지배가 더 나을 것이라고 믿기까지 했다.

조선의 주권 수호에 열성적이었던 알렌 공사도 조선 위정자들의 부패와 무능에 지쳐 끝내는 한국의 독립 지지를 포기했다. 1904년 1월 4일 알렌은 "이 사람들은 자치할 능력이 없습니다. 한국은 일본에 속해야 합니다. 독립이라는 허구를 일본에 더는 계속토록 하는 것은 잘못입니다"라는 내용의 견해를 록힐에게 밝혔다. 이것은 오랫동안 조선 위정자들을 관찰한 끝에 친한파 인사가 내린 판단이므로 가볍게 넘길 만한 것이 아니었다.

지배층의 파렴치한 행태

러일전쟁 개전 직전 탁지부 대신으로 나라의 재정을 맡았던 이용익이 친한파 기자로 유명한 프레더릭 매켄지와 가졌던 대화는 당시 위정자들의 수준을 단적으로 말해준다. 그는 《한국의 자유를 위한 투쟁 Korea's Fight for Freedom》에서 이용익과의 대화를 다음과 같이 회상했다.

우리는 그의 사랑방 마루에 앉아서 시국을 토론했다. 나는 한국이 멸망하지 않으려면 개혁을 해야 한다고 역설했는데, 그는 미국과 유럽 나라들이 독립을 보장하고 있기 때문에 안전하다고 반론했다. "아니 그것을 모르시오? 힘으로 뒷받침되지 않는 조약은 아무런 소용도 없다는 것을 모르시오? 당신이 그 조약들을 지키도록 하려면 그만한 노력을 해야 할 것이 아니오? 당신 나라는 개혁을 하지 않으면 망하게 될 것이오"라고 나는 역설했지만 그는 "다른 나라들이 무엇을 하든 상관이 없소. 우리는 우리가 중립이라는 것을 천명했고 우리의 중립을 존중하라고 당부했소"라고 고집했다. "미국은 약속했소. 무슨 일이 있든지 미국은 우리의 우방으로 남을 것이오"라고 말하는 것이었다. 그는 그의 주장을 굽히려고 하지 않았다.

1904년 1월 22일자 《제국신문帝國新聞》의 한 기사도 당시 지배층의 파렴치한 모습을 잘 보여준다.

최근 여러 외국 공사들은 소위 공사관을 보호한다는 명목으로 뻔뻔스럽게도 수천 명의 군대를 (서울로) 불러들였다. …… 오늘날 소위 개화된 세계란 강자가 약자를 잡아먹는 과거의 시대보다 더욱 악랄하다. …… 오늘날 각국들이 대한大韓을 대하는 태도는 우리들의 깊은 분노와 근심을 자아내게 한다. 이들의 후안무치는 한계가 없다. 이들 나라에서 온 외국인들의 눈에는 한국이란 두 글자는 존재하지 않겠지만, 우리나라는 여전히 독자적인 정부와 (외세에) 대해 징딩힌 저항을 할 수 있는 힘을 가진 위엄 있는 독립국이다. 왜 너희 신민들은 이들 후안무치한 외국 군인들을 몰아내려 하지 않느냐. …… 국가가 편안해야 나의 생명과 재산이 편안하다는 것이 만고의 법칙이다.

덕수궁 석조전 앞에서 찍은 황실 가족과 총독부 관리들
조선의 위정자들은 나라가 존망의 위기에 처했을 때 어떠한 조치도 취하지 못하는 무능하고 파렴치한 행태를 이어왔다. 이 사진은 1918년 영친왕이 고국 방문을 기념하기 위해 덕수궁 석조전 앞에서 찍은 것이다. 사진 중앙이 고종, 오른쪽이 순종, 왼쪽이 영친왕과 그 옆에 데라우치 마사타케가 나란히 앉아 있다.

당시 지배층은 맨주먹의 신민에게 외적을 물리치라고 호통을 치고 있다. 그러나 신민들이 일본을 몰아내려는 항일의병투쟁을 시작했어도 조선 왕조는 이들을 지원하는 어떠한 조치도 내린 적이 없었다. 윤치호는 왕조의 무력한 지도력을 목격하고 누구보다 크게 실망한 사람이었다. 그의 일기에는 이를 개탄하는 대목이 많다.

이탈리아군이 에티오피아에서 험한 꼴을 당하고 있다. 하일레 셀라시에Haile Selassie라는 에티오피아 국왕은 용감하고 현명한 사람인가 보다. 그와 그의 아들은 에티오피아군의 선봉에 서서 이탈리아 침략자들과 싸우고 있다. 에티오피아 병사들은 무기도 변변치 않을 뿐만 아니라, 군화조차 신지를 못했다. 정말이지 극명한 대조가 아닐 수 없다. 에티오피아 국왕의 이 감탄할 만한 태도와 침략자에 맞서 단 한번도 군대를 직접 지휘한 적이 없는 조선 국왕들의 수치스런 행위 말이다.

(《윤치호 일기》, 1935년 10월 26일)

조선 왕조는 외침을 당하면서 전혀 백성을 보호하지 못했으며, 강대국에 기대어 왕조를 유지하려는 행동 이외의 것을 해본 적이 없다. 결국 조선 왕조는 이러한 모습에 실망한 신민들에게 철저히 버림받았다. 한일합방 이후 독립운동은 거의 모두 공화정 수립을 목표로 했으며, 전제군주정은 물론 입헌군주정을 내세운 독립운동단체도 찾기 힘들었다. 한일합방은 한민족에게 이루 말할 수 없는 고통을 안겨주었지만, 이러한 왕조가 소멸되어 독립할 경우 국가 발전을 기할 수 있었다는 점이 유일한 위안이라 하겠다.

"그들이 당신들을 소화하지 못하게 할 수는 있다"

19세기 말과 20세기 초에 제국주의 열강의 식민지가 된 나라나 민족은 많으나 한국처럼 오랫동안 독자적인 역사·문화적 전통을 가진 국가는 거의 없었다는 점에서 일제의 한국 병탄은 매우 특이한 예가 된다. 프랑스에 병합된 베트남이 한국과 유사한 예이나 폴란드가 더 적절한 비교 대상이 된다.

폴란드는 중세 이래 중동부 유럽에서 막강한 나라로 성장하여 16~17세기에는 유럽 전체에서도 손꼽히는 강대국으로 인정받았다. 러시아는 폴란드에 비해 국력이 크게 떨어졌으며, 프로이센은 1657년에 이르러서야 폴란드에 대한 신종臣從에서 벗어났다. 전성기 폴란드의 영토는 100만 평방킬로미터가 넘었으며 현재의 우크라이나, 리투아니아, 벨로루시를 포함했다. 이는 유럽에서 러시아 다음으로 큰 것이었고 인구도 프랑스, 신성로마제국(합스부르크 제국), 러시아 다음의 네 번째였다.

그러나 폴란드는 17세기 이래 '귀족의 천국, 유대인의 극락, 도시민과 농민의 지옥'이라는 평을 받았듯이 왕권이 취약한 가운데 소수 귀족의 계급 이기주의로 병들고 있었다. 반면에 러시아와 프로이센은 내부 개혁으로 17세기에는 급속히 국력을 키웠고 18세기에는 강대국 대열에 들게 되었다. 이로써 폴란드는 러시아, 프로이센, 그리고 전통적으로 경쟁 관계인 합스부르크 제국에 포위되었고 서서히 망국의 길을 걸었다. 이미 1686년에 키예프Kiev(현재 우크라이나의 수도)와 드네프르Dnepr강 이동의 땅을 러시아에 할양한 폴란드는 끝내 이들 나라에 3차에 걸쳐 분할 점령되어 18세기 말에는 지도상에서 사라졌다(1773년 1차 분할, 1793년 2차 분할, 1795년 3차 분할).

19세기 초 폴란드는 나폴레옹이 유럽을 석권할 때 바르샤바 대공국으로 잠시 부활했으나, 나폴레옹의 몰락과 더불어 이전의 분할 상태로 돌아갔다. 이웃의 강대국에 분할 점령된 폴란드는 독립과 통일이라는 숙제를 동시에 안게 되었다. 폴란드를 분할한 세 나라는 모두 유럽에서 손꼽히는 강대국으로 폴란드의 독립을 용인할 의사가 전혀 없었으며 이외에 폴란드 독립을 지지하는 나라는 하나도 없었다. 폴란드 독립은 영원히 불가능할 것으로 보였고 폴란드 민족은 세계사에서 사라질 운명으로 보였다.

그러나 제1차 세계대전으로 러시아 제국, 독일 제국, 합스부르크 제국이 일시에 무너지고 유럽에 전반적인 혁명이 일어났다. 폴란드 민족은 이 역사적 기회를 포착하여 통일과 독립에 성공했다. 123년이나 되는 외세의 지배에 민족적 정체성을 잃었더라면, 그 역사적 기회는 아무 소용이 없었을 것이다. 일찍이 폴란드의 분할을 목격한 장 자크 루소Jean Jacques Rouseau는 폴란드 민족에게 "당신들이 원수들에게 삼켜질 수밖에 없었다면, 최소한 그들이 당신들을 소화하지 못하게 할 수는 있다"고 말한 바 있다.

폴란드인의 독립운동은 주로 러시아를 대상으로 했다. 러시아는 폴란드 영토의 61퍼센트, 인구의 45퍼센트를 차지한데다가 폴란드의 수도인 바르샤바도 러시아 제국 내에 들어갔기 때문이다. 폴란드인의 무력 독립 시도는 1830년의 11월 봉기와 1863년의 1월 봉기가 대표적이다. 1830년의 프랑스 7월혁명에 자극받았던 11월 봉기는 325일간 지속되었고, 1862년의 이탈리아 통일에 고무되었던 1월 봉기는 16개월을 끌었다.

봉기를 진압한 러시아의 보복은 잔혹했다. 1월 봉기가 진압되고 수만 명이 시베리아로 유배되고 1만여 명이 외국으로 망명했다. 유배된 이들은 거의 되돌아오지 못하고 유배지에서 죽었다. 시베리아에 3년간(1897~1900) 유배되었던 레닌은 1월 봉기로 유배된 폴란드인이 자신을 환대한 것을 회고한 바 있다. 레닌은 3년 뒤에 풀려났지만 폴란드인은 돌아오지 못했다. 또한 1월 봉기를 진압한 러시아는 폴란드에 전면적으로 러시아 동화정책을 실시했다.

"주여, 여러 민족의 자유를 위해 큰 전쟁을 내려주소서"

1월 봉기는 정치·군사적으로는 폴란드 독립운동의 패배였으나 장기적 관점으로는 그렇게 볼 수 없었다. 봉기 주도 세력인 중앙위원회는 봉기를 일으킨 1863년 1월 22일 농노해방령을 선포했다. "중앙위원회는 모든 폴란드의 아들들을 …… 이 나라의 자유로운 시민임을 선언한다", "종래 농민이 공조貢租 또는 부역을 부담하고 보유하고 있던 땅은 이 순간부터 무조건 그의 소유가 된다", "손해를 입는 원 소유주는 국고에서 보상해줄 것이다", "한편 빈농이나 고용인으로서 조국 방위의 대열에서 싸우는 자는 누구나 그리고 만일 전쟁터에서 명예로운 전사를 할 경우에는 그 가족이 원수에게서 지켜낸 국유지의 일부를 분배받게 된다" 등의 내용이었다.

이 농노해방령은 사회혁명을 의미하는 것으로 농노 상태인 폴란드 농민의 향배가 1월 봉기의 성패에서 가장 큰 변수가 되었다. 이를 정확히 인식한 러시아 제국의 알렉산드르 2세는 1864년 3월 폴란드 농민을 상대로 더 유리한 농노해방령을 선포했다. 이로써 폴란드 농민들은 동요했고 독립운동에 소극적이 되었다. 1월 봉기는 실패했어도 자유인이 된 폴란드 농민은 폴란드 민족주의의 새로운 구성원이 되었다.

1월 봉기의 실패로 폴란드인은 현실이 아무리 참담할지라도 단번에 이를 변경하려는 것은 불가능하고 커다란 피해를 가져온다는 사실을 깨달았다. 분할국과 타협하여 제한적이나마 자치권을 얻어내어 사회적·문화적인 실력을 키워 독립을 준비해야 한다는 주장을 하는 이들이 독립운동 내부에서 세력을 얻게 되었다. 이들은 교육, 인격도야, 과학, 경제, 사회개혁, 특히 노력을 강조했다.

이들 유화파 가운데 대표적인 인물이 시인 스비진스키Swidzinski였다. 그는 1월 봉기에서 활약하고 1871년 파리 코뮌에 참가한 경력이 있었다. 그는 유화파의 선언문과도 같은 시를 지었는데, 그 요지는 전투에 앞서 노력, 예술에 앞서 과학, 성급한 행동에 앞서 깊은 사려였다. 이들의 사상은 '바르샤바 실증주의'라 불린다. 이들에 대한 평가는 양 극단을 오간다. 폴란드 민족의 몸을 지킨 건강관리자로 보는 견해가 있는 반면에, 공산당 집권 시기의 일부 역사가들은 매국노라고 매도했다.

1864년의 농노해방령으로 폴란드의 귀족들은 적지 않은 타격을 입었고 급속한 공업화가 진행되었다. 자본주의의 발전에 따라 근대적인 공업 노동자 계층이 형성되었고 사회주의가 폴란드에 들어왔다. 1877년 이후 경제는 만성적인 불황에 빠지고 1881년 즉위한 러시아의 알렉산드르 3세는 폴란드에 가혹한 러시아화 정책을 강행했다. 이에 따라 점진적 개혁을 목표로 하는 실증주의는 설 자리를 잃게 되었으며, 젊은 지식인층은 사회적·민족적 적대 관계를 풀 수 있는 해결책은 사회주의 혁명에 있다고 생각하게 되었다.

폴란드의 사회주의 운동은 민족 독립투쟁을 계급투쟁에 비해 2차적인 것으로 취급하지 않은 것이 특징이다. 19세기 노동자 운동은 무정부주의적 경향이 농후했다. 제2코민테른의 초기 대회에서는 마르크스주의자와 무정부주의자들 사이에 헤게모니 투쟁이 치열했다. 폴란드와 사회 구조가 유사한 이탈리아, 스페인, 러시아에서는 무정부주의 운동이 마르크스주의 운동보다 많은 추종자를 거느리고 있었다. 그러나 폴란드는 달랐다. 민족의 독립과 자유를 모두 빼앗긴 민족에게는 그 증오의 대상이 국가와 정부가 아니라 이민족의 지배였기 때문이다.

폴란드 노동계급 운동의 정치적 강령은 프롤레타리아트만의 이익에 집착되어 있지 않았고 민족 전체의 운명에 관련되어 있었다. 이는 서유럽 사회주의 정당들의 기본 목표가 노동자 계급의 경제 수준 향상에 있었던 것과 대비되었다.

폴란드 지식인들은 서구의 지식인보다 훨씬 많이 사회주의 정당에 가입했다. 이들은 분할국 정부의 행정에 참여할 기회가 막혀 있어 현상을 타파하고자 하는 열망이 컸고, 프로이센과 러시아의 폴란드 문화 말살정책에 깊은 반감을 품고 있었다. 이들에게 정치적 활력과 투쟁력을 갖추고 있는 노동자 계급의 정치 운동은 유일한 해결책으로 보였다. 그러므로 개인적 성향으로는 사회주의를 지지하지 않아도 노동자 계급운동에 매력을 느끼고 사회주의 정당에 참여했다.

1890년대에 들어와 유럽의 국제 관계가 새로운 국면으로 전환되기 시작했다. 1890년 독일 제국의 재상 비스마르크가 은퇴했고, 1894년에는 러시아와 프랑스가 동맹을 맺었다. 폴란드를 분할 점령한 3대 제국이 독일·오스트리아와 러시아로 갈라지기 시작한 것이다.

1892년에 프랑스 파리에서 폴란드 사회당이 창당되어 프롤레타리아 독재와 민족의 독립을 비폭력적인 방법으로 달성할 것을 선언했다. 로만 드모프스키는 1887년에 결성된 폴란드연맹을 1893년에 국민연맹으로 개조하고 1897년에는 국민민주당을 창당했다. 그의 목표는 셋으로 분할된 폴란드의 통일은 비현실적이므로 분할된 상태에서 최대한의 자치를 얻으려는 것이었다. 1900년에는 '폴란드 왕국과 리투아니아 사회민주당'이 창당되어 민족주의적인 폴란드 사회당에 대응했다. 이 세 정당이 폴란드 독립운동을 주도한 유력 정당이었다.

1904년에는 영국과 프랑스가 우방이 되었고 1907년에는 영국과 러시아가 협정을 체결하여 유럽의 6대 강대국이 3국 동맹국(독일·오스트리아·이탈리아)과 3국 협상국(영국·프랑스·러시아)으로 나누어져 첨예하게 대립했다. 1908년 폴란드 사회당에서 여러 해 동안 지도적인 위치에 있던 유제프 피우수트스키는 폴란드 사회당이 분열하자 관계를 끊고 오스트리아령인 갈리시아Galicia로 가서 정규군을 조직했다.

1914년 7월 말에 발발한 제1차 세계대전은 많은 약소민족들에게 독립에 대한 희망을 안겨주었다. 일찍이 폴란드 낭만파 시인 아담 베르나르트 미츠키에비치Adam Bernard Mickiewicz는 "주여, 여러 민족의 자유를 위해 큰 전쟁을 내려주소서"라고 기도했는데, 마침내 그 기도가 이루어진 것이다.

폴란드, 독립을 위해 싸우다

폴란드를 분할한 3대 제국인 러시아·독일·오스트리아가 두 진영으로 갈라져 싸우게 되었고, 두 진영의 승패가 결정되면 폴란드는 승리한 쪽으로 합쳐질 가능성이 컸다. 하지만 결과는 3대 제국이 모두 무너지고 공화국으로 탄생했다. 이것이 폴란드의 독립과 통일에 결정적으로 유리하게 작용했다. 그러나 전쟁이 일어났을 때 어느 쪽이 이길지는 확실하지 않았고 3국이 모두 패자가 될 것이라 예측하는 것은 불가능했다.

폴란드를 분할한 3국에 군인으로 징집된 폴란드 청년은 약 200만 명이었다. 그 중 45만 명이 전사하고 60만 명 이상이 전상을 입었다. 폴란드인들은 동족끼리 서로 죽이는 전쟁에 참가하는 것이 옳은지, 전쟁이 독립을 가져다 줄 것인지 판단하기 어려웠다. 그러나 피우수트스키는 주저하지 않고 즉각 군사 행동을 했다. 폴란드 정규군 3개 군단이 오스트리아에서 조직되었는데 피우수트스키는 제1군단을 지휘했다.

단기전이 될 것이라는 예상이 빗나가고 전쟁이 장기화됨에 따라 동맹국 진영과 협상국 진영은 폴란드 민족을 자기편으로 끌어들이려고 여러 가지 약속을 했다. 그러나 1916년 말까지 폴란드의 완전한 통일 독립을 명백히 선언한 국가는 없었다. 러시아는 자치를 약속했으나 폴란드의 구 영토 전부를 러시아가 점령했을 때 그리하겠다는 것이었다.

독일은 동부 전선에서 러시아령 폴란드를 점령하게 되자 폴란드 문제를 오스트리아와 협의했으나 이해관계의 충돌로 결론을 내리지 못하고 있었다. 그러나 1916년 여름 점령지의 일부가 러시아에 탈환당하자 11월 5일 오스트리아와 공동으로 폴란드 왕국의 독립을 선언했다.

독일과 오스트리아는 1917년 1월 25명의 적극파(독일과 오스트리아 편에서 러시아와 싸울 것을 주장한 폴란드 독립운동 세력)로 임시국가평의회를 구성했다. 오스트리아는 이 평의회에 폴란드 군단을 맡기고 평의회는 피우수트스키를 육군부장에 임명했다. 그런데 바르샤바 군정 장관인 독일의 한스 하트비히 폰 베젤러Hans Hartwig von Beseler는 피우수트스키에게 폴란드 군단이 독일 황제에 충성을 서약할 것을 요구했다. 피우수트스키는 동부전선에서 독일의 압승이 앞으로 폴란드의 운명에 유리하지 않다고 생각하고 베젤러의 요구를 거부했다. 두 사람이 나눈 대화의 한 토막이다.

폰 베젤러 아시다시피 이 어려운 때에 폴란드는 비전 있는 지도자가 필요합니다. 그런데 나는 당신만이 그 지도자가 될 수 있다고 생각합니다. 당신이 우리와 함께한다면 우리는 당신에게 무엇이든(권력, 명예, 돈) 다 주겠소.
피우수트스키 각하께서는 나를 이해하지 못하는군요. 아니 이해하려고 하지 않는군요. 만일 내가 각하와 함께하면 독일은 사람 하나를 얻겠지만, 나는 민족 하나를 잃게 됩니다.

피우수트스키는 체포되어 독일 마그데부르크Magdeburg 요새에 감금되고, 충성 서약을 거부한 폴란드 제2군단장 할러Haller는 프랑스로 망명했다. 이러한 상황에서 임시국가평의회 의원들이 모두 사임하자 독일은 섭정회의를 만들었는데, 내각의 조직과 제한선거에 의한 의회의 구성까지 1년 가까이 걸렸다. 이 사이인 1917년 11월 러시아에서는 혁명이 일어나 레닌이 집권했다. 1918년 2월에 신생 우크라이나 공화국이 독일과 조약을 맺어 구폴란드 영토의 동부 지역을 차지했고, 3월에는 러시아와 독일 사이에 브레

유제프 피우수트스키
"독일은 사람 하나를 얻겠지만, 나는 민족 하나를 잃게 됩니다." 독일 황제에 충성을 거부한 피우수트스키는 결국 마그데부르크 요새에 감금되었다.

스트-리토프스크Brest-Litovsk 조약이 체결되었다. 독일은 폴란드 섭정회의의 대표가 참석하지 않은 가운데 자국의 일방적인 이익에 따라 이 두 조약을 체결했다. 폴란드인이 보기에는 또 한 번의 국가 분할이었다.

폴란드 독립에 관한 열강의 약속들은 모두 전세戰勢의 변화에 따라 유동적이었는데, 미국의 토머스 우드로 윌슨Thoma Woodrow Wilson 대통령은 사태의 변화와 관계없이 폴란드 독립을 지지했다. 그는 1916년 11월 폴란드계 미국인으로 저명한 피아니스트이며 열렬한 민족운동가 이그나치 얀 파데레프스키Ignacy Jan Paderewski와의 대담에서 처음으로 폴란드 독립에 관심을 갖게 되었다. 그는 1917년 1월 21일 상원의회에 보내는 교서에서 '통

일 폴란드'를 언급했고, 1918년 1월 8일 민족자결주의로 유명한 14개조의 평화안의 제13조에서 '자유로이 제약 없이 해양에 출입하는 통일·독립·자치의 폴란드' 수립을 제의했다.

전후 처리에 막강한 영향력을 지닌 미국의 이러한 의견이 폴란드의 독립에 매우 유리했음은 두말할 나위 없었다. 폴란드의 완전 독립에 망설이던 영국, 프랑스, 이탈리아도 6월 3일 윌슨의 제안에 동의했다. 해양으로 자유로운 출입이란 발트해와 그단스크Gdańsk 항구를 신생 폴란드의 것으로 한다는 것인데, 그렇게 되면 독일 영토는 동(동프로이센)과 서로 갈라지게 된다.

그런데 문제는 전세였다. 브레스트-리토프스크 조약으로 동부전선의 부대를 서부전선에 배치시킬 수 있게 된 독일은 1918년 3월 360만 명의 병력으로 총공세를 개시했다. 영국과 프랑스 연합군은 위기를 맞았으나 미군이 도착하여 위기를 넘겼다. 7월 18일 이래 연합군은 반격했고 독일은 후퇴를 거듭했다. 10월 30일 오스만투르크가 연합국에 항복했고 오스트리아 제국 내에서는 체코슬로바키아와 유고슬라비아가 10월 독립을 선언하고 오스트리아는 11월 3일 항복했다. 독일도 11월 11일 항복했다. 이들 제국이 무너짐에 따라 제국 내의 소수 민족들은 공화국으로 독립할 수 있었다.

"우리는 사회주의 열차를 타고 왔지만, 나는 '독립'이라는 역에서 내렸다"

폴란드를 123년간 분할 통치했던 3국이 한꺼번에 무너지자 갈려져 있던 폴란드인은 서로 교류할 수 있었다. 그러나 폴란드에는 이데올로기를 달리하는 바르샤바의 섭정회의, 루블린Lublin의 인민정부, 크라쿠프Kraków의 청산정부가 세워져 내란이 일어날 것 같이 긴장감이 고조되었다.

석방된 피우수트스키는 독일 특별 열차편으로 11월 10일 바르샤바에 도착했고, 바르샤바의 섭정회의는 무질서 상태를 극복하기 위해 피우수트스키를 총사령관에 임명했다. 폴란드 민족은 민족적 비극을 겪는 동안에 때로는 동정을 받기도 했으나 한 번도 경외의 대상이 되지는 못했다. 민족의 영웅이 되어 돌아온 피우수트스키 앞에서 좌우익 대립이나 당쟁도 수그러졌다. 사회주의자로서 그의 경력은 좌익에 영향을 미칠 수 있었고 군사적 경력으로 보아 독일군 당국과 협의할 수 있었다. 11월 12일 그는 "위대하고 영광스런 미래가 약속된 민족답게 독일 군대가 평온하고 질서 있게 철수할 수 있도록 그들의 안전을 보장하라"는 말로 공식 업무를 시작했다.

피우수트스키는 오랫동안 사회주의 운동을 함께하던 동료들에게 "우리는 오랫동안 사회주의 열차를 함께 타고 왔다. 그러나 나는 '독립'이라는 역에서 내렸다"라고 말하여 향후 그의 정치적 노선의 변화를 시사했다. 피우수트스키는 사회주의 계열 정당들에 의해 추대되는 것을 원하지 않았다. 그는 이미 정당적 한계를 초월한 위치에 있었다.

11월 14일 바르샤바의 섭정회의는 그에게 국가원수 칭호와 난국을 수습할 독재권을 주고 스스로 해체했다. 피우수트스키는 제헌의회가 구성되면 모든 권력을 의회에 양도할 것을 선언하고 그때까지는 어떠한 근본적인 사회개혁 정책도 실시하지 않을 것이라고 밝혔다. 11월 22일에는 국가원수인 피우수트스키와 정부가 폴란드 국가의 성립을 공동 선언했다. 1919년 1월 총선거로 제헌의회가 제정되었는데 10개의 정당이 의회에 진출했다. 피우수트스키는 2월 20일 약속대로 독재권을 제헌의회에 반환했다. 의회는 그를 만장일치로 국가원수에 선임했다.

100년이 넘는 세월 동안 험준한 여러 고비를 넘고 넘어 폴란드 공화국은 탄생했는데, 이는 하나의 우연이며 기적이라 할 수 있다. 폴란드의 독립은 독일, 오스트리아, 러시아의 제정이 모두 무너진 힘의 공백 상태에서 이루어졌기 때문이다. 그러나 분할 3국에 동화되지 않고 꾸준히 독립을 추구한 폴란드 민족의 노력이 없었으면 폴란드의 독립은 불가능했다는 점도 인정해야 한다.

윤치호의 조선관 朝鮮觀

주권을 강대국에 강탈당한 나라의 독립운동은 그 방법이 무장투쟁론, 실력양성론, 외교론 등으로 나누어지는데 모두 나름의 논리적 근거가 있다. 이 중 실력양성론은 망국의 책임을 침략국에만 전가하는 것이 아니라 스스로 묻고 반성하는 자세를 견지한다. 일견 바람직하기는 하지만 자치론으로 매몰되거나 자치 획득을 위해 점령국과 타협하려는 태도는 '매국 행위'로 여겨질 여지가 충분하다. 실제로 조선의 실력양성론자들의 상당수가 친일 행위를 했다.

독립협회 제2대 회장과 《독립신문》 초대 사장을 역임하는 등 구한말 개혁운동에 열성적이었던 윤치호가 안창호와 더불어 대표적인 실력양성론자였다. 그가 실력양성론자가 된 것은 개혁운동 과정에서 한국인의 역량에 회의하게 되었기 때문이다. 수많은 한국의 근대 인물 가운데 그만큼 화려하고 다채로운 경력을 가진 이는 찾기 힘들다. 1880년대 초반부터 10년이 넘게 일본, 중국, 미국에서 유학한 최초의 '근대적' 지식인이었고 독립협회

체포되어 끌려가는 '105인 사건'의 피의자들
일본은 서북지방 민족주의자 700명을 '데라우치 마사타케 암살음모'라는 올가미를 씌워 '105인 사건'을 날조했다. 이 사건으로 양기탁, 이승훈, 윤치호 등이 징역형을 선고받았다.

와 대한자강회大韓自強會의 회장을 지낸 개혁파의 핵심 인물로 일제시대 기독교계의 최고 원로였다. 그는 1911년 9월 일제가 조작한 '105인 사건'의 주모자로 지목되어 징역 6년형을 선고받고 1915년 특사로 석방될 때까지 3년간 복역했다.

그는 조선의 독립을 바라기는 했으나, 조선인이 독립국가는 물론 자치정부를 운영할 능력마저 없다고 확신했으므로 즉시 독립은 반대했다. 그러면서 조선이 자치 능력을 키우기 위해서는 우선 교육과 경제 방면에서 실력을 양성해야 한다고 생각했다. 그는 조선인들이 교육과 경제 분야에서 실력을 양성하면 언젠가는 국제 정세의 격변에 의해 독립을 얻을 수 있을 것이라 전망했다. 개화파에 속했던 그는 국제정치가 냉혹한 힘의 원리에 의해 결정된다는 것을 누구보다 잘 알고 있었다. 무장 투쟁이나 강대국의 동정을 사려는 외교 활동의 한계를 명확히 인식하여 이를 부질없는 짓이라 보았다.

그는 다양한 정치활동을 통해 조선인들이 대의를 내세워도 실제로는 사사로운 이익만 추구하는 현실에 낙담하고 급기야 조선인들의 민족성이 열등하다고 믿게 되었다. 그가 조선 왕조를 보는 시각은 극히 부정적이어서 조선인들의 민족성이 저열해진 것은 조선의 건국으로 시작된 것이라 믿었다. 그는 문치주의로 조선의 국력이 약화되었으며 벼슬만 바라는 풍조가 노동을 경시하는 풍조를 조장하여 사회경제의 발전을 막았다고 보았다. 그의 일기에 이러한 견해는 자주 나오는데 다음은 몇몇 예이다.

일본인들은 조선인들의 열망을 꺾고자 할 때 조선이 역사상 한 번도 독립국이었던 적이 없다고 주장하여 조선인들을 극도로 격분시키기도 한다. 영웅적인 고구려 왕조의 멸망 이후, 조선 반도는 1,200년 남짓 명목상 중국의 속국이었다. 그러나 조선 영토 내에서 국왕은 일본 천황이나 중국의 황제만큼 독립적인 지위를 누렸다. 게다가 조선이 독립국이었던 적이 한 번도 없었다는 주장이 맞는다 하더라도, 그것이 곧바로 조선은 결코 독립국이 될 수 없다는 주장으로 이어질 수 있는 건 아니다. 유대인들은 지난 2,600년 동안 독립국가를 갖지 못했다. 그렇다고 유대인들은 결코 독립국가를 수립하지 못할 거라는 주장에 설득력이 있는가? 중국은 장장 4,000년 동안이나 군주제를 유지해왔다. 그러므로 중국은 절대로 공화정이 될 수 없다는 게 말이 되나? 일본인들은 지난 2,000년 동안 게다를 신어왔다. 그렇다면 일본인들은 절대로 구두를 신을 수 없다는 말이 된다.

(《윤치호 일기》, 1919년 4월 9일)

나는 이번 독립운동에 참가한 학생들과 기독교 목사 대부분이 길을 잘못 들긴 했지만, 그래도 정직한 사람들이라고 믿고 있다. 길선주吉善宙 씨, 이승훈李昇薰 씨 같은 인사들과 어여쁘고 용감한 여학생들의 영웅적인 용기와 순수한 애국심에 경의를 표한다. 그러나 내 생각에는 손병희, 오세창 같은 천도교 지도자들은 다음과 같은 이유에서 이번 소요에 참가했다. (1) 가난하고 무지한 신도들에게서 수백만 원을 사취한, 몹시 비열한 행위를 감추기 위해서. (2) 이름을 날린 후 영예와 명성을 등에 업고 감옥에서 나와 신도들에게서 더 많은 돈을 뜯어내기 위해서. 수십만 명에 달하는 사람들이 손병희 같은 사기꾼들에게 다년간에 걸쳐 농락을 당해왔다는 것이야말로, 조선 민족이 아직 독립국으로서 생존을 향유할 만한 지적 수준에 도달하지 못했다는 증거가 아닐 수 없다.

(《윤치호 일기》, 1919년 4월 20일)

서울의 부자들은 모두 다소 긴 식객 명단을 갖고 있다. 물론 나도 그 중의 한 사람이다. 식객들은 일반적으로 탐욕스럽고 배은망덕하다. 그들은 지난 20~30년 동안 우리집 식객 노릇을 해왔다는 사실에도 아랑곳하지 않고 내가 부양해주길 원하고 있으며, 또 그렇게 해달라고 요구한다. 남에게 의존해서 사는 게 조선인들의 제2의 본성이 되어버렸다. 그들은(식객들은) 자존심이 너무 세서 땅 파고 살 수 없다고 하지만 사실은 남에게 손을 벌릴 정도로 자존심이 없는 사람들이다. 이 가증스런 습성 또는 본능은 관직을 얻고자 하는 욕망에서 비롯되어 발달해왔다. 관리가 된다는 것은 고상한 직함으로 위장한 기생자가 되는 것을 의미하기 때문이다.

(《윤치호 일기》, 1920년 2월 24일)

조선인들은 애국심이 많은 범죄의 면죄부라도 되는 것처럼 생각하고 행동한다. 궁극적으로 애국심은 확대된 이기심에 불과하다. 다른 덕목들처럼 애국심도 오용될 수 있다. 그래서 애국심의 목적 또는 정수라 할 수 있는 국민의 참된 행복을 오히려 깨뜨릴 수도 있다. 조선인들에게는 단순한 정치적 독립보다는 경제적·도덕적 독립과 자신에 대한 믿음이 훨씬 더 중요하다. 경제적·도덕적 독립과 자신에 대한 믿음이 없다면 정치적 독립은 아무런 쓸모가 없을 것이다.

(《윤치호 일기》, 1920년 4월 29일)

농경지를 매입해서 그 땅이 일본인들 손에 넘어가는 걸 막는 사람이야말로, 그 땅을 팔아서 독립운동 자금을 대주는 이보다 현명한 애국자이다. 가난한 소년을 그의 아버지보다 똑똑하게 만들려고 학교에 보내는 사람이야말로, 정치적 소요를 위해 학생들을 선동하는 이보다 많이 기여하는 것이다. 길을 잘못 든 사람을 성실한 종교적 삶으로 인도하는 사람이야말로, 우매한 민중에게 '만세'를 부르도록 만들어 감옥으로 가게 하는 이보다 조선 민족에 훨씬 크게 기여하는 것이다. 지금은 조선인들이 배우며 기다릴 때이다.

(《윤치호 일기》, 1920년 6월 5일)

나는 가끔 고종 황제가 지난 14년 동안 계속해서 황제 자리에 있었더라면 조선이 어떻게 되었을까, 또 조선인들이 지금쯤 어떤 대우를 받고 있을까 하는 의문을 품어보면서 웃음 짓곤 한다. (1) 아마도 궁궐과 조정에는 이용익, 이지용, 민영철閔泳喆 같은 야비하고 잔인하고 가증스런 악당들이 들끓었을 것이다. (2) 온 나라에 도적과 노상강도가 출몰해 인명과 재산이 무사하지 못했을 것이다. (3) 도지사, 군수, 군인, 경찰의 수탈과 만행이 도적과 노상강도들의 수탈과 만행보다 심했을 것이다. (4) 미국인, 일본인, 프랑스인, 러시아인 등 외국인 투기꾼들이 광산, 산림, 어장 등 온갖 종류의 천연자원을 양도라는 미명하에 강탈했을 것이다. 황제와 그의 비열한 총신寵臣들에게 가장 많은 뇌물을 바치는 패거리들이 관세, 세입 등 값나가는 것들을 모두 독차지했을 것이다. (5) 일본은 좀더 바람직한 정부를 수립하려는 혁명운동을 진압하려고 각별한 관심을 기울였을 것이다. 고종 황제가 지난 14년 동안 전제 권력을 마음껏 누릴 수 있었다면, 조선은 지금보다 살기 좋은 나라가 되었을까.

(《윤치호 일기》, 1920년 10월 29일)

실력양성론은 독립 이후의 문제를 예견한 것으로 볼 수 있다. 기본적으로 독립이 바람직한 것으로 여겨지고 독립운동을 절대 선으로 보는 것은 이민족의 지배보다는 민족의 국가 건설이 그 민족의 복지에 유익하리라는 전제가 있기 때문이다.

그러나 제2차 세계대전 이후 제국주의의 굴레를 벗고 독립한 나라들 가운데에는 국민의 기본적인 인권이 제국주의 지배 시절보다 침해받고 경제적 생존이 위협받는 경우가 많이 있다. 바람직한 국가 건설이 얼마나 어려운 과제인지를 보여주는 예들이다. 현재 한국이 처한 곤경도 실력양성론자들의 우려가 헛된 것이 아니라는 것을 보여주고 있다.

무장투쟁론자들은 중국과 러시아에서 독립군을 양성하여 일제와 교전하려 했다. 무장투쟁론은 식민지가 된 국가 자체의 역량만으로 보면 공상에 가깝다. 그러나 한국의 경우는 국경을 맞대고 있는 중국과 러시아에 조선인이 대거 거주하는데다가, 중국이 (제한적인 의미에서) 한국의 독립을 지지하는 점에서, 그리고 러시아도 본질적으로는 일본과 적대 관계라는 점에서 다른 식민지의 무장투쟁론보다는 현실성이 있었다.

"조선을 망하게 한 것은 조선이었지 일본이 아니다"

일본이 한국을 병합하자 러시아는 공식적으로는 수용했으나 비공식 차원에서는 상당히 감정적인 대응을 보였다. 러시아의 외상 서리 세르게이 드미트리예비치 사조노프Sergei Dmitrievich Sazonov는 '일본이 한국을 삼켰지만 소화시킬 수 있느냐는 것은 다른 문제'라고 냉소적인 반응을 보였다.

러시아의 신문 등 일반 여론들은 훨씬 격한 반응을 보였다. 일본의 한국 병합은 포츠머스 조약을 위반한 것으로 현재와 같은 상황이 아니었다면 개전 사유가 될 수도 있다고 했다. 또한 동아시아의 균형은 완전히 무너졌으며 러시아는 머지않은 전략적, 정치적, 경제적으로 큰 손실을 입게 될 것이라고 전망했다. 이 같은 반응은 러시아가 한반도에 전략적인 이해관계를 가지고 있다는 점을 상기시키는 것으로 제2차 세계대전 후 러시아가 한국 문제에 적극적으로 대응할 것을 예견하게 하는 일이었다.

중국은 한일합방에 큰 충격을 받았다. 량치차오梁啓超는 《조선망국사략朝鮮亡國史略》을 지어 대한제국의 망국에 안타까움을 표현했다. 그는 대한제국 멸망의 원인을 무능한 황실, 탐욕스러운 양반 귀족, 부패한 정치에서 찾았다. 그는 "조선을 망하게 한 것은 조선이었지 일본이 아니라"고 하면서 대한제국 멸망의 전철을 밟지 말도록 중국인들에게 경계했다. 쑨원孫文은 1913년 일본 정계의 영수 가쓰라 다로를 만나 일본의 조선 병합을 질책했고, 제1차 세계대전 중에도 일본의 조선 합병을 성토했다.

> 종전의 고려는 명의상으로는 중국의 번속藩屬이었으나 실제로는 하나의 독립국가였다. …… 최근 10~20년에 이르러서야 고려는 비로소 자유를 잃었다. 일본은 중국과 시모노세키 조약을 맺은 적이 있지 않은가. 이 조약의 중요한 조건이 고려의 독립을 요구한 것이 아닌가. 왜 일본은 …… 지금 와서 식언하면서 신의를 지키지 않는가.
>
> (《쑨원선집孫文選集》1 하下)

쑨원은 1921년 대한민국 임시정부의 특사 신규식申圭植과 만난 자리에서 "중한 양국은 동문동종同文同種의 형제지방으로 유구한 역사 관계를 맺고 보차輔車와 순치脣齒가 서로 의지하듯 잠시도 분리될 수 없는 관계를 갖고 있으므로 …… 한국의 독립에 대해 중국은 마땅히 원조해야 할 의무가 있다"고 말했다.

후한민胡漢民*도 1921년 신규식을 만나 "조선 문제가 하루 빨리 해결되지 못하면 아주亞洲는 장차 세력 균형을 잃고 아주의 평화도 유지될 수 없다"고 했다. 또한 1931년 만주사변 이후에도 많은 국민당 인사들이 동북東

---

* 중국 광둥 태생으로 일본 법정대학 유학 중에 쑨원을 알게 되어 1905년 중국혁명동맹회 창립에 참가하고 기관지 《민보民報》의 주필이 되었다. 1912년 닌징南京 임시정부 수립과 더불어 임시 대총통부 비서장이 되었고 이어 광둥 도독이 되었다. 1913년 제2혁명이 실패하여 일본에 망명했다가 귀국하여 1925년에 쑨원이 죽은 뒤 국민당 우파의 지도자가 되어 대원수大元帥의 직권을 대행했다. 1927년 장제스蔣介石과 함께 4·12쿠데타를 일으켜 국민정부의 수립과 더불어 국민당 정부 주석이 되었고 1928년에는 입법원장이 되었다. 장제스와의 의견 대립으로 1931년에는 감금을 당했다. 만주사변의 발발로 감금이 해제되었으나 장제스와의 적대 관계는 지속되었다.

신규식(왼쪽)과 쑨원
신규식은 1911년 11월 상하이로 망명해서 쑨원이 이끄는 '신해혁명'에 가담하여 활약했다. 또한 중국 국민당 총통인 쑨원은 '대한민국 임시정부'를 정식으로 승인했다.

北(만주)이 외세의 침략을 받지 않으려면 한국의 독립을 보호하는 것이 필수라고 강조했다. 1943년 10월 12일자 충칭重京의 《대공보大公報》에는 〈논조선독립論朝鮮獨立〉이라는 제목의 사설이 실렸다.

모든 사람은 실지를 회복해야 하고 동북에까지 밀고 가야 한다고 말하고 있다. 사실 우리가 완전한 중국을 회복하려면 반드시 독립된 조선이 있어야 한다. …… 일본이 중국을 침략하려면 조선을 통과해야 한다. …… 오늘날의

> 조선독립 문제는 …… 원동遠東의 백년대계이다.

중국의 이러한 반응에는 한반도가 중국 영토를 노리는 국가의 손에 들어가거나 중국에 적대적인 정권이 한반도에 탄생하면 중국의 안보에 위협이 된다는 인식이 깔려 있었다. 1950년 한국전쟁에서 미군이 38선을 넘어 중국에 우호적인 김일성 정권이 무너질 위기에 처하자 중국이 개입한 것도 이러한 인식에서 나온 것이다.

외교론자들의 판단이 비현실적이지는 않았다. 한국 자체의 역량으로는 독립이 불가능하고 범세계적 국제관계의 대변혁 속에서만 가능하다고 본 외교론자들은 일본과 서양 열강의 대립에서 그 대변혁의 가능성을 찾았다. 그러므로 일본과 전쟁을 벌여 패전국으로 만들 수 있는 서양 열강, 특히 20세기에 들어 초강대국으로 떠오른 미국을 주목했다. 제1차 세계대전 후에는 소련에도 기대를 걸었다. 이것을 단순히 사대적인 자세라 볼 수는 없다.

미국이 일본을 패망시킬 것으로 희망하는 조선 민중들도 많았다. 미일전쟁이 곧 일어나 일본이 패배하여 한국 독립이 올 것이라 굳게 믿는 사람이 많았다고 1910년대 초의 조선총독부 자료는 전하고 있다. 무장투쟁론과 다른 강대국을 한국의 독립을 지지·후원하는 방향으로 이끌어야 독립이 가능하다고 보는 외교론은 상호보완 작용을 할 수 있었으나 한국의 독립운동 과정에서는 상극이 되었다. 이는 탄생하지도 않은 독립국가의 '권력'을 놓고 미리 벌인 권력 투쟁이라는 측면이 있었다.

역사 속의 역사 18

순종이 일본을 방문하다

대한제국이 일본에 병합되면서 대한제국 왕실에 대한 예우 규정이 마련되었는데, 순종 이척의 호칭은 이왕李王이라 하고 처소는 창덕궁이었다. 이재황의 호칭은 이태왕李太王이었고 덕수궁에 거처했다. 1917년 6월 3일 일본 신문들은 6월 8일 순종이 서울을 떠나 일본을 방문하여 '천기天機에 봉사奉伺'할 것이라 보도했다. 천기봉사는 신하가 임금을 배알한다는 뜻이다. 이때 일본 국왕은 오무로 요시히토大室嘉仁였다.

6월 8일 순종은 새벽에 창덕궁을 나와 서울 남대문역에서 7시 50분발 부산행 임시 특별열차를 탔다. 수행원은 조선 총독 하세가와 요시미치를 비롯하여 10여 명의 일본 관리들과 의사, 요리사, 이발사, 상궁, 궁중 나인들 등 모두 60여 명이었다. 학생과 일반 주민이 몰려들어 창덕궁에서부터 남대문역까지 거리를 가득 메웠다. 이들의 표정은 매우 착잡했다. '우리 임금님이 일본으로 잡혀간다'는 소문이 떠돌고 있었기 때문이다.

순종은 6월 9일 오전 8시 30분 부산항에서 일본 군함에 실려 오후 6시 30분 시모노세키항에 도착했다. 6월 10일부터 열차편으로 여러 역을 거쳐 12일 도쿄역에 이르렀는데, 도착하는 역마다 수많은 일인들이 일장기와 욱일기旭日旗를 들고 나왔다. 일본으로서는 환영할 만한 일이었다.

6월 14일 아침 일본 황궁의 접견실인 봉황간鳳凰間에서 봉사의식이 거행되었다. 순종은 조선 총독 하세가와 요시미치와 이씨 왕실의 찬시장贊侍長인 윤덕영尹德榮을 좌우에 대동했다. 하세가와 요시히토와 순종은 1907년에 한 번 만난 적이 있었다. 헤이그 특사사건으로 순종이 대한제국 황제로 즉위하자, 당시 일본 황태자였던 하세가와 요시히토는 이토 히로부미의 주선으로 즉위를 축하한다는 명목으로 조선에 왔다. 순종은 제물포까지 마중 나갔다. 이때 하세가와 요시히토는 황태자였으므로 아랫사람이 윗사람을 배알하는 형식으로 순종을 만났다. 육군대원수 복장을 한 일본 국왕 하세가와 요시히토에게 순종은 허리 굽혀 절하고 손에 쥐고 있던 천기봉사 문서를 들어 올렸다. 일본 정부가 작성한 문서였는데 한국어로 번역된 것을 순종이 읽고 다음에 어용괘御用掛(일본 국왕을 모시는 관리)가 일본어로 작성된 문서를 읽었다.

"성상폐하聖上陛下, (이)척拓은 일찍이 수도에 올라와서 천기를 봉사하려고 했으나, 머리에는 고질병이 있고 몸이 허약하여 전례典禮를 능히 지키지 못하고 지금까지 미루어 오기에 이르렀나이다. 다행하게도 오늘에 이르러서 천안天顔을 지척에서 뵈옵고, 천기를 봉사함으로써 여러 해 동안 쌓인 회포를 풀기에 이르러 충심으로 기쁘고 영화롭게 생각하옵니다. 세자 (이)은垠을 오랫동안 궐하闕下에 두시고 늘 폐하의 가르침과 기르심을 받도록 하옵시고, 학문과 덕이 바르게 진보하게 하여 주심에 깊이 감명을 받사옵고, 또한 이번에 척이 수도로 올라옴에 이르러 폐하께서 특별히 베풀어주신 우대에 황송함과 감격을 마지 않사옵니다. 이에 삼가 예를 올리나이다."

낭독을 들은 다음 하세가와 요시히토는 '위로의 말'을 하고 이를 통역을 통해 들은 순종은 두 번 절하고 물러나왔다. 이어 동간桐間(일본 황후의 접견실)으로 가서 똑같은 의식을 거행했다. 이어 일본 왕실의 종묘인 현소賢所에 참배했다. 오후에는 일본 황태자인 히로히토裕仁의 처소에 가서 역시 봉사의식을 거행했다. 순종은 일본의 명승지를 유람하고 6월 28일 서울로 돌아왔다. 이후 조선의 민심은 크게 변했다. 이전까지는 이성계 가문에 동정적이었으나 '왜놈 임금'에게 신하의 예를 행했다는 것이 알려지자 민중들은 격분했다.

1917년 11월 10일 오후 5시 20분경, 순종이 거처하는 창덕궁의 대조전大造殿에서 대화재가 일어났다. 대조전은 순종과 왕비의 침전으로 이들이 늘 머무는 곳이었다. 이들은 간신히 빠져나왔다. 일인들이 창덕궁을 서둘러 복구한다고 경복궁의 전각을 헐어 옮기는 바람에 경복궁이 크게 훼손되었다. 이 화재 원인은 끝내 밝힐 수 없었는데, 대조전이 화기火氣가 전혀 없는 곳이었으므로 방화로 보아야 한다. 이 사건은 민심 이반의 결과로 보인다.

제18장 비운의 대한제국 385

■ 에필로그

한국 근대사의 '진실'을 찾아서

한국사의 특징 가운데 대표적인 것은 강력한 중앙집권이 다른 어떤 나라보다도 일찍 이루어진 것이다. 고려 왕조의 중앙집권은 18세기 유럽 절대왕정 못지않았으며, 조선 초기인 15세기 중앙집권의 강도는 그보다 훨씬 더했다. 그 원인은 여러 가지이나 강대한 중국 통일왕조와 북방의 유목제국에 맞서기 위해서는 제한된 모든 가용 자원을 효율적으로 동원할 필요가 있었기 때문이다.

그러나 이 과도한 중앙집권은 독毒으로 작용할 여지가 있었으니 쇄국정책을 펼 경우 완벽할 정도의 집행이 가능한 것이다. 이에 비해 외침의 가능성이 적어 지방 세력이 상당한 정도로 독립성을 유지할 수 있었던 일본의 쇄국정책은 한계가 있었다.

조선과 일본의 쇄국정책을 살펴보면 그 목적은 오로지 정권 유지였다. 공적인 교류 이외에는 외국과의 교류를 엄금하여 지방 세력의 성장을 막고 새로운 이데올로기의 유입을 막아 지배 이데올로기를 독점하려고 했다. 이러한 국정 운영은 정권 유지에는 놀라울 정도로 큰 효과를 보았으나, 지배층과 피지배층을 막론하여 '사고의 틀'을 제한하고 고정하는 결과를 빚었다.

이러한 사회는 정체될 수밖에 없는데 19세기 후반 개국 이후에 보다 많은 정보를 얻을 수 있었던 지배층과 식자계층도 대부분 사고가 굳은 상태라 시대의 조류에 맞는 인식 전환을 할 수 없었다. 소수의 선구적인 식자들은 제국주의 열강에 비해 너무나 뒤떨어진 조선의 상태를 절감하고 강박관념에 쫓겨 조급한 마음으로 부국강병을 꿈꾸었다. 그 절박한 시도였던 갑신정변을 성급했다고 비판할 수는 있지만, 언론자유가 없는 상황에서 훗날의 독립협회가 했던 민중 계몽운동을 벌일 수도 없었다는 것을 고려해야 한다.

조선과 달리 지방에 전국의 다이묘들이 건재하던 일본은 쇄국의 틀에서도 바깥세상을 더 잘 알 수 있었고 성리학이 절대적이지 않아 '열린 사고'를 가진 식자층이 조선보다 훨씬 넓었다. 저변이 넓었던 것이 이들이 집권에 성공한 가장 큰 원인이라 볼 수 있다. 이들도 '시간과의 싸움'을 벌였는데 급속하게 근대화에 성공하여 독립을 유지하고 더 나아가 제국주의 열강의 하나로 성장했다.

국력이 보잘것없는 조선이 할 수 있었던 최선의 선택은 서구 열강의 상충되는 이해관계를 활용하여 시간을 벌어 독립을 유지하면서 정치·경제·사회·문화 등 모든 면에서 '압축 성장'을 하는 것이었다. 그러나 그 중심이 되어야 할 조선은 두 번이나 '개혁' 없이 왕조 멸망의 위기에서 벗어난 전력이 있었다. 그 '성공'에 실패의 싹이 있었다. '압축 성장'의 비전 없이 그때그때 눈앞에 보이는 서구 열강에 기대어 정권만 유지하려 할 때 '천운'이 따르지 않는 한 결과는 어느 한 제국주의의 먹잇감이 되는 것은 불을 보듯

뻔한 일이었다.

당대를 살았던 많은 이들의 처절한 노력이 허망하게 끝났지만, 그 덕분에 하늘이 감동했는지 세계정세의 격변으로 한 세대 정도 만에 독립할 수 있었다. 그리고 그 실패한 근대화 경험도 되살려 대한민국은 '압축 성장'에 성공했다. '압축 성장'의 폐해를 바로 잡고 근대화 이후의 국가 비전을 마련하는 것이 현재의 과제이다. 열패감에 젖거나 비분강개할 필요 없이 냉정한 자세를 유지하는 것이 한국 근대사의 '진실'을 헤아릴 수 있는 정도라 할 수 있다.

■ 참고문헌

제1차 사료

《갑신일록甲申日錄》, 《윤치호 일기》, 《조선왕조실록》

단행본

강성학, 《시베리아 횡단열차와 사무라이》, 고려대학교 출판부, 1999.
고병익, 《동아교섭사의 연구》, 서울대학교 출판부, 1970.
구대열, 《한국 국제관계사 연구》(Ⅰ·Ⅱ), 역사비평사, 1995·1996.
김용구, 《세계외교사》(상·하), 서울대학교 출판부, 1989.
김용덕, 《일본 근대사를 보는 눈》, 지식산업사, 1991.
김종원, 《근세 동아시아관계사 연구》, 혜안, 1999.
김종현, 《근대일본경제사》, 비봉출판사, 1991.
김한규, 《한중관계사》(2), 아르케, 1999.
민두기, 《중국근대개혁운동의 연구》, 일조각, 1985.
_____, 《중국근대사론》(Ⅰ·Ⅱ), 지식산업사, 1976·1981.
_____, 《중국의 공화혁명》, 지식산업사, 1999.
소도진치小島晋治·환산송행丸山松幸, 박원호 옮김, 《중국근현대사》, 지식산업사, 1988.

앤드루 말로제모프, 석화정 옮김, 《러시아의 동아시아 정책》, 지식산업사, 2002

이광린·신용하 편저, 《사료로 본 한국문화사》(근대편), 일지사, 1984.

이만열, 《한국사연표》, 역민사, 1996.

이성무, 《조선왕조사》(2), 동방미디어, 1998.

이은순, 《조선후기당쟁사연구》, 일조각, 1988.

임계순, 《청사》, 신서원, 2000.

최소자, 《동서문화교류사연구》, 삼영사, 1987.

_____, 《명청시대 중한관계사연구》, 이화여자대학교 출판부, 1997.

피터 듀스, 김용덕 옮김, 《일본근대사》, 지식산업사, 1991.

필 빌링슬리, 이문창 옮김, 《중국의 토비문화》, 일조각, 1996.

한영우, 《조선후기사학사연구》, 일지사, 1989.

한우근·이성무 편저, 《사료로 본 한국문화사》(조선후기편), 일지사, 1985.

연구 논문

강창일, 〈동학농민전쟁과 일본의 동향〉, 《한국사론》 제41·42호, 1999.

고동환, 〈조선후기 서울의 도시구조 변화와 도시문화〉, 《역사와 도시》, 2000.

고승제, 〈연해주 이민사 연구(1853년~1945년)〉, 《국사관논총》 제11집, 국사편찬위원회, 1990.

구양근, 〈중일에 대한 한국인의 전통적 관념 연구〉, 《동양사학연구》 제59집, 동양사학회, 1997.

김기혁, 〈개항을 둘러싼 국제정치〉, 《한국사 시민강좌》 제7집, 일조각, 1990.

김배철, 〈'교안'과 의화단〉, 《강좌 중국사 Ⅵ》, 지식산업사, 1989.

김세호, 〈군벌통치와 연성자치〉, 《강좌 중국사 Ⅶ》, 지식산업사, 1989.

김양식, 〈개항 이후 화적의 활동과 지향〉, 《한국사연구》 제84호, 경인문화사, 1993.

김용덕, 〈동아시아에서의 일본의 근대화〉, 《강좌 중국사 Ⅶ》, 지식산업사, 1989.

김원수, 〈용암포사건과 일본의 대응〉, 《노일전쟁전후 일본의 한국침략》, 일조각, 1986.

김종건, 〈1897년 독일의 교주만 점령과 그 영향〉, 《경북사학》 제19집, 1996.

김춘선, 〈조선 후기 한인의 만주로의 '범월'과 정착과정〉, 《백산학보》 제51호, 백산학회,

1998.

노기식, 〈만주의 흥기와 동아시아 질서의 변동〉, 《중국사연구》 제16집, 중국사학회, 2001.

박은숙, 〈개항기(1876~1894) 한성부 하층민의 저항운동과 그 성격〉, 《한국사연구》 제105호, 경인문화사, 1999.

송병기, 〈위정척사운동〉, 《한국사 시민강좌》 제7집, 일조각, 1990.

신상용, 〈영일동맹과 일본의 한국침략〉, 《노일전쟁전후 일본의 한국침략》, 일조각, 1986.

유영익, 〈전봉준 의거론〉, 《한국사학론총》(이기백 선생 고희기념 한국사학논총), 일조각, 1994.

윤혜영, 〈변법운동과 입헌운동〉, 《강좌 중국사 Ⅵ》, 지식산업사, 1989.

＿＿＿, 〈원세개(1859~1916)와 신해혁명〉, 《역사와 인간의 대응》(고병익 선생 회갑기념 사학논총), 한울, 1984.

이민원, 〈19세기말 러시아 군사교관단의 활동과 역할〉, 《군사》 제44호, 2001.

이배용, 〈열강의 이권침탈과 조선의 대응〉, 《한국사 시민강좌》 제7집, 일조각, 1990.

이훈상, 〈이진흥과 이명구〉, 《한국사 시민강좌》 제8집, 일조각, 1991.

정상수, 〈독일제국주의와 교주만 점령 1897년/98년〉, 《역사학보》 제194집, 2007.

정창열, 〈노일전쟁에 대한 한국인의 대응〉, 《노일전쟁전후 일본의 한국침략》, 일조각, 1986.

차경애, 〈1900년 전후 열강의 대중국정책〉, 《동양사학연구》 제62집, 동양사학회, 1998.

최문형, 〈노일전쟁전후 미국의 동아시아정책과 일본의 한국침략〉, 《노일전쟁전후 일본의 한국침략》, 일조각, 1986.

최영호, 〈갑신정변론〉, 《한국사 시민강좌》 제7집, 일조각, 1990.

최희재, 〈중화제국질서의 동요〉, 《강좌 중국사 Ⅴ》, 지식산업사, 1989.

표교열, 〈제1·2차 중영전쟁〉, 《강좌 중국사 Ⅴ》, 지식산업사, 1989.

■ 찾아보기

105인 사건 375
가쓰라 다로 130, 380
《갑신일록》 132, 134
갑신정변 102, 110~117, 119, 122,
　129, 135, 139, 141, 222, 350, 387
강희제 49, 67~69
거아의용대 307
건륭제 49
《경세유표》 19
경위원 293
경화거족 13, 18, 19
고승호 157
과달루페 이달고 조약 62
광서제 157, 254, 268, 269, 273
광양란 36
군국기무처 204, 291
균역법 15

금애철도 354
김개남 152, 167
김조순 13, 19, 25, 26
김홍륙 238, 239

난징 조약 52, 53
네르친스크 조약 67~69
니시 도쿠지로 178, 192, 266
니콜라이 무라비요프 58, 262~264,
　266, 276, 332

단성민란 32
대한자강회 375
더럼 화이트 스티븐스 318
독립공원 234
독립문 234
《독립신문》 224, 225, 233, 237, 374

뚝섬 29

량치차오 269, 380
러시아-투르크 전쟁 80
로만 드모프스키 317, 368
로젠-니시 협정 267
리바디아 조약 79

만민공동회 241, 249~256
만한교환 299
먼로주의 126
메가다 주타로 318
메이지유신 65, 66, 73, 109, 128, 253, 254, 268
명화적 36
모화관 234
무쓰 무네미쓰 153, 154, 165, 177, 178, 181, 182, 184
미곡전 28, 29
민회행 36, 37

박규수 32, 106~109
박지원 32, 49
백계창 30
백련교도의 난 51
백운동서원(소수서원) 44
벌족 12, 17, 18
별기군 92, 94
병인양요 45, 82, 107
부하라 278, 281

북방전쟁 328
브레스트-리토프스크 조약 371, 372
비변사 12, 14
빌헬름 2세 178, 186, 187, 191, 228, 259~261

사쓰마번 60, 65, 73
사이고 다카모리 73
삼번의 난 67
상민수륙무역장정 100
서태후 102, 131, 254, 268, 269, 273
세르게이 위테 176, 180, 181, 213, 217, 218, 262, 264, 332~335
속오군 15
손화중 168, 169, 171
송고투 68
수신사 76, 80
스비진스키 366
시모노세키 조약 181, 184, 185, 268, 381
신건친군영 100
신규식 381
신미양요 65, 82
신축조약(베이징 의정서) 282
쑨원 102, 380, 381
쓰다 산조 128

알렉세예브나 소피아 68
알프레트 폰 발데제 276
야쿱 벡 70

양무운동 110, 268
에밀리오 아기날도 276
《연조귀감》 42
《열하일기》 49
영선사 84, 85, 97
영은문 234
오가작통법 140
오군영 92
오렌지 자유국 284, 285
오토 비스마르크 186, 258, 259, 368
올리버 에이비슨 193
왕샤 조약 53, 54
운양호 75, 76
위안스카이 98, 100~103, 111, 112, 119~121, 129, 143, 144, 148, 149, 155, 268, 273
유제프 피우수트스키 317, 368~371, 273
을미사변 191, 200, 201, 205, 209, 222, 232, 350
을사조약 9, 310, 312, 342, 344, 347, 351
의화단 272~278, 283, 288, 291, 292
이노우에 카오루 79, 117, 178, 190, 205, 291, 310
이명구 42
이바노비치 베베르 190, 191, 193, 196, 198
이승만 237, 254
이필제 37~40

일진회 342, 349~351
임술민란 30, 32
임오군란 92, 96, 97, 99, 100, 102, 138, 139, 141, 192, 210, 350
잠정합동조관 158
전주화약 147, 151, 152
《정감록》 40
정주성 22~24
정한론 73
정한순 34
제너럴 셔먼호 107, 108
제물포조약 99, 151
제제운동 103
조독수호통상조약 87
조만영 13, 25, 26
조미수호통상조약 86, 87
조사시찰단(신사유람단) 115, 135, 136
《조선책략》 78, 80, 82
《조선폭도토벌지》 348
조슈번 60, 65
조영수호통상조약 87
조일무역규칙 76
조일수호조규 76
조일양국동맹 159
중추원신관제 246
증국번 80, 89
진위대 294, 310
진휼곡 21

집강소 152, 153, 168
징병제 130, 135~138, 221, 291, 292

청일수호조규 72, 181
《청한론》 121
최시형 39, 141, 143~145, 153, 163, 167, 168
최익현 223
최제우 39, 141
춘생문 197, 198

카시니 비밀협정 260
캉유웨이 268, 269
크림전쟁 55, 56, 58
클로드 맥스웰 맥도널드 276
클로드비히 카를 빅토르 259, 261

타이완민주국 185
태평천국의 난 69, 88, 106
《택리지》 17, 18
토르푸틴 67, 68
통상회 235
트란스발 공화국 284, 285

파울 게오르게 폰 묄렌도르프(목인덕) 100, 110, 119, 133
포츠머스 조약 228, 336, 337, 342, 346, 380
표도르 알렉세예비치 골로빈 68
푸챠틴 55~57

프레더릭 매켄지 197, 360

하야시 곤스케 310, 342, 344
《한국의 자유를 위한 투쟁》 360
《한성순보》 136
한성조약 118
《한성주보》 136, 137
한일신협약(정미7조약) 355
한일의정서 310, 312, 333
한일합방 9, 10, 351, 357, 363, 380
한일협약 317, 344, 348
함평민란 34
호러스 알렌 193, 277, 290, 297~299, 360
호러스 언더우드 198
호머 헐버트 198
홍수전 88, 89
홍종우 122, 123, 222, 251, 252, 255
활빈당 277, 294
황국중앙총상회 256
황국협회 241, 244, 250, 255, 256
황준헌 80
황푸 조약 53
황현 161, 197
후한민 381

다시 쓰는 한국 근대사

이윤섭 지음

발 행 일	초판 1쇄 2009년 5월 15일
	초판 2쇄 2013년 4월 12일
발 행 처	평단문화사
발 행 인	최석두

등록번호 제1-765호 / 등록일 1988년 7월 6일
주　　소 서울시 마포구 서교동 480-9 에이스빌딩 3층
전화번호 (02)325-8144(代) FAX (02)325-8143
이메일 pyongdan@hanmail.net
ISBN 978-89-7343-301-8　03910

ⓒ 이윤섭, 2009

* 잘못된 책은 바꾸어 드립니다.

이 도서의 국립중앙도서관 출판시도서목록(CIP)은 e-CIP 홈페이지
(http://www.nl.go.kr/ecip)에서 이용하실 수 있습니다.
(CIP제어번호: CIP2009001299)

저희는 매출액의 2%를 불우이웃돕기에 사용하고 있습니다.